Research Driven Innovation

リサーチ・ドリブン・イノベーション

「問い」を起点に
アイデアを探究する

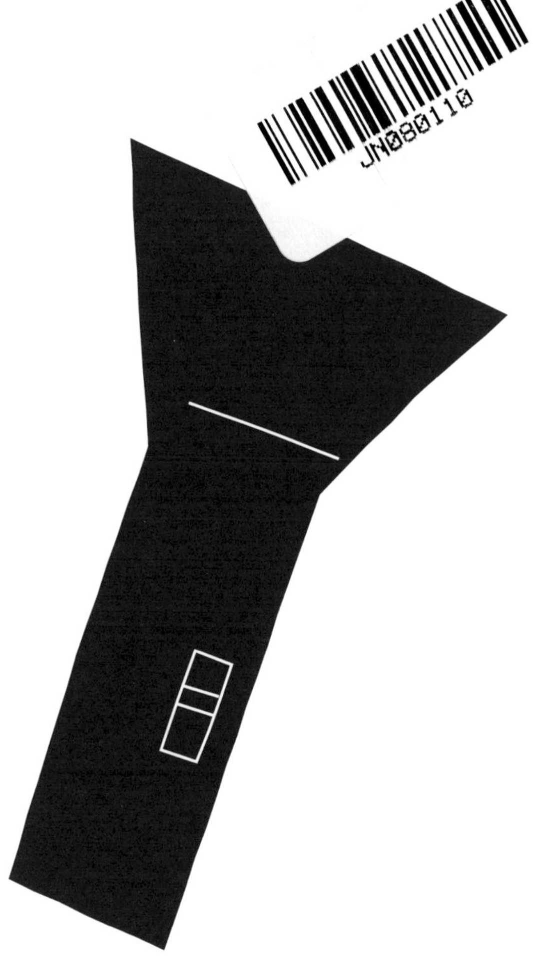

安斎 勇樹、小田 裕和　著
(株式会社 MIMIGURI)

CONTENTS

序論　なぜ「リサーチ」なのか …… 6

はじめに／研究と実践の往復から見えてきたイノベーションの課題／外から内か、内から外か／リサーチとは、内と外の絶えざる往復による探究である／本書の構成

》Part 1

リサーチ・ドリブン・イノベーションの背景

第1章　リサーチ・ドリブン・イノベーションとは何か …… 16

1.1.　イノベーションの阻害要因 …… 16

なぜイノベーションが生まれないのか／企業の変化は「成功の罠」が妨げる／知の深化と探索を両立させる両利きの経営／1976年に提唱された「両利きの連続的アプローチ」／イノベーションのジレンマを乗り越える「両利きの構造的アプローチ」／全員で深化と探索を推進する「両利きの文脈的アプローチ」／イノベーションは「組織学習」の積み重ねで起こる／企業における探索行動のメカニズム／知の探索を突き動かす、探究の衝動／衝動の枯渇は目に見えない：プロセスとコンテント

1.2.　イノベーションに求められる「創造的自信」 …… 36

デザイン思考の誤解とルーツ／デザイン思考のルーツ（1）アーチャーとサイモンのデザイン科学／デザイン思考のルーツ（2）「厄介な問題」をいかに発見するか／デザイン思考のルーツ（3）ダブルダイヤモンド：デザイン・プロセスの可視化／広義のデザイン思考の特徴（1）飛躍を伴う思考プロセス／広義のデザイン思考の特徴（2）人間中心的なアプローチ／探究的ダブルダイヤモンドモデルの提案／方法論としての狭義のデザイン思考／狭義のデザイン思考の特徴（1）エスノグラフィの活用／狭義のデザイン思考の特徴（2）批判をせずに可能性を膨らませるアプローチ／狭義のデザイン思考の特徴（3）プロトタイピングによる検証／価値観のシフトを生み出す意味のイノベーション／意味のイノベーションの特徴（1）起点となる個人の熟考／意味のイノベーションの特徴（2）意味を磨き上げる批判的アプローチ／意味のイノベーションの特徴（3）意味を形作るためのプロービング／課題の本質は「創造的自信」の喪失にある

1.3.　リサーチ・ドリブン・イノベーションの特徴 …… 61

イノベーションを「問い」から始める／データの力で、創造的自信を取り戻す／ネガティブ・ケイパビリティで曖昧なデータに向き合う／トイレに対する問いから生まれたイノベーションプロジェクト／リサーチ・ドリブン・イノベーションの5つの特徴／特徴（1）謙虚な創造である／特徴（2）問いは常にアップデートされる／特徴（3）内と外の絶えざる相互作用によって進む／特徴（4）共感と批判の往復による知的探究である／特徴（5）新しい選

択肢の獲得のために行われる／リサーチ・ドリブン・イノベーションの基本プロセス

》Part 2

リサーチ・ドリブン・イノベーションの方法

第2章 STEP1：問いを立てる …… 80

2.1. イノベーションは良い問いから生まれる …… 80

リサーチは問いを立てるところから始める／良い問いは、良い答えを生み出すためのものなのか？／問いから生まれる「創造的対話」の力／イノベーションに本当に対話は必要なのか？／対話の必要性（1）視点の固着化を防ぐため／対話の必要性（2）意味はコミュニケーションから生まれるため／対話の必要性（3）アクションに向けた合意を形成するため

2.2. 問いを立てる 2 つのアプローチ …… 88

課題解決型の問いのデザイン／目標を精緻化し、課題をリフレームする／価値探究型の問いのデザイン／価値探究型の問いから課題解決型の問いへ

2.3. リサーチの問いを立てる具体的な手順 …… 95

リサーチトピックの起点となる 2 つの関心／実用的関心と概念的関心を結びつける／外から探るか、内から探るか／問いの探索のマトリクス／問いの軸足として、事業領域を広く捉える／思考の軸足のつくり方（1）カテゴリを広く捉える／思考の軸足のつくり方（2）モノではなく行為で捉える／内から問いを探る：実用的関心／内から問いを探る：概念的関心／外から問いを探る：概念的関心／外から問いを探る：実用的関心／行き詰まった場合の 5 つの処方箋／問いのチェックリスト／検討の観点（1）明らかにする価値があるか／検討の観点（2）ステークホルダーの視点に立てているか／検討の観点（3）探究的衝動がかき立てられるか／リサーチの問いのデザインパターン

Column 問いの感性を耕す 9 つのプログラム—QWS Cultivation Program …… 124

第3章 STEP2：データを集める …… 126

3.1. “良い”データに必要なこと …… 126

データにまつわる誤解／データの誤解（1）客観的であるほうがよい／データの誤解（2）たくさんあるほうがよい／データの誤解（3）答えに直結するほうがよい／わかるためのデータ／つくるためのデータ／「未知の未知」にアプローチする／リサーチ・ドリブン・イノベーションにおける良いデータの要件

3.2. データの種類と活かし方 …… 138
定量データと定性データ／生活者データとユーザーデータの違い／トレンドデータと有識者データ／歴史データの活用
Column 自社の歴史も“データ”として活用する―シチズン創業100周年 …… 146

3.3. データの収集方法とそれぞれのポイント …… 148
デスクリサーチ／インタビュー調査／アンケート調査／エスノグラフィ調査／パネル調査／方向性を定めていく上で、有効な調査とは？
Column 注目を集める、ビッグデータと一人称データ …… 158

第4章 STEP3：データを解釈する …… 160

4.1. データの解釈において重要なこと …… 160
事実と解釈は何が異なるのか／現実はコミュニケーションによって構成される／物事の「本質」はどこにあるのか／データの解釈における対話の2つの意味／解釈を通じて対話する「6つの観点」
Column 議論と対話の違い …… 164

4.2. データを読み解く上で着目すべき「5つの視点」 …… 170
（1）量に着目する／（2）頻度に着目する／（3）推移に着目する／（4）関係に着目する／（5）矛盾に着目する／5つの視点を組み合わせ、データを読み解く／複数の視点からデータを解釈する

4.3. データを解釈するワークショップの進め方 …… 179
誤解されがちなワークショップの本質／リサーチのためのワークショップの基本型／ワークショップデザイン(1)インプットの定義／ワークショップデザイン(2)アウトプットの定義／ワークショップデザイン(3)プロセスの定義／データの解釈を「わからなかったこと」から始めてみる／複数の観点と視点を組み合わせ、プロセスを形作る

第5章 STEP4：合意を形成する …… 190

5.1. 何について合意すべきなのか …… 190
合意はゴールではなく、新たなスタート地点／探究的ダブルダイヤモンドモデルにおける5つの合意すべき前提／目指すべき方向性の解像度を高める、4つの要素

5.2. 合意のためのアプローチ …… 201
合意を形成する対話に必要な「違和感」への着目／違和感を立ち上げるための多様決の

アプローチ／合意に至らないときは／豊かな合意を形成するために必要な姿勢

Column 力強い共通言語がイノベーションを生み出す …… 207

5.3. 合意に基づきアイデアを生み出し検証する …… 209

アイデアの生成フェーズ／アイデアの検証フェーズ

》Part 3

リサーチ・ドリブン・イノベーションのケーススタディ

第6章 事例を読み解く …… 216

6.1. ケース1：新たな世代の「保険」の意味を問い直す …… 216

プロジェクトの前提を整理する／方向性の探索フェーズ（1）問いを立てる／方向性の探索フェーズ（2）データを集める／方向性の探索フェーズ（3）データを解釈する／方向性の探索フェーズ（4）合意を形成する／方向性の定義フェーズ（1）問いを立てる／方向性の定義フェーズ（2）データを集める／方向性の定義フェーズ（3）データを解釈する／方向性の定義フェーズ（4）合意を形成する／定められた方向性に進むための具体的な「道」の創造／一連のプロセスを改めて整理する

6.2. ケース2：新たなコンビニのあり方を考える …… 245

方向性の探索フェーズ（1）問いを立てる／方向性の探索フェーズ（2）データを集める／方向性の探索フェーズ（3）データを解釈する／方向性の探索フェーズ（4）データを集める／方向性の探索フェーズ（5）データを解釈する／方向性の探索フェーズ（6）合意を形成する／方向性の定義フェーズ（7）問いを立てる／方向性の定義フェーズ（8）データを集める／方向性の定義フェーズ（9）データを解釈する／方向性の定義フェーズ（10）合意を形成する／方向性の定義フェーズ（11）問いを立てる／方向性の定義フェーズ（12）データを集める／方向性の定義フェーズ（13）データを解釈する／方向性の定義フェーズ（14）合意を形成する

おわりに リサーチの意味を問い直す
―リサーチャーの新たな役割と可能性 …… 257

（株）インテージとの産学共同研究について …… 259

インテージ社について／インテージ調査ソリューション／インテージ社関係者一覧

序論 なぜ「リサーチ」なのか

はじめに

本書のタイトル『リサーチ・ドリブン・イノベーション』を見て、「また新しいイノベーションメソッドが提唱されたのか」と、思われたかもしれません。確かに昨今、デザイン思考、アート思考、意味のイノベーションといったように、世界中で様々なイノベーションの手法論やフレームワークが提案され、書籍やセミナーなどが溢れています。こうした状況に、企業の新規事業開発担当者やマーケティング担当者の方は、やや食傷気味に感じているかもしれません。

新しいアプローチが提唱されるたびに、現場に研修を導入するも、明確な成果が表れる前に、また次のアプローチが提案される。そうしたことを繰り返しているうちに、結局のところ、ユーザーを丁寧に観察したほうがよいのか、観察しないほうがよいのか。イノベーションのプロセスはオープンにしたほうがよいのか、クローズドがよいのか。デザインを信じればよいのか、アートを信じればよいのか。現場は混乱したまま、「レシピ」ばかりが溜まる一方で、肝心の「自分たちの作るべき料理」に向き合う時間がなかなかとれないのが、現状ではないでしょうか。

本書は、このような状況に対して、さらに新しいイノベーションのレシピを新たに 1 つ追加しようと試みる本ではありません。むしろ、**これまでのイノベーションの方法論の主張の本質や、指摘されてきた課題について相対化しながら、本質的に重要であると思われる「リサーチ」という考え方から、既存の方法論について問い直し、編み直すことを試みた本**です。

“リサーチ” ということは、またどうせ、技術主導のイノベーションを批判し、マーケティング・リサーチを駆使して、ユーザーニーズをきちんと捉えようという話なのでは？　短期視点のイノベーションではなく、長期的な研究開発（リサーチ＆ディベロップメント）に投資せよという話なのでは？——いずれも確かにイノベーションにおいて重要な観点ではありますが、本書のメッセージの中心は、そこにはありません。

第１章で詳述しますが、**本書における「リサーチ」とは、「問い」を起点に、「データ」を手がかりとしながら、企業にとって「事業の新たな可能性を探り出す」ための、汎用的な思考法**を指しています。それが、なぜ今イノベーションにおいて重要なのか。なぜ既存のレシピを編み直すためのキーワードとなるのか。その本質について、もう少し掘り下げるために、少しだけ筆者らの自己紹介をさせてください。

研究と実践の往復から見えてきたイノベーションの課題

筆者ら（安斎勇樹・小田裕和）は、それぞれ“イノベーション”という営みに、２つの「顔」を通して向き合ってきました。

１つは、大学の「**研究者（Researcher）**」としての顔です。安斎は、人と組織の「学習」に関する専門家として、チームの創造性を高めるための「ワークショップデザイン」と「ファシリテーション」の方法について研究し、博士号を取得しました。現在も東京大学の特任助教として、組織のイノベーションをファシリテートする方法について研究を続けています。一方で、小田は、エンジニアリングのバックグラウンドから「意味のイノベーション」や「デザイン思考」といったデザインの方法論について研究し、博士号を取得。また、東京大学の特任研究員として、イノベーションプロセスの研究にも携わっていました。

博士論文の最大のハードルは、まだ世界の誰も明らかにしたことがないテーマについて、鋭い問い（**リサーチクエスチョン**）を自ら立てて、自らそれに答えを出さなくてはならないことです。どんな領域でも、数えきれないほどの先輩研究者たちによって、長い年月をかけて、膨大な論文がすでに出版されています。大学院生のうちに思いつく研究テーマや仮説の多くは、世界に目を広げると、「誰かが過去にやっている」ことばかり。「こんな研究がしたい！」と意気揚々と提案しても、教授たちに「それはアメリカの研究者が、20年前にとっくに明らかにしているよ」などと言われてしまうのが当たり前。まずは、当該領域ですでに明らかにされていること、つまり「**先行研究**」を地道に調べるところから始めなくてはいけません。

学問の世界ではよく「巨人の肩の上に立つ」と言いますが、先人の功績を丁寧に調べていくことによって、「何がすでに明らかにされていて、どこからが未踏の領域なのか」を調べ上げていきます。多くの場合、その領域の「偉人」とされている圧倒的な知を持った研究者の著作に出合い、ため息をつくこともあるでしょう。それでもめげずにレビューを続け、なんとか研究者としてのこだわりを込めた「自分らしい問い」を立てる。そのようにして、研究テーマがようやく決まります。先人たちの思考の蓄積に敬意を持ちながら、その「肩」に立たせてもらうことで、先人には見えなかった「自分にしか見えない景色」を見出すのです。そういう意味で、研究とは、革新性が求められながらも、その前提として、とても「謙虚」な姿勢が必要なのです。

無事にリサーチクエスチョンを立てたあとは、思いつきで答えを出すわけにはいきませんから、必要なデータを収集します。調べた先行研究の「文献」そのものがデータになる場合もあるでしょう。しかし私たちのような「イノベーション」という現場の課題を研究テーマとしている場合は、実際に現場に出ていって、アンケートをとったり、インタビューをしたり、観察ノートをとったりすることで、必要な手がかりをかき集めます。けれども残念ながら多くの場合、集めたデータの中には、リサーチクエスチョンに対する直接的な答えはありません。データを丁寧に読み込み、データに書かれていること、書かれていないこと、データとデータの隙間やつながりなど、データに潜在的に埋め込まれたヒントを掘り起こし、そこに研究者としての解釈を重ねながら、自分自身が納得する「答え」を導いていく。そのようにして初めて、自分の研究領域の他の研究者や、現場の人たちにとっても「納得できる結論」を導くことができるのです。

1つの論文を書き上げるまでに、短くとも1年程度、長いと数年かかる場合もあります。そのような地道な作業を重ねながら、イノベーションを取り巻くあれこれについて、リサーチクエスチョンを経て、「まだ世界の誰も明らかにしていないこと」について、少しずつ明らかにしてきた。それが、筆者らのこれまでの「研究者」としての取り組みです。

そして、もう1つの顔は、イノベーションの「**実践者（Practitioner）**」としての顔です。筆者らは、研究者として生み出してきた学術研究の成果や、先行研究で明らかにされていることが「現場に流通していないこと」に問題意識を感じ、株式会社ミミクリデザインというベンチャー企業を立ち上げ、経営しています。「**創造性の土壌を耕す**」ことをスローガンに、単なる商品開発のアイデア出しの支援にとどまらず、クライアント組織の創造性を最大限に高めることを主眼に、組織開発と事業開発を接続させた「**ボトムアップ型のイノベーション**」のプロセス設計を売りにして、これまで数百件のプロジェクトにファシリテーターとして伴走させていただきました。現在では、業界トップレベルのデザイン力を誇る株式会社 DONGURI と合併し、株式会社 MIMIGURI として、組織の戦略策定やクリエイティブ制作も含めた多角的なアプローチで、クライアントのイノベーションを支援しています。

イノベーションプロセスに関わる研究者と言っても、私たちは「こうすればうまくいく」という処方箋を持っているわけではありません。私たち自身も、先行研究を読めば読むほど、対立する様々な概念が錯綜していることに混乱し、「どうすればいいかわからない」と思うことも少なくありません。それでも、資生堂、シチズン、サッポロビール、京セラ、花王など、名だたる大手企業の担当者の方々からお声がけいただき、パートナーとして共に脳に汗をかき、手を動かしながら、チャレンジングなイノベーションプロジェクトにご一緒させていただきました。生活者リサーチ国内最大手のインテージ社とは、数々のプロジェクトのほか、産学共同研究を 2017～2020 年まで 3ヶ年行っています。

研究者の目から見ても、実践者の目から見ても、昨今のイノベーションを取り巻く状況は、やや混迷しているように見えます。なかなか決着がつかない代表的な議論として、結局のところ、**イノベーションのプロセスは「外から内（アウトサイド・イン）」でやるべきなのか、「内から外（インサイド・アウト）」でやるべきなのか、という二項対立**が挙げられます。

外から内か、内から外か

(1)「外から内（アウトサイド・イン）」アプローチ

「外から内（アウトサイド・イン）」アプローチとは、**イノベーションの起点を市場やユーザーなど、企業の「外側」に求め、外的な問題を解決するためのソリューションとしてのアイデアを生み出していく考え方**です。**「人間中心」「ユーザー中心」といった言葉と共に広く流通している「デザイン思考（Design Thinking）」の考え方が代表的**です。デザイン思考においては、まずプロダクトやサービスの「ユーザー」を丁寧に観察するところから始め、ユーザーに深く「共感」し、潜在的なニーズを洞察することで、新奇なアイデアを生み出していきます。

従来の技術主導のイノベーションでは、変化が速く複雑化する市場のニーズを捉えることができず、時間をかけて新しい機能を追加した割に、ユーザーの「痒いところ」には手が届かないことが少なくありません。そのようなリスクを回避し、手を動かしながらスピーディにアイデアを試作し、確実にユーザーに受け入れられるプロダクトやサービスを作り出していく方法として、「外から内（アウトサイド・イン）」アプローチは重宝されています。

> **「外から内（アウトサイド・イン）」アプローチのキーワード**
> **「ユーザー主導」「共感」**

(2)「内から外（インサイド・アウト）」アプローチ

「内から外（インサイド・アウト）」アプローチとは、**イノベーションの起点を企業の「内側」に求め、世に未だない新しいアイデアをつくり手から提案していく考え方**です。現在注目されているミラノ工科大学のロベルト・ベルガンティ教授が提唱する**「意味のイノベーション」が代表的**です。また「デザイン思考」と対比的に扱われる**「アート思考」という考え方**も、まだ定義が定まっていない概念ですが、これにあたるでしょう。

「外から内（アウトサイド・イン）」アプローチが、ユーザーにとっての「どのように（How）」課題を解決するかのアイデアをつくり出す方法だとしたら、意味のイノベーションは「なぜ（Why）」を追求し、**つくり手の内にある「人々が愛するであろうもの」の仮説を、外へ向けて形にしていく「ビジョン主導」のプロセスを重視**します。**「外から内（アウトサイド・イン）」アプローチに偏りすぎると、現存する問題は解決できるかもしれないが、ユーザーが思いも寄らない革新的なアイデアは生まれにくくなる**側面もあります。また、**競合各社がユーザーに目を向けすぎることで、市場のプロダクトやサービスが似通ったものになっていくという業界課題**もあります。こうした背景から、意味のイノベーションはものづくりの主体を取り戻すスタンスとして、近年注目されています。

通常、問題解決型のイノベーションで重宝されているブレインストーミングでは「批判厳禁」がルールとされています。ただ、意味のイノベーションでは自分自身の内側から湧き上がる仮説が他の人々にとって意味のあるものなのかを確認する「**批判精神**」を大切にし、「**スパーリング**」と呼ばれる批判的セッションを通して、仮説をビジョンへと昇華させていくのです。

「内から外（インサイド・アウト）」アプローチのキーワード
「ビジョン主導」「批判」

この２つのアプローチは、一見すると相反したベクトルを向いているように見えます。実際に、現場では「デザイン思考の次は、アート思考だ」「批判厳禁のブレインストーミングはもうやめよう」「意味のイノベーションを推進するために、市場データを頼ることはやめよう」といった具合に、二項対立にある意味で振り回されることで、どのように事業に向き合ってよいのか、スタンスを見失っているケースも見かけます。筆者ら自身も、研究者として先行研究を読めば読むほど「どちらが正しいのか？」といった思考に嵌まり、現場の判断の指針を失いそうになるときもあります。

リサーチとは、内と外の絶えざる往復による探究である

あらかじめ結論を言ってしまうと、**本書の目指すところは、「外から内（アウトサイド・イン）」と「内から外（インサイド・アウト）」を共存させた、両利きのアプローチ**です。どちらもイノベーションプロセスのある本質を捉えていたはずで、二者択一の方法ではないからです。実際に、欧州連合（EU）の行政を担う欧州委員会では、この２つのアプローチの両輪を回すことを政策の基盤としています。

しかし一見相反するように見えるこのアプローチに、どのような折り合いをつけて、具体的な思考プロセスとして共存させればよいのでしょうか？この問いに対峙したときに、筆者らはハッと、気がついたのです。これは、研究者として、**アカデミックアウトプットを生み出す「研究（リサーチ）」**

の思考法にヒントがあるのではないか？　ということに。

研究者の仕事は、すでに述べた通り、リサーチクエスチョン（明らかにしたい問い）から始まります。膨大な先行研究のレビューを踏まえながらも、未踏の知を切り拓くための「自分らしい問い」を立てる。これは、「外から内（アウトサイド・イン）」と「内から外（インサイド・アウト）」のどちらが欠けても成立しない、「外と内をつなぐための出発点」です。

そして、研究者は、決して問いに対して「思いつきの答え」を振りかざすことはせず、外部からデータを真摯に集め、それらと向き合います。データを収集する行為は「外から内（アウトサイド・イン）」アプローチに他なりませんが、研究者はデータそのものの中から答えを探ろうとはしません。データに主体的な解釈を加えることで、自らの探究心を納得させる、新たな意味を発見していくのです。このプロセスは、まさに「内から外（インサイド・アウト）」のプロセスです。

このように、「問い（＝わからないこと）」と「データ（外から集めた手がかり）」を行ったり来たりしながら「外から内（アウトサイド・イン）」と「内から外（インサイド・アウト）」を絶えず往復し、まだ世界の誰も思いついていないアイデアを探究すること。これが、本書が提案する、リサーチ・ドリブン・イノベーションの本質なのです。

ユーザー主導	共感	外から内へ outside-in
vs		
ビジョン主導	批判	内から外へ inside-out
リサーチ主導	探究	内と外の絶えざる往復

図 0-1　リサーチ・ドリブン・イノベーションの考え方

本書の構成

本書は、これまで蓄積されてきたイノベーション手法の知見に敬意を表しながらも、二者択一の思考に陥らず、それぞれの良さを引き出しながら両利きのアプローチを実現することを目指しています。その指針として「リサーチ」という考え方を紹介し、具体的なイノベーションの方法について論じていきます。

第１章では、改めて現代のイノベーションにおける本質的課題と、企業における「リサーチ」の本質的な意味を考察し、リサーチ・ドリブン・イノベーションの全体像を示します。

第２章から５章まででは、リサーチ・ドリブン・イノベーションの具体的な４つの手順について、理論と事例を交えて解説していきます。

第６章では、４つの手順を踏まえた仮想ケースと、筆者らが関わったリサーチ・ドリブン・イノベーションの事例を紹介します。理論を踏まえて最後に読んでいただいてもよいですし、まず事例から確認するのもよいでしょう。

また、下記のリンク先には、筆者らが参照した「巨人たちの知見」として、イノベーションに関する参考文献リストを掲載しています。やはりどんなに新しい本や論文が出版されても、時代を前進させた古典や名著を読むことで、現代に活きる新鮮な発見が繰り返しもたらされます。ぜひ、本書を起点に関連文献も読み深めながら、また本書の「肩」に足をかけながら、あなた自身が「まだ誰も見たことがない、イノベーション方法論の発見」を見出せることを、願っています。

▶ https://cultibase.jp/4640

〉〉 Part 1

Research Driven Innovation

リサーチ・ドリブン・イノベーションの背景

Part1 では、現代のイノベーションにおける本質的課題と、企業における「リサーチ」の本質的な意味を考察し、リサーチ・ドリブン・イノベーションの全体像を紹介していきます。

第1章 リサーチ・ドリブン・イノベーションとは何か

1.1. イノベーションの阻害要因

なぜイノベーションが生まれないのか

本書の主題であるリサーチ・ドリブン・イノベーションについて紐解いていく前に、現代の企業のイノベーションにおける課題の本質はどこにあるのか、考察しておかなくてはなりません。問題の全体観を見失っては、結局のところ、表層的なイノベーションのフレームワークや、アイデア発想のノウハウに視野が狭まってしまうからです。

イノベーションという言葉は、かつては「技術革新」と訳されることもありましたが、現在では、経済学者ヨーゼフ・シュンペーターが提唱した「**新結合**」という考え方がよく引用されます。**一見関係ないように見える既存の知識と知識を結びつけることによって、新たな知識を生み出すこと**が、イノベーションの本質であることを指し示しています。

ここで言う「新結合」とは、「**組織にとっての新結合**」と「**社会にとっての新結合**」という2つの側面があります。前者は、組織にとって、それまで試したことのなかった新しい知識の組み合わせを試すという意味です。しかしながら、「組織にとっての新結合」が、世の中にとっても新奇な価値があるとは限りません。**イノベーションは、組織にとって新しい試みであるだけでなく、社会に対して革新的な意味の変化をもたらし、大袈裟ですが“人類の進化”に貢献するものであるべき**だと筆者は考えています。すなわちイノベーションとは、人間の本質に迫りながら、既存の方法をアップデートし続ける、探究そのものなのです。

小さな子どもを観察していると、「組織にとっての新結合」は、さほど難しくないことのように思えます。あるおもちゃの使い方の知識（A）と、別のおもちゃの使い方の知識（B）を組み合わせて、自分なりの新しい遊び（C）

を発明する。子どもにとっては、毎日が「新結合」とも言えるでしょう。

ところが、なぜ成熟した大人が寄り集まった企業組織になると、「組織にとっての新結合」すら、とたんに難しくなってしまうのでしょうか。**企業において、何がイノベーションの阻害要因となっているのでしょうか。**この問いの背後にある要因は、実はとても複雑です。先行研究を概観すると、大きく３つのレイヤーの考え方があるように思います。

第一に、**「個人」に原因を帰属させる考え方**です。一人ひとりの従業員の創造性は、組織のイノベーションの源泉です。アイデア発想力が不足していたり、１つの専門性に凝り固まっていたりする点、あるいは固定観念の枠に囚われてしまっている点に、原因を求める考え方です。

第二に、**「チーム」にその原因があるとみなす考え方**です。最近では、個人の力でイノベーションをどうこうするよりも、こちらの考えが主流になってきているように思います。心理学者のキース・ソーヤーは著書『凡才の集団は孤高の天才に勝る』において、個人が生み出したように思えるすぐれたアイデアも、実はチームのコラボレーションの中から生成されていることを指摘しています[1)]。

筆者（安斎）は、ある国際学会にて、キース・ソーヤーのワークショップに参加したことがありますが、彼が心から「集団の可能性」を信じていることが伝わり、感銘を受けたことがあります。この考え方においては、イノベーションが起こせない要因はチームメンバーの多様性が欠如していたり、チームワークが悪かったりすることにあるのではないか、と捉えるのです。実際に、チームメンバーの関係性が固着化し、互いのことをわかり合えない状態になったり、異なる考えが受け入れられなくなったりすることで、イノベーションが阻害されているケースは少なくありません。

第三に、もう少し大きく**「組織」そのものに原因があるとする考え方**もあります。組織全体の構造が戦略的にデザインされておらず、レポートラインが非効率的で、部署同士のシナジーが生まれず、組織全体のパフォーマンスが抑制されている場合もあるでしょう。また、そもそも組織風土があまりオープンでなく、ユーモアに欠け、失敗が許容されなければ、いくら個人が優秀で、良いチームだったとしても、アイデアを思い切って提案する人は少ないでしょう。

個人レベル	アイデア発想力の不足、固定観念など。
チームレベル	多様性の欠如、関係性の固着化など。
組織レベル	組織構造、組織風土の問題など。

図1-1　個人・チーム・組織レベルの要因

このように、**イノベーションの阻害要因は、組織の構成要素を「虫の目」で細かに見るのか、「鳥の目」で全体像を見るのかによっても変わってくる**のです。

企業の変化は「成功の罠」が妨げる

個人、チーム、組織、どの視座で捉えるにしても、ある共通した要因があります。それは、**「変化」が生まれにくくなっているという点**です。個人が固定観念に囚われているにせよ、チームの関係性が固着化しているにせよ、組織風土が提案を抑制しているにせよ、イノベーション（＝新結合）を起こすためには、これまでとは違う視点から既存の知識を見つめ直す必要があります。そのためには、「変化」を生み出さなくてはなりません。個人、チーム、組織のそれぞれが「これまでのやり方」に縛られて「変化」しにくくなっていること。これが、イノベーションが生まれにくくなっている大きな原因です。今改めて企業における「人材育成」のあり方が問い直されているのも、知識や技術がもっと必要だからではなく、人と組織に「変化」をもたらす重要性が高まっているからかもしれません。

それでは、なぜ組織は変わりたいのに、変われなくなってしまうのでしょうか。小さな子どもにとっては、毎日が「新結合」であると書きました。これは言い換えれば、子どもが日々「変化」を続けているからです。他方でなぜ、大人は変われなくなってしまうのでしょうか。

経営学では、この原因を「**成功の罠**」という考えによって説明しています。ある領域や方法で一度「成功」を収めたら、また再びうまくいくためには、

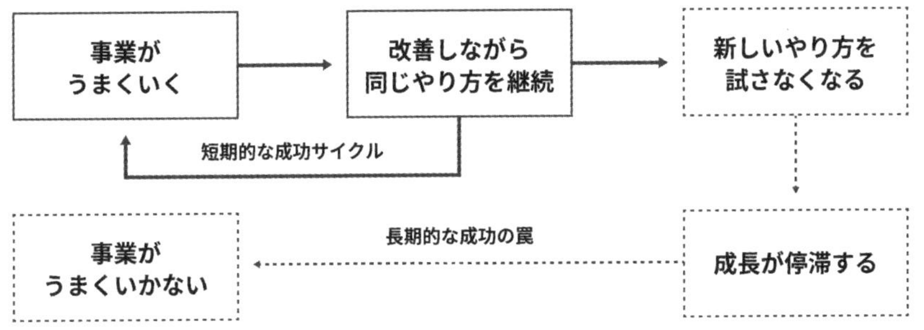

図 1-2　成功の罠のメカニズム

同じやり方を繰り返したくなるのが人情です。ボウリングで2回連続ストライクが出ているときに、あえて球の重量を変えたり、投げ方を変えたり、反対の手で投げたりはしないはずです。より成功が持続するように、少しでも良い結果が出るように、今のやり方をベースに「改善」の努力はするかもしれませんが、新しいやり方を実験したり、今のやり方を突然やめたりすることは、基本的にはしません。ところがこれが、成功のための最適解のように見えて、中長期的な視点で見ると、大きな変化に挑戦しなくなってしまう原因にもなり得ます。目先の「成功」に囚われるばかりに、長期的な「成長」を停滞させる足かせとなってしまう。

企業においては、個人にせよ、チームにせよ、また組織そのものにせよ、市場から「成果」が求められる、結果主義の世界です。**常に外的な評価にさらされる中で、一度うまくいく方法を見つけてしまったら、その方法を繰り返し続けるのは自然なことです。これが、企業における個人やチームが変われなくなってしまう「成功の罠」のメカニズム**なのです。

知の深化と探索を両立させる両利きの経営

企業が「成功の罠」から脱出する方法についてヒントを与えてくれるのが、「**両利きの経営（Ambidexterity）**」という経営理論です。経営学者のクレイトン・クリステンセンが、1997年に提唱した「イノベーションのジレンマ」を乗り越える方法として、今世界中の注目を集めている理論です。日本においても、チャールズ・A・オライリーとマイケル・L・タッシュマンの著書『両利きの経営』が2019年に翻訳出版され、注目を集めています[2)]。

“両利き”とは、ご想像の通り、右利き、左利き、という我々にとって馴染みのある言葉を使ったメタファーです。両利きの経営の理論では、**企業が既存事業を持続的に深めていく「知の深化（Exploitation）」だけでなく、実験と学習を繰り返して新規事業を開拓する「知の探索（Exploration）」の両輪を同時に回していくことで、継続的なイノベーションとサバイバルを実現していく**、というふうに考えます。

知の深化（Exploitation） 既存の事業を深めていくこと。絶え間ない改善を重視。
知の探索（Exploration） 新しい事業を開拓すること。実験と行動を通した学習を重視。

改めて「成功の罠」の話を思い出してみてください。多くの企業は、仕掛けていた事業が軌道に乗ったら、その事業をより良いものにしていくために、努力を続けます。製品のアップデート、インターフェースの改善を繰り返し、同時にかかるコストを減らしていくことによって、事業の収益性を高めていく。基本的には「改善」を繰り返すことで、事業を安定させていくのです。これが、ほとんどの企業が熱心に取り組んでいるであろう「知の深化」です。

他方で「知の探索」は、これまでの事業領域や方法に囚われずに、組織の新たな可能性を探っていくことを主眼に置いています。結果として、うまくいくかどうかはわからない「実験」を重視し、リスクをとりながら変化を生み出していく活動になります。既存の事業領域において別のやり方を試してみるようなレベルから、全く新しい事業領域に踏み出してみるレベルまで、探索のレベル感は様々です。

経営における「両利き」とは、「知の深化」と「知の探索」という2つの異なるモードを両立させることで、組織が変化し続ける状態を生み出し、「新結合」を生まれやすくするのです。これが今、経営学においてイノベーションの処方箋として最も注目されている理論です。

2020年、新型コロナウイルスのパンデミックによって、世界中の企業が変化を余儀無くされました。この先も、いつ、どんな危機が訪れるかわかりません。当たり前だった価値観が、あっという間にガラリと変わってしまう可能性もある。このような**「いつ、何が起こるかわからない」状況において、「1つのことだけをやり続ける」のは、大きなリスクにもなり得ます**。ようやく見つけ出した得意技について、鍛錬を重ねて極めようとしながらも、常に新たな得意技を探して探索をし続ける。これが、変化を続け、イノベーションを起こし続けるための重要な戦略なのです。

1976年に提唱された「両利きの連続的アプローチ」

「両利きの経営」の実践方法には、大きく3つの異なるアプローチが提案されています。ここはひとつ「研究者」らしく、先行研究を時系列に遡りながら、「両利きの経営」に関する先人の知の蓄積をたどってみたいと思います。レビューを通して巨人の肩を借りる感覚を、ぜひ体感してみてください。

「両利きの経営」の研究が劇的に進んだのはこの20年の間ですが、実は初めて経営学において"両利き"という言葉が使われたのは1976年、ロバート・ダンカンによる研究論文[3]においてでした。

当初は、**企業が時間の経過と共に、「深化」のモードから、「探索」のモードへと構造をシフトする**ことによってイノベーションに対応することが提案されていました。乱暴に言えば、ある程度、既存事業が軌道に乗ってきたタイミングで、徐々に新規事業の探索モードに切り替えていく、というスタンスです。これはのちに「連続的（Sequential）」もしくは「時間的（Temporal）」な両利きのアプローチとして、研究が継続されています。"両利き"というよりは、利き手がある程度うまくいったら、徐々に反対の手も使っていきましょう、という提案と言えるでしょうか。本書では、「**連続的アプローチ**」としておきます。

両利きの連続的アプローチ（Sequential Ambidexterity）
時間の経過と共に組織構造をシフトさせることで、両利きを達成する。

イノベーションのジレンマを乗り越える「両利きの構造的アプローチ」

いわゆる現代の"両利き"の考え方が登場するのは、実はここからです。書籍『両利きの経営』の著者らであるタッシュマンとオライリーによる

1996年の研究論文[4]によって、概念がアップデートされました。それが、「時間的アプローチ」によって構造を変えるのではなく、**深化を担当するユニットと探索を担当するユニットを組織内に結成し、社内のリソースを十分に共有しながら、「同時」に深化と探索を推進する**アプローチです。別々に行うのではなく、2つの異なるモードを並列して実践するのです。これを企業の部署構造によって実現することから、「**両利きの構造的アプローチ**」と言います。

両利きの構造的アプローチ（Structural Ambidexterity）
組織内にリソースを共有したサブユニットを結成することで、同時に両利きを達成する。

この考え方が「イノベーションのジレンマ」に対する解として注目を集めました。日本企業に普及している「両利きの経営」のアプローチは、主にこの「構造的アプローチ」であると言えるでしょう。

しかしながら、このアプローチはシンプルに見えて、“言うは易し” で、「知の探索」を担当するチームを独立部隊としてスピンアウトさせたまま、社内のリソースを共有せずに孤立させると、活動が持続せず、うまくいかないことが指摘されています。

社内に華やかな「新規事業開発部」が立ち上がり、結成当初は注目を集めるも、「知の探索」の成果はそう簡単に表れるものではありません。2年、3年と経過するうちに、明確な成果が出せないまま、社内の他部署のメンバーからは「あの部署はいったい何をやっているのだ」と冷ややかな目で見られ、トップからも「いつになったらヒットが生まれるのだ」とプレッシャーをかけられ、しかしながらサポートしてくれる援軍は社内にごくわずか。次第にモチベーションも失われ、最終的には「撤退」と判断されて、部署そのものが解散となってしまう。……こうしたケースは、どこかで目にしたことがあるのではないでしょうか。

企業にとっての競争優位性の源泉は、「知の深化」によって獲得した成功の最中にある既存事業のナレッジや人材などのリソースであるはずです。**「知の探索」を担当するチームが、きちんと既存事業のリソースを活用できるよ**

うな仕組みや、「知の探索」を後押しするトップの強いリーダーシップが必要であることが、先行研究では提案されています。

また、**企業のアイデンティティも見つめ直す必要がある**でしょう。アイデンティティとは、自分たちが何者であるかについての共通理解です。多くの場合、自社のアイデンティティは成功している既存事業に由来するものであるはずです。

例えば、自社のアイデンティティをうまく設定しながら、「両利きの経営」を推進している成功例として、株式会社スマイルズという企業が挙げられます。スマイルズの代表的な事業に「Soup Stock Tokyo（スープストックトーキョー）」というスープ専門店があります。全国の駅構内やオフィス街などにチェーン展開しており、幅広いユーザーに愛されています。現在はスマイルズを親会社としながら株式会社スープストックトーキョーとして独立し、事業を拡大しています。

スマイルズは、スープストックトーキョーを成功させたのち、ネクタイ専門店の「giraffe」や、セレクトリサイクルショップの「PASS THE BATON」など、幅広く新規事業を展開し、成功させています。もしスマイルズのアイデンティティが「スープを提供する会社」だったとしたならば、これらの新規事業の全てはチグハグな探索活動に見えてしまうかもしれません。しかしながら**スマイルズは、自社のアイデンティティを「世の中の体温をあげる」企業として再構築**し、スープはあくまでその1つの手段として位置づけているのです。これによって、バラバラに見える実験的な事業たちは、芯のある1つのアイデンティティに基づいた「両利きの経営」として意味づけられます。

このように、特定事業の「成功の罠」に陥らずに、次々に「知の探索」を仕掛けていくためには、企業の傘となるアイデンティティの再構築が必要になるのです。

全員で深化と探索を推進する「両利きの文脈的アプローチ」

現在主流となっているアプローチは「構造的アプローチ」ですが、両利きのアプローチはこれだけではありません。ギブソンとバーキンショウは、時間的アプローチと構造的アプローチの性質を踏まえながらも、新たに「**文脈**

的アプローチ」と呼ばれる両利きの方法を2004年に提唱しました[5]。文脈的アプローチとは、**ユニットレベルで分担するのではなく、一人ひとりの個人が、業務において探索的活動と深化的活動のバランスがとれるように、組織の機能や制度を設計する方法**です。

両利きの文脈的アプローチ（Contextual Ambidexterity）
個人が探索と深化の間で時間を分けられるように組織の機能を設計することで、両利きを達成する。

もちろん「文脈的アプローチ」には限界や難しさもあります。既存事業を安定させる「知の深化」は、ある程度トップダウン的な目標管理手法でも推進することができますが、個人の「知の探索」については、従業員一人ひとりの創造性やモチベーションを期待することになるため、トップダウン型のマネジメントとはまた違ったボトムアップ型のファシリテーションスキルや制度設計が必要だからです。

それでも、筆者らは、これら3つのアプローチの中では「文脈的アプローチ」が特に重要ではないかと考えています。先述したように、イノベーションにおける課題が「組織、チーム、個人の変化の妨げ」だとしたときに、組織レベルで見れば、「構造的アプローチ」が効率的なように見えますが、それは言い換えれば「知の深化を担当する人」と「知の探索を担当する人」を分けるという発想です。組織を構成する最小単位は「人」だとしたときに、**一人ひとりの従業員が、自分の固定観念の枠に囚われすぎず、絶えず「変化」し続け、イノベーションの源泉となっている状態が理想的**だと筆者らは考えています。自分たちが所属するMIMIGURIでも、社員全員が個人の「知の深化」と「知の探索」のテーマをボトムアップに設定し、四半期ごとに自身が設定した目標の管理・進捗確認を行っています。

以上、「両利きの経営」のこれまでの研究動向をレビューしながら、「連続的アプローチ」「構造的アプローチ」「文脈的アプローチ」の3種類について概観してきました。余談ですが、日本ではかつて「Ambidexterity」は「双面性」と訳され、研究されていました。それが「両利きの経営」と翻訳されたとたんに現場に普及したことを考えると、メタファーの力は強力ですね。

イノベーションは「組織学習」の積み重ねで起こる

以上見てきた通り、イノベーションは、個人、チーム、組織のそれぞれの変化による「新結合」によって起こります。各レイヤーが「成功の罠」に陥ってしまうと、変化は阻害されてしまいます。そこで、既存の事業を安定させる「知の深化」に加えて、新たに事業を拡張させる「知の探索」が必要であることを述べてきました。

「両利きの経営」は、実は経営学においては「**組織学習（Organizational Learning）**」の理論として位置づけられています。もしかすると「組織学習」という言葉自体が耳慣れないかもしれませんが、**組織が日々の「経験」における試行錯誤によって、新しい知を獲得し、それによって組織における「ルーティン（日常で繰り返される行動パターン）」が変化していく学習過程**を指しています。

筆者（安斎）は、外部の企業で「イノベーション」について講演をさせていただく際に、研究者としてのバックグラウンドが「学習論」であることを自己紹介すると、よく「学習が専門の人が、なぜ専門外のイノベーションを？」と、疑問に思われます。けれども私に言わせると、学習とイノベーションは異領域ではなく、むしろ「イノベーションにこそ、本質的に人と組織の学習が必要だから」なのです。

これについて、経営学者の入山章栄は以下のように述べています。

そもそも経営学では、イノベーションは広義の「組織学習」の一部といえる。イノベーションも組織学習も、「何かを経験することで学習し、新しい知を得て、それを成果として反映させる」という意味では、本質は変わらない。要は程度論である。学習の結果、新しく得られた知の成果が極めて革新的なら、それが「イノベーション」と呼ばれるだけのことである。逆に「改善」のような小さな前進を実現するなら、それを組織学習と呼ぶに過ぎない。（『世界標準の経営理論』第 12 章から引用[6]）

入山が指摘している通り、企業において行われる「知の探索」の全てが、イノベーションにつながるわけではありません。けれども、その積み重ねこそが、イノベーションとして結実するための土壌となるのです。いきなり一足飛びでイノベーションを目指そうとするのではなく、**日々の業務において、従業員一人ひとりが「知の探索」をしながら学び続ける組織をつくること。すなわち、組織学習をファシリテートすることが、イノベーションを生み出し続けるための必要条件**なのです。

企業における探索行動のメカニズム

経営学における「知の探索(Exploration)」のルーツを遡っていくと、ジェームズ・G・マーチとハーバート・A・サイモンが1958年に出版した現代の組織論の金字塔となった名著『オーガニゼーションズ』[7]で提案された組織の意思決定論にたどり着きます。マーチとサイモンは、企業における行動原理について、「**探索(Search)**」という概念を提唱し、図1-3のような図を用いてメカニズムを説明しました。

ややこしい図が出てきたと思われるかもしれませんが、よく見ると非常にシンプルな構造になっています。まず、図の中心にあるのが「探索(Search)」

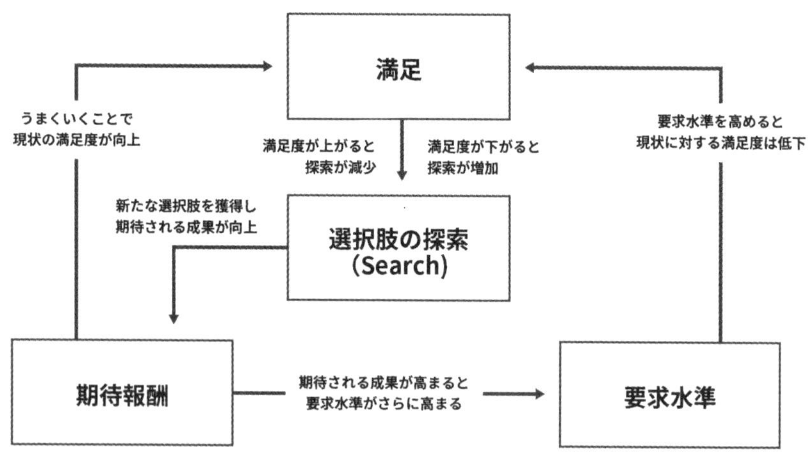

図1-3　探索行動のモデル(マーチ&サイモン1958を筆者が改変)

で、企業にとっての認識を広げ、新しい選択肢を模索するプロセスとして位置づけられています。簡単に言えば「新しいことをやってみる」行動です。

マーチとサイモンの理論の特徴は、**企業の従業員の「視野の狭さ」を考慮していた**点です。これは何もビジネスパーソンをバカにしているわけではありません。実際に、人々は日々の業務の中で、組織や社会におけるあらゆる情報を俯瞰し、熟知することはできません。組織全体はおろか、隣の部署の様子もよくわからない、というのが現実ではないでしょうか。そのような「限られた視界」の中で、人々は意思決定をしています。

たとえ視野が狭くても、もし仕事がうまくいっていて、現状に「満足」していたならば、先述した「成功の罠」の原理によって、人々はわざわざ別の選択肢を探そうと努力する必要はありません。したがって、満足度が高ければ高いほど、企業における「探索」は減少します。

他方で、仕事がうまくいかなかったり、業績が悪化したり、会社が要求する水準（目標）が高くなったりした場合には、相対的に「このままではまずい」と満足度が下がるため、別の選択肢を求めて「探索」がより試みられるようになります。

探索をすればするほど、狭かった視野は少しずつ広がり、新しい選択肢を手に入れることができます。それによって、期待される報酬は高くなり、再び現状の満足度は上がっていきます。現状にすっかり満足すれば、再び「探索」は行われなくなります。このようにして、要求水準に対する満足度をトリガーにしながら、企業における「探索」は増減する、というシンプルな構造が、マーチとサイモンが提案した探索行動のモデルなのです。

ここからわかることは、企業における「探索」を絶やさないようにするには、**「現在の視野」で見えている範囲の成功に満足せず、常に現状では満たされない「要求水準」を組織が共有しておくことが必要**だということです。これは闇雲に数値目標を引き上げていくだけでなく、「両利きの経営」のポイントである「アイデンティティの再構築」が鍵になります。

例えば、仮に「自分たちはスープを作る会社だ」という強固なアイデンティティのもとでは、スープさえ順調に売れていれば、現在の事業の満足度は下がらないため、「探索」は起きにくいかもしれません。ところが「自分たちは“世の中の体温をあげる”会社なのだ」というアイデンティティを共有できていれば、それが要求水準となり、たとえスープが売れ続けていたとしても、「他に“世の中の体温をあげる”方法はないだろうか」と、「探索」が起きやすくなるのです。

後に改めて触れますが、本書の主題である「リサーチ（Research）」という言葉の語源が、「探索」を意味する「Search」に、「再び」「繰り返し」などを意味する接頭辞「Re-」がつけられた言葉であることを考えると、企業にとっての「リ・サーチ（Re-search）」とは、**視野を広げ、新たな可能性を発見するために繰り返される探索的活動と位置づけることができる**でしょう。イノベーションを起こすためには、日常的に探索に溢れる組織をつくる必要がある。本書のタイトルである『リサーチ・ドリブン・イノベーション』には、そんなメッセージも込められているのです。

企業にとっての「リ・サーチ（Re-search）」の意味
視野を広げ、新たな可能性を発見するために繰り返される探索的活動。

経営学における「組織学習」の全貌については、本書では深く掘り下げません。関心がある方は、序論の最後に示したリンク先の参考文献リストから、その広大な知の海に飛び込んでみてください。

知の探索を突き動かす、探究の衝動

個人、チーム、組織の変化を突き動かし、イノベーションの土壌を形成する「知の探索」の本質は、現在の日常を支配するルーティンの枠の外に出て、それまで見えていなかった新しい選択肢を獲得することでした。それでは、日々の「経験」の中で、「知の探索」が繰り返される、学び続ける組織をつくるためには、何が必要なのでしょうか。

このヒントは、学習論の中にあります。現代の企業における学習論の基礎となる「**経験学習（Experiential Learning）**」の理論的基盤を築き上げた偉人の１人に、哲学者のジョン・デューイが挙げられます。教育における経験の重要性を説き、その思想は「真実の教育は全て、経験を通して生じる」「為すことによって学ぶ（Learning by doing）」などの言葉によって知られています[8)]。

デューイの経験学習の理論において注目すべき点は、**人間の学習の源泉を個人の内側から湧き上がる「衝動（Impulse）」に置いていた**という点です。衝動とは、何か理由や目標があって目の前のことに取り組むのではなく、どうしても抑えられない、本能的な欲求に近いものです。

デューイは、「学び」そのものは、実際に手を動かして何かを作ったり、他者とコミュニケーションをしたりなど、外部環境との相互作用の中で起こると考えながらも、その「出発点」は、内側から衝動的に生まれる欲求に基づくと捉えていたのです。言い換えれば、**人間が学び、変化することのモチベーションは、外部から与えられるものではない**、と考えていました。デューイは伝統的な学校教育において「衝動」が軽視されていることについて、以下のように批判しています。

正真な目的は通常初めには、衝動から起こるものである。（中略）伝統的教育は、個人的な衝動や欲望が、行為の原動力として重要性のあることを無視しがちである[9)]。

デューイが思い描いていた経験学習の思想は、やや抽象的で、難解なところがありました。そこで、デューイの理論について研究を重ねていたデイヴィッド・コルブが、図1-4のように図式化を試みました。最終的にコルブが打ち立てた経験学習のモデルは、現代の企業内人材育成論の基礎となっていますが、そのもととなる思想は、ジョン・デューイの教育哲学だったのです。

これは、人間の経験学習において繰り返される認知プロセスをモデル化したものです。まず何よりも初めに、内的な「衝動（Impulse）」に駆られて、人間の学習のサイクルは回り始めます。そして好奇心を持って外部環境をじっくりと「観察（Observation）」します。ただ観察をするだけでなく、観察をしながら自分自身が過去の経験から得た「知識（Knowledge）」を探索し、観察したことと、過去に得た知識が結びつかないかどうか、考えを巡らせていきます。そうして「結びついた」という「判断（Judgment）」を経ることによって、新たな発見が生まれると同時に、さらにまた新たな衝動

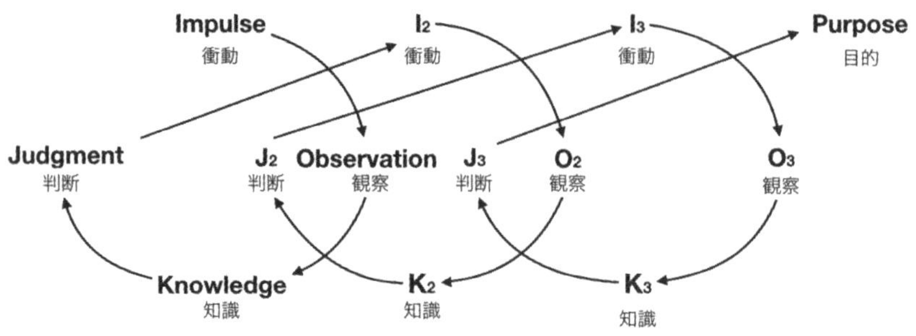

図 1-4　経験学習の基本サイクル[10)]

が生まれる。

このサイクルが連続的に繰り返されることによって、次第により意味を持った「目的（Purpose）」と呼べるようなものへと昇華されていく。これが、哲学者デューイが描いた、人間にとって本質的な学習プロセスなのです。これは、個人における知の「新結合」のプロセスとも言えるでしょう。

デューイは、「衝動」は人間の本能に近いものであり、精神的な病気で無気力になってさえいなければ、誰にでも備わっているものだと考えていました。衝動は古い生活様式を逸脱するための媒体であり、新奇な習慣を生み出すための変化のエネルギーを持ったものとして捉えていました。筆者なりに言い換えると、**「衝動」は、日常において縛られた古いルーティンを逸脱し、新たな選択肢を獲得する「探索」の原動力になる**、ということです。他方でデューイは、衝動が衝動のままではダメで、意味のある目的に変換されるためには「知性」が必要であるとも述べています。衝動と知性が両立することで、ルーティンの再構築が可能になるというのです。

デューイは、学校教育で軽視されがちな、子どもたちの学びの基礎となる衝動として「談話的衝動」と「構成的衝動」の2つを挙げていました。「談話的衝動」とは、子どもが持つ社会的な本能であり、**自分の経験を語りたい、他者とコミュニケーションをとりたいという衝動**を指しています。「構成的衝動」とは、**何かものを作りたい、形作りたいという衝動**を指しています。そしてデューイは、この2つの衝動が結びついた衝動として「探究的衝動」という、**何かを明らかにしたいという衝動**の重要性を主張しています。

談話的衝動 ▶ **他者と語りたい**
＋
構成的衝動 ▶ **ものを作りたい**
↓↓↓
探究的衝動 ▶ **明らかにしたい**

これらの衝動は、まさに人がルーティンから逸脱して、新たな選択肢を獲得する「知の探索」の原動力になります。特に何かを明らかにしたいという「探究的衝動」は、未だ見ぬ方向へと視野を広げていくためのエネルギーになります。

ところが厄介なことに、デューイが学校教育に対して批判をしていたように、企業においても、**誰もが持っているはずの衝動に「蓋」がされ、抑圧されてしまっているということが、現代の企業の大きなイノベーション課題なのではないか**と、筆者らは考えています。

イノベーションを起こすための事業開発というのは、本来的には、衝動が発揮される創造的な活動であるはずです。別の言い方をすれば、何かを作り出すということは、人間にとって、本来的には「楽しくてたまらない営み」だったはずなのです。ところが売上の成果ばかりが求められ、次第に新しい商品やサービスを生み出すことが自己目的化し、「作りたい」という気持ちがあって始めたはずの仕事に、だんだんと衝動が失われていく。

それによって、変化の原動力が失われ、既存事業の枠から逸脱する「知の探索」は抑制され、結果として、「新結合」が生まれにくくなってしまう。この悪循環が、現代企業のイノベーションを阻害する大きな要因となっているのではないでしょうか。

衝動の枯渇は目に見えない：プロセスとコンテント

このような悪循環が助長されてしまう原因として、組織において衝動が枯渇している状態は、「目に見えにくい」ということが挙げられます。このような問題は、組織論においては「**プロセスの問題**」というふうに表現します。

「プロセス」とは、組織開発（Organization Development）の源流の1人であり、グループ・ダイナミクスの専門家であるクルト・レヴィンが提唱した言葉です。誤解を招きやすいのですが、ここで言う「プロセス」とは単なる仕事の過程や手順などを指しているのではありません。それよりももう少し広い意味合いで使われているのですが、その定義は、組織における「コンテント」という考え方とセットで捉えることで見えてきます。

これらの概念は、よく「**氷山のモデル**」で説明されます。**「コンテント」とは、組織において水面に顔を出している部分で、実際に話されている内容や、飛び交っている情報、取り組まれている課題や業務の内容**です。

他方で**「プロセス」とは、表面には可視化されていない集団の関係性の質や、人間の内面的なもの**を指しています。個人がどんな感情で、どんなモチベーションで、どのような関係性の中で、どのように影響を与え合い、どんな風土の中で、どのようなコミュニケーションが背後で進められているのか。

図1-5　コンテントとプロセス

ヒューマンプロセス、もしくは**グループプロセス**などと表現されることもあります。

売上が目標値にいくら足りないとか、現在のプロダクトの評判が落ちているなどといった問題は、目に見える「コンテント」の問題です。

しかし、それをイノベーションで解決すべき課題として設定しては、問題は解決されません。すでに述べてきた通り、それら「目に見える問題」の背後では、本質的な要因として「個人の衝動が抑圧されている」という「目に見えない問題」が潜んでいるからです。

しかしながら、それに気がつかないまま、「新しいイノベーションのフレームワークを導入したほうがいいのではないか」「アイデア発想法の研修を導入したほうがいいのではないか」と、目に見えない「プロセス」を改善することなく、**目に見える「コンテント」としてのわかりやすいイノベーションのレシピに飛びついてしまうこと。これが、イノベーションを阻害する悪循環をさらに前進させてしまう**良くないパターンの始まりです。

結果として、「技術に頼ったイノベーションはもうダメらしい。デザイン思考の研修を導入しよう」「デザイン思考のフレームワークを試したが、全く良いアイデアが出ない。次はアート思考が来るらしい」「海外では意味のイノベーションが流行らしい。本に書いてあるプロセスを会議に導入しよう」などと、次々に「新しいノウハウ」に飛びつくも、なかなか成果が生まれず、「次はいったい何を導入すればいいのか」と受動的になり、余計に根源的な「衝動」が抑圧されていくのです。

余談ですが、この「氷山のモデル」はやや冷たい印象を与えるため、筆者らはあまり気に入っていません。それよりも、目に見えない「プロセス」を、美しい植物や樹木を育てるための「土壌」として捉えたほうが、しっくりこないでしょうか。

図 1-6 は、筆者らが運営する組織イノベーションの最新知見を紹介するウェブメディア『CULTIBASE（カルティベース）』が提唱している「Creative Cultivation Model」です。

美味しい「果実」を収穫したいからと言って、イノベーションの解決を、目に見えるノウハウにすぐ求めない。それよりも、**良い土壌を育てるために、一人ひとりの「衝動」に蓋をせず、「対話」を通して育ててあげる**こと。これが、

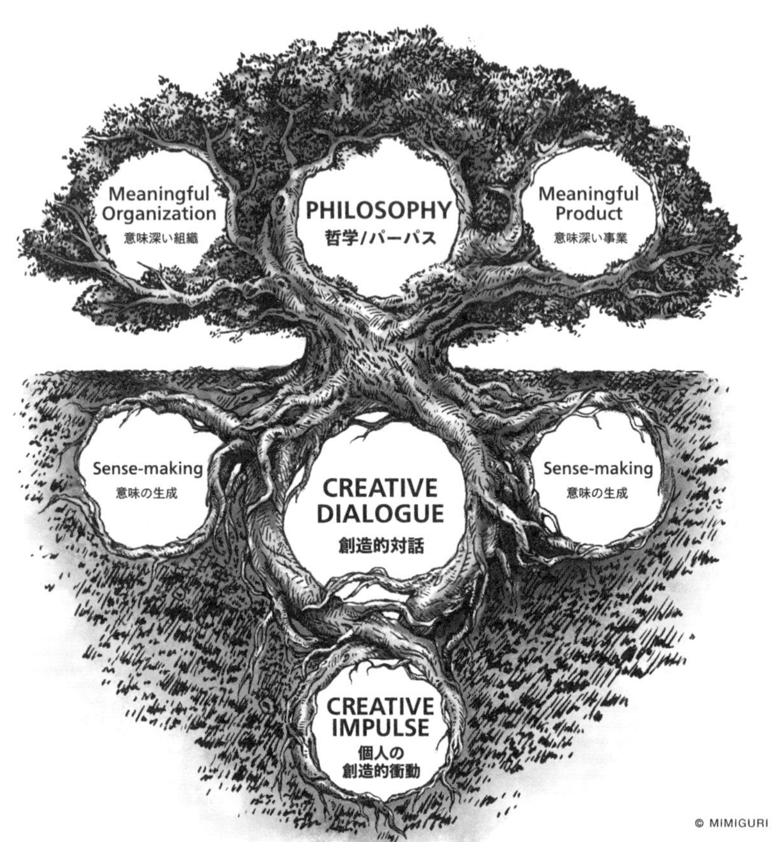

図1-6　プロセスとコンテントを土壌で表した「Creative Cultivation Model」

組織の創造性の土壌を耕すために必要なアプローチなのです。「Creative Cultivation Model」の詳細については、ウェブメディア『CULTIBASE』に筆者の解説動画がありますので、ぜひご覧ください[11)]。

イノベーションが生まれない本質的課題（1）
組織において「探究的衝動」が抑圧されていること。

ただし、誤解しないでいただきたいのは、「デザイン思考」「意味のイノベーション」といったイノベーション手法そのものに、罪はないということです。それどころか、どちらもイノベーションプロセスの本質を捉えた、素晴らしい手法だからこそ、ここまで普及しているのだと考えられます。私たちMIMIGURIも、実際のクライアントの商品開発のプロジェクトにおいて、両方の手法のエッセンスを活用していますが、使いどころさえ間違えなければ、確実に成果につながる方法です。

次節からは、既存のイノベーションの方法論について改めて概観します。その上で、なぜ組織の「衝動」に蓋をしたまま、これらの手法のみに走ってしまうのか、という問いの背後にある、もう1つの本質的課題について掘り下げます。そして、本書の主題であるリサーチ・ドリブン・イノベーションの意義について確認していきます。

1) キース・ソーヤー 著／金子宣子 訳『凡才の集団は孤高の天才に勝る―「グループ・ジーニアス」が生み出すものすごいアイデア』（ダイヤモンド社，2009）

2) チャールズ・A・オライリー，マイケル・L・タッシュマン 著／入山章栄 監訳，冨山和彦 解説，渡部典子 訳『両利きの経営―「二兎を追う」戦略が未来を切り拓く』（東洋経済新報社，2019）

3) Duncan, R. B.（1976）. The ambidextrous organization: Designing dual structures for innovation. In R. H. Kilmarm, L. R. Pondy, & D. Slevin（Eds,）, *The management of organization design: Strategies and implementation*（pp. 167-188）. New York: North Holland.

4) Tushman, M. L., & O' Reilly, C. A.（1996）. The ambidextrous organization: Managing evolutionary and revolutionary change. *California Management Review, 38*, 1-23.

5) Gibson, C. B., & Birkinshaw, J.（2004）. The antecedents, consequences, and mediating role of organizational ambidexterity. *Academy of Management Journal, 47*, 209-226.

6) 入山章栄 著『世界標準の経営理論』（ダイヤモンド社，2019）

7) ジェームズ・G・マーチ，ハーバート・A・サイモン 著／高橋伸夫 訳『オーガニゼーションズ 第2版―現代組織論の原典』（ダイヤモンド社，2014）

8) デューイの経験学習の考え方は，『学校と社会』（1899），『民主主義と教育』（1916），『経験と教育』（1938）などの著作に詳しい．

9) ジョン・デューイ 著／市村尚久 訳『経験と教育』（講談社，2004）

10) Kolb, D. A.（1984）. *Experiential Learning: Experience as the Source of Learning and Development.* Prentice-Hall, Inc., Englewood Cliffs, NJ.

11)「組織のクリエイティビティをどう高める？―イノベーションのための創造的な組織づくりの見取り図“CCM”の全体像」（解説動画付）｜ CULTIBASE https://cultibase.jp/ccm-outline/

1.2. 〉イノベーションに求められる「創造的自信」〉

現代は、裏を返せば、イノベーションの方法論のラインナップは非常に充実し、書籍やインターネット上の情報を調べれば、素晴らしいレシピがすぐに手に入る時代です。日々新たに方法論が生まれ、書籍が発刊されています。

序論でも触れたように、イノベーションの方法論においては、「外から内（アウトサイド・イン）」と「内から外（インサイド・アウト）」の2つのアプローチが存在しています。そしてリサーチ・ドリブン・イノベーションは、これらと差別化を図った全く新しいフレームワークではなく、これらの既存のレシピを両立させて実行するための思考法として本書では提案をしています。

ここからは、その前提となる既存のイノベーションの方法論について、概観していこうと思います。その2つのアプローチである、「外から内（アウトサイド・イン）」と「内から外（インサイド・アウト）」のうち、筆者（小田）の専門領域である、「**デザイン思考**」と「**意味のイノベーション**」という2つの方法論を取り上げ、その対比の中にどんな課題が生じているのかを整理していきます。

デザイン思考の誤解とルーツ

「外から内（アウトサイド・イン）」と「内から外（インサイド・アウト）」のそれぞれの方法論を解説する前に、2つの考え方の前提にある「デザイン思考」の理解を深めておきましょう。

「デザイン思考」はどちらかと言えば「外から内（アウトサイド・イン）」アプローチに位置づけられるのではないか？　と思われるかもしれません。確かにイノベーション手法として体系化された「**狭義のデザイン思考**」は「外から内（アウトサイド・イン）」ですが、デザイナーの根本的な思考様式や思想のあり方を指す「**広義のデザイン思考**」は、「内から外（インサイド・アウト）」の様相も含んでいると筆者は考えています。「外から内（アウトサイド・イン）」と「内から外（インサイド・アウト）」の理解のためにも、まずは「広義のデザイン思考」の考え方から見ていきましょう。

「デザイン思考」という言葉自体は、社会的にもかなり浸透したと言っても過言ではないでしょう。**2018年に経済産業省と特許庁によって発表され**

た**「『デザイン経営』宣言」**[1)]は、経営においてデザインの考え方がなぜ大切になるのかを示した、日本のデザイン政策における大きな転換点であったと言えます。しかしながら、デザイン経営やデザイン思考に対する理解は、さほど深まっているようには思えません。

それもそのはず、そう簡単に理解できるものではないのです。デザイン思考という考え方は、1960 年代から多くの研究者や実践者による検討が行われてきた歴史のあるもの。もっと遡れば、18 世紀半ばから広がった産業革命に伴うものづくりの安易な工業化への反省など、幅広い背景の中で生まれてきた考え方です。単にトレンドとしてまとめられるようなものではありません。

こうした背景を事細かに記述することは本書の主意ではないので、参考文献リストもぜひご覧いただければと思いますが、全体観を掴んでいただくために、1960 年代以降にどのような変遷をたどってきたのかを簡単に見ていきたいと思います。

デザイン思考のルーツ（1）アーチャーとサイモンのデザイン科学

最初期にデザイン思考という言葉を使ったのは、L・ブルース・アーチャー[2)]だとされています。彼はデザインの考え方を紐解き、デザイン・プロセスをモデルとして構造化することを試みています。そうした構造を「地図」にたとえ、「誤りを犯す危険性が高くなった場合」や「問題が非常に複雑になり、とるべき道がわからなくなった場合」に地図を利用することで、より的確に問題を解決することができるようになると考え、そのプロセスの解明に取り組みました。デザインに固有の「思考のあり方」そのものを科学しようとする、今日につながる源流があると言ってもよいでしょう[3)]。

1969 年には、「知の探索」のルーツとしてもすでに紹介したハーバート・A・サイモンが、デザインの過程に関する学問として「**デザイン科学**」[4)]を提唱しています。彼は全ての人工物は、自然あるいは独立的に存在しているのではなく、インターフェース（接面）を介して相互に成り立たせており、こうしたシステムをより良い姿に変えていくこと、彼の言葉を引用すれば「既存の環境を改善して、望ましい環境に変える（最適化する）プロセス」こそデザインであると整理しています。

つまり、**デザインの本質的な目的を、「複雑なシステムの関係性を紐解き、より良い姿を目指すこと」に置いていた**ことがわかります。1960年代のこうした流れは、デザインの行為や、その思考のあり方を一般化する試みの源流として位置づけられる取り組みです。

デザイン思考のルーツ（2）「厄介な問題」をいかに発見するか

アーチャーやサイモンに共通する姿勢は、デザインという複雑で階層的な課題解決のプロセスをモデル化し、デザイン活動の解像度をより高めることにあります。一方で、デザインアプローチの全てを科学的に解き明かせるのかという疑問も、常に掲げられてきました。

ホースト・リッテルやジェフリー・コンクリン、リチャード・ブキャナンらによって挙げられた「**厄介な問題（Wicked Problems）**」はその代表例です。解決したことによってしか解いた問題を理解できないような問題、もう少し詳しく言えば、複雑に利害を伴う関係性が絡み合い、何をどのように解けばより良い状況に向かうのかさえわからないような問題のことを指しています。

リッテルらによる「厄介な問題」の特徴（一部抜粋）[5)]

（1）問題の詳細を説明したり、定式化したりすることができない。
（2）解決したあと完了させることができず、解決策を常に探究し続ける必要がある。
（3）解決策の正否を客観的に評価することができず、自らの判断で選択する必要がある。
（4）解決策の効果をすぐにテストすることが難しく、時間と共に予想外の結果をもたらす。

問題の3分類[6)]

Simple problems ▶ 解くことが容易、問題もソリューションも明確。
例：マニュアルを作成する、泣く子どもにミルクを与える

Complex problems ▶ 解くことが困難、問題もソリューションも明確ではないが、時間と共に明らかになる。
例：人を月に送る、子どもを安全に育てる

Wicked problems ▶ 定義することが困難、問題もソリューションも明確ではなく、定義しようとしている間に変化する。
例：NASAの方向性、子どもをどういう大人に育てる？

2020年に訪れたコロナ禍の影響は、まさに「厄介な問題」です。単にウ

イルスや抗体の問題ということではなく、自粛によって生まれた経済的な問題、過疎化による医療設備不足の問題、リモートワークによる組織内のコミュニケーションの問題、はたまた地域や国籍等による差別の問題など、もともと内在していたものも含めて多くの問題を浮き彫りにしました。

さらに難しいのは「解決」の定義です。元の状況に戻って欲しい人もいれば、これをきっかけに社会を変えたいと考えている人もいます。単にどれかを解決すればよいというものではなく、結果として何が正しかったのかは知る由もありません。

デザイン思考のルーツ（3）ダブルダイヤモンド：デザイン・プロセスの可視化

こうした「厄介な問題」という視点の提示によって、**複雑な問題をどう紐解くかという「問題解決」のプロセスから、どのように解くべき問題を定義するかという「問題発見」のプロセスへ**と、デザイン科学の興味は移っていきました。

2004年には英国デザインカウンシルが、「**ダブルダイヤモンドモデル**」[7]を提唱し、デザインのプロセスが「問題発見」と「問題解決」の連なりであることを定式化したのです。

1つ目のダイヤモンドは、問題を発見するプロセスを示しています。そして**2つ目のダイヤモンドは、問題を解決するプロセス**を示しています。こ

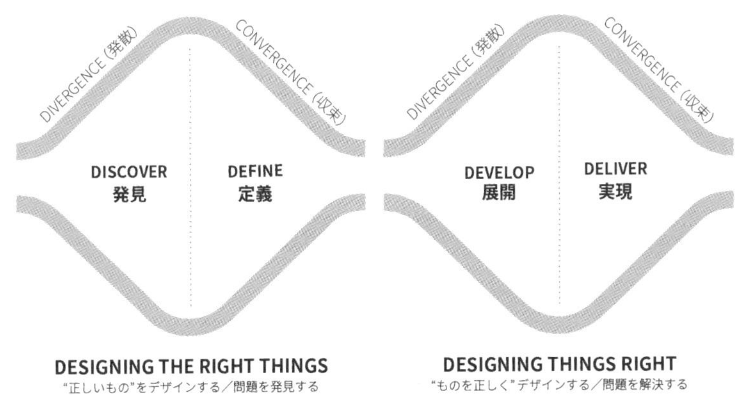

図1-7　ダブルダイヤモンドモデル（図は筆者作成）

の2つのダイヤモンドの組み合わせによって、デザイン・プロセスは構成されているという関係性を、明確に位置づけています。
ダブルダイヤモンドモデルの構築に携わったアンナ・ホワイトは、問題発見の発散収束を「Designing the Right Things（“正しいもの”をデザインする）」、問題解決の発散収束を「Designing Things Right（“ものを正しく”デザインする）」と表現しています[8]。何が正しいかが規定されていないからこそ「厄介な問題」なのであり、デザイナーは自ら「対象となる誰かにとっての、進むべき方向性（つまり誰かにとっての正しさ）」をデザインする必要があると言えるでしょう。
今日の社会に存在する問題の大多数は「厄介な問題」であると考えてよいでしょう。一方でその事実に気がつかないまま、問題らしいものを解決しようと、いきなりアイデアを考えてしまっていることも少なくありません。必ず問題の姿そのものを捉え直すことから始めるというデザイン・プロセスの姿勢が、ダブルダイヤモンドモデルには表れていると言ってよいでしょう。
この問題発見と問題解決のプロセスの中で、デザイナーはどのように思考の過程を積み重ねているのでしょうか？　それを紐解く上で重要になるのが「**飛躍を伴う思考プロセス**」と「**人間中心的なアプローチ**」です。この2つが、「内から外（インサイド・アウト）」と「外から内（アウトサイド・イン）」の両アプローチの前提となる広義のデザイン思考の特徴です。

広義のデザイン思考の特徴
(1) 飛躍を伴う思考プロセス
(2) 人間中心的なアプローチ

広義のデザイン思考の特徴（1）飛躍を伴う思考プロセス

デザイナーはアイデアを「突然思いつく」というように感じている方も多いかもしれません。「アイデアが降ってくる」という表現で語られたり、「発想のセンスがある」と評されたりすることも少なくありません。デザイナーはなぜそうしたアイデアを突然獲得することができるのでしょうか？
エンジニアリングデザイン[9]やCAD（Computer-Aided Design）[10]に関す

る研究で有名なナイジェル・クロスは、デザイナーが突然発想や洞察（本質を見抜くこと）に達する過程を「**創造的飛躍（Creative Leap）**」[11]と定義し、そのプロセスを紐解こうとしてきました。

創造的飛躍（Creative Leap）予期せぬ発想や洞察に達する過程。

例えばデザイナーは多くのスケッチを書いたり、付箋を用いて壁に情報を貼り出したり、あるいは参考になるイメージを収集して壁に貼りつけたりします。場合によっては、アイデアを導くことからは一見かけ離れたようなスケッチやイメージを扱っていることも少なくありません。

こうした活動は、アイデアを導くために逆算して行っているわけではなく、今考えようとしている事柄を様々な角度から捉えようとする行為であり、そうして生まれた様々な見方を俯瞰的に捉えることで、着想に至っていると考えられています。デザイナーのこうした思考プロセスは、直線的な線形のプロセスではなく、非線形的で面的なプロセスとして捉えることができます（図 1-8）。

上記の考え方を、推論のプロセスとして整理してみるとどうなるでしょうか？　推論は、演繹法（Deduction）、帰納法（Induction）、アブダクショ

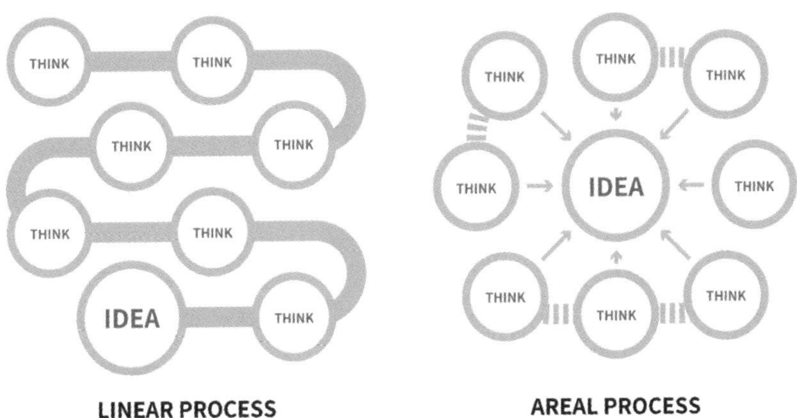

図 1-8　2つのタイプの思考プロセス

ン（Abduction）の３つに分かれるとされています。

3種類の推論
（1）演繹法（Deduction）
（2）帰納法（Induction）
（3）アブダクション（Abduction）

演繹法は、すでに明らかになっているいくつかの法則や普遍的な事象を前提として結論を導き出そうとするアプローチです。例えば、冬にはアイスクリームが売れるというよく知られた普遍的な事象と、今年はイチゴの商品が売れているという観察された事実をもとに、イチゴ味のソフトクリーム開発に取り組む、といったようなアプローチになります。

次に**帰納法は、いくつかの事実を組み合わせて結論を導き出す方法**です。例えば「今年は健康志向の商品が売上を伸ばしている」「写真映えする商品がトレンドになっている」「アウトドアレジャーが成長の兆しを示している」という複数の事実を組み合わせ、「外で映えるヘルシーなランチ」の開発に取り組むというようなプロセスが考えられます。

演繹法と帰納法は、「正しらしさ（一般的に根拠があり、正確性があること）」が重視される推論のプロセスです。これに対して可能性を導く推論のプロセスとされているのがアブダクションです。**アブダクションは「仮説推論」とも呼ばれており、観察された事象の中に潜む、うまく説明できないような事実に対して、それが説明できるようになる仮説を推察して生み出すプロセス**を指します。推論によって生み出されるのは「仮説」であり、「正しらしさ」はさほど重視されません。例えば、外食ではなく、弁当を購入して家で食べる「中食」の人が増えているという事実に対して、「慌ただしく生活する人が増えているのでは？」「家の中でご飯を食べることに、何かこだわりを持っているのでは？」といった様々な仮説を生み出していくようなイメージです。

こうして見てみると、クロスの提唱する「創造的飛躍」は、アブダクションのプロセスをとっていると考えられます。観察された事実に対して様々な仮説を投げかけることは、様々な角度でその事実を捉えようとすることです。クロスはデザイナーがスケッチを描くことで「創造的飛躍」を導いていると論じていますが、こうしたスケッチは仮説を投げかける行為であると見ることができるでしょう。

特徴（1）飛躍を伴う思考プロセス
アブダクションを活用して創造的飛躍をもたらす。

解決した光景さえ描くのが難しい「厄介な問題」には、何を正しいとするかの前提そのものが複雑に絡み合ってしまっており、「正しらしさ」を導こうとする帰納法や演繹法では解くことができません。一方、アブダクションでは、様々な角度から解釈を行っていくことで、複雑な状況の中に新しい可能性を導いていきます。

デザイナーはスケッチを描いたり、イメージを集めたり、付箋をとにかく貼り出してみたりすることで、「見方」を立ち上げていきます。つまり「見方の創造」こそが重要な切り口であり、多様な「見方」を立ち上げることで、新しい問題を発見したり、解決の糸口を見出したりすることにつながると考えることができます。発散と収束で構成されるプロセスの**発散とは、「見方」を豊かに膨らませている行為**であると言えるでしょう（発散とは、単にアイデアを100個出せば良いアイデアが1つくらい潜んでいるだろう、というものではないのです）。

広義のデザイン思考の特徴（2）人間中心的なアプローチ

デザイナーは何のために存在しているのでしょうか？ 「デザイナーはいつから存在したのか」という問いに答えることは簡単ではありません。それはものづくりの歴史を紐解くことにも近いと言えるからです。例えば土器をひとつとってみても、縄文時代の土器には呪術の影響を受けた模様や形が見られる一方で、弥生時代にはより実用的なものが多く見られるように、社会の背景や目的に合わせて道具が作られています。誰かの生活が豊かになることを目的に、人々はデザイン（設計）を繰り返してきたのです。

19世紀に入ってからデザイナーという肩書を名乗るようになりましたが、つくるものは変われど、「誰かのためにつくる」という本質は変わっていません。

19世紀後半の産業革命に伴い、様々なモノが大量に生産されるようになるにつれて、ものづくりはそれまでの手作業的なものから機械化による生産へとその軸を移しました。しかしながら、商業中心の考え方は粗悪な商品を大量に生み出すこととなりました。そんな背景から、手仕事の美しさや職人技を基盤としたものづくりを取り戻そうという活動や表現が数多く立ち上がります。ウィリアム・モリスが中心となった「**アーツ・アンド・クラフツ運動**」[12)]などはその代表例です。この時代のものづくりは、曲線美溢れる「美」を中心としたものであり、大量生産のための機械や生産方式に抗う意思が伝わってきます。

一方でそうした機械製造の技術も進化を続け、20世紀になると工業製品も日常的に溢れる社会になっていきました。こうした中で1919年に誕生したのが、ヴァルター・グロピウスが設立した教育機関「**バウハウス**」です。バウハウスが軸を置くこととなったのは、「芸術と近代機械産業との結合」であり、生活の受け皿としての「建築」を中心に、グラフィックデザインからプロダクトデザイン、テキスタイルデザインなど幅広いデザイン領域をカバーしました。わずか14年間の活動であったにもかかわらず、今日のデザインに大きな影響を与えることになりました[13)]。

モダンな近代工業デザインの源流にも位置づけられるバウハウスですが、人体の動きや構造、あるいは思考や感情を捉えようとした、オスカー・シュレンマーによる「人間」という授業[14)]に代表されるように、人の生活とデザインするモノのより理想的な姿を探索し、またその教育体系を築いていった活動であったと見ることができます。その後アメリカでのインダストリアルデザインの勃興などを経て、デザインという言葉は一般的に知られる言葉となっていきました。

技術の発展に伴い、「誰かのために」が忘れ去られた生産活動と、デザインは常に戦ってきました。大量生産との戦いのあとにやってきたのが、より複雑なシステムとの戦いです。1980年代後半に登場してきた家庭向けのコンピューターは、簡単に操作ができる代物ではありませんでした。認知科学者のドナルド・ノーマンの著書『誰のためのデザイン？』[15)]が評するように、「誰かのために」が忘れ去られた生産であったと言えるでしょう。

今日ではモノの使い手であるユーザーの体験に焦点を当てた**UX（User Experience）**という考え方が広がりを見せ、モノづくりからコトづくりへとデザインのフィールドはより広がりを見せています。筆者らが行う「ワークショップデザイン」もその一端です。しかしながら、つくるものがいくら変化したとしても、デザインとは「誰かのために何かをつくる」活動であるということは決して変わらないのです。

特徴（2）人間中心的なアプローチ
デザイナーは必ず誰かのためにデザインをしている。

探究的ダブルダイヤモンドモデルの提案

今日、デザインの対象はさらに広がり、コミュニティや文化のあり方、国の施策や地球環境に至るまでアプローチしています。それはつまり、デザイナーが対象とする人々の広がりを意味しています。たくさんの人がいるということは、たくさんの価値観があるということ。つまり何が誰かにとって正しいのかは、非常に定義しにくくなっています。

筆者は、デザイナーの２つの思考の特徴を踏まえて、ダブルダイヤモン

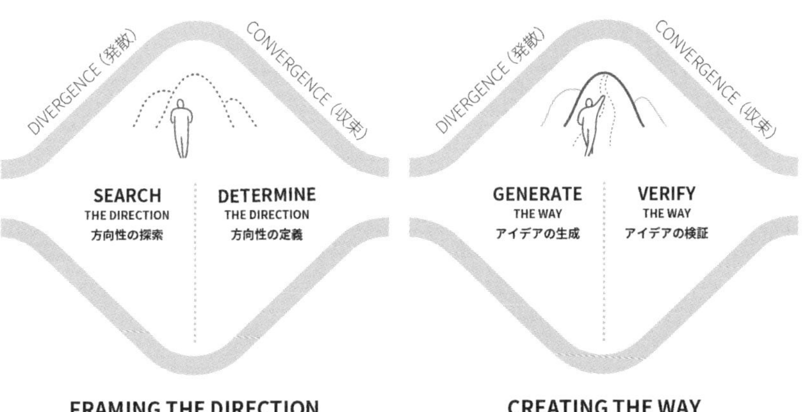

図1-9　探究的ダブルダイヤモンドモデル

ドモデルを以下のように言い換えることができるのではないかと考えています。

最初のダイヤモンドでは、進むべき方向性を定めます（**Framing the direction**）。ここでは、方向性の探索を行い（**Search the direction**）、そしてそこから方向性を定めていきます（**Determine the direction**）。向かうべき方向性が決まれば、そこに到達するための道を創造していきます（**Creating the way**）。様々な道のアイデアを広げ（**Generate the way**）、実際に進んでいけるのかを確かめていきます（**Verify the way**）。

デザインの対象となる「誰か」が変われば、あるいは社会状況や周囲を取り巻く関係性が変化すれば、必ず進むべき方向性の再定義から始めなければなりません。またそれは常に新しい見方を持って、仮説を投げかけながら考えていく、アブダクションを活用したプロセスでもあります。このプロセスにこそ、デザイナーの思考としての特徴があると考えています。

さて、ここまでデザイン思考そのもののルーツを探りながら、デザイナーの思考の2つの特徴である「飛躍を伴う思考プロセス」と「人間中心的なアプローチ」について見てきました。ほとんどの広義のデザイン・プロセスは、上記で述べたダブルダイヤモンドモデルをベースとした「内から外（インサイド・アウト）」と「外から内（アウトサイド・イン）」を兼ね備えたプロセスとして捉えることができます。

しかしいわゆる"方法論"として定式化された狭義の「デザイン思考」は、「外から内（アウトサイド・イン）」に特徴づけられる方法として普及しています。ここからは、対比される「内から外（インサイド・アウト）」アプローチである「意味のイノベーション」と比較しながら、紹介していきます。

方法論としての狭義のデザイン思考

デザイナーの特徴的な思考プロセスのうち、「外から内（アウトサイド・イン）」のアプローチとして挙げられるのが、方法論としての「デザイン思考」です。今ではよく聞かれるようになった「デザイン思考」という言葉ですが、スタンフォード大学 d.schoolの「5ステップのアプローチ」[16)]など、方法論としてまとめられたことで、大きく認知が広がったと言えるでしょう。

具体的なプロセスは、これまでも書籍やインターネット等で数多く紹介されているのでここでは割愛しますが、大きく言えば、その特徴は３つのポイントに整理できます。１つ目がエスノグラフィカルな姿勢、２つ目が批判をせずに可能性を膨らませるアプローチ、３つ目がプロトタイピングによる検証です。３つの観点を理解しやすくするために、コンビニエンスストアの新商品をデザインするというテーマで、それぞれ見ていきます。

方法論としての狭義のデザイン思考の特徴
(1) エスノグラフィの活用
(2) 批判をせずに可能性を膨らませるアプローチ
(3) プロトタイピングによる検証

狭義のデザイン思考の特徴（1）エスノグラフィの活用

まず**デザイン思考で最も重視されるのが、徹底的な状況の観察**です。**エスノグラフィ（Ethnography）**とは、文化人類学などの調査でよく行われる方法で、フィールドで起きている現象を観察し描写するようなアプローチのことを指します。

例えば、コンビニに実際に出向き、生活者が何を買っているかはもちろん、どんな動線をたどり、どこで立ち止まっているか、そのときどんな表情をしているか、服装や持ち物はどんなものか、あるいは従業員とどのようにコミュニケーションをとっているかなどをつぶさに観察していきます。あるいは、お店以外の状況にも目を向け、どんなところで商品を食べているかなど、生活者の生活そのものに目を向け、生活者が直接口にはしない、まだ自身でも気がついていない**潜在的な欲求（インサイト）**の兆しを探ります。

このとき大切なのは、対象となる状況の現場にデザイナー自ら足を運び、状況に「浸る」ことです。別の人に観察を任せてしまってはいけません。その理由の１つは、**デザインの対象となる「誰か」を深く理解する必要がある**ためです。観察を人任せにしていては、「誰か」のちょっとした仕草や、感情面の変化に触れることは難しいためです。

そしてもう１つの理由は、**エスノグラフィのような観察は、答えに直接つながるヒントを見つけようとする活動ではない**ということです。あくまでプロセスの始まりは、「誰か」を深く理解し、その人の目線で状況を捉え、その人が進むべき新たな方向を模索すること。観察を通じて仮説を投げかけながら、あり得る方向性についてのイメージを膨らませていくことが大切だからです。

例えば、コンビニの観察を重ねる中で、500ミリリットルの異なる種類の飲み物を必ず2本買っていく人がいることを見つけたとしましょう。1人で買い物に来ており、駅に近いオフィス街という性質上、家に持ち帰るわけでもなさそうです。そして1時間に数人はそうした人がいたとしましょう。

単純に捉えると「誰かに頼まれて飲み物を買いに来たのでは？」と思うかもしれません。しかし、拙速な解釈ですぐに結論づけてしまってはいけません。誰しもが見逃してしまいそうな事実にこそ、誰も気がつかなかったような、当の本人でさえ気がついていないような、新しい発見が潜んでいる可能性があります。

なぜわざわざ2本もまとめて買っていくのか、共通するような特徴はないか、選ぶときにはどのような行動をとっているのか、その人はどんな服装をしていて、どんな表情をしているのか。なぜそうした行動をとるのかについて、様々な仮説を投げかけ、「誰か」を深く理解することが大切です。

> **特徴（1）エスノグラフィの活用**
> **状況に浸り、仮説を投げかけながら、「誰か」のまなざしを深く理解する。**

狭義のデザイン思考の特徴（2）批判をせずに可能性を膨らませるアプローチ

2つ目は、ブレインストーミングの一般原則として広く知られている「**批判厳禁**」のアプローチです。発散のフェーズでよく言われることですが、誰かが出した考えに対して批判をせず、そこに乗っかりながら新たな考えを挙げていき、連鎖的に様々な考えを膨らませていこうとする考え方です。

例えば、2本の異なる種類の飲み物を買う人がいるという発見を踏まえて、「飲み物が買いにくい環境へ出かけるのではないか？」とか、「時間に応じて飲むものを変えているのでは？」というような仮説を考えたとしましょう。特徴（1）の説明でも述べたように、ここからさらに探索的な活動を膨らませ、購入後の活動の観察を広げてみることが重要になってきます。大切なのは仮説の正しらしさを批判的に考えることではなく、その仮説の「見方」を肯定的に捉え、そこから新たに見えてくるものはないかと探ろうとする姿勢です。

アイデアにもこうした「見方」は潜んでいます。誰かが何かのアイデアを出したとき、そこにはその人なりの「見方」があります。例えば 2 本セットの商品展開をしたらどうか、というアイデアからは、「わざわざ 2 本選ぶことを面倒に感じているのではないか」「味の比較をしたいと思っているのでは？」といったような前提となる「見方」が読み解けるかもしれません。安直にアイデアを否定してしまえば、こうした「見方」は、アイデアと共に失われてしまう可能性が高いのです。

一方で、特にブレインストーミングにおいて、批判厳禁のアプローチには大きな誤解も見られます。どんどんアイデアを出そう、連鎖的にアイデアを広げていこう、と数多くのアイデアを広げたとします。**多くの人は、それだけアイデアを広げれば、1 つくらい良いアイデアがあるだろう、というように考えてしまいがちですが、大事なのはそこに多様に広がる「見方」の存在に気がつくこと**なのです。たくさんアイデアを出しているのにうまくいかない、という人は、だいたいここでつまづいています。

特に方向性を定めるフェーズでは、場に出された考えやアイデアにどんな「見方」が潜んでいたかを拾い上げ、より広い「見方」を探索していくことが大切になります。安易にジャッジしないという姿勢は、「見方」を広げていくためにとても重要なアプローチなのです。

特徴（2）批判をせずに可能性を膨らませるアプローチ
考えやアイデアに潜む「見方」を拾い上げ、広げていく。

狭義のデザイン思考の特徴（3）プロトタイピングによる検証

収束フェーズで大切になってくるのが、**試作を作って検証する行為を重ねる「プロトタイピング」**です。様々な仮説を投げかけていくと、だんだんと「これが良いのではないか？」という方向性やアイデアが見えてきます。しかしながら、本当にそれが「誰か」のために良いものかどうかはわかりません。

そしてそれが良いかどうかは、「誰か」である本人も体験してみないことにはわからないものです。そのために、絵を描いてそれを使用しているシーンを示したり、紙で作った試作を操作してもらったり、より本物に近い試作品を試してもらったりすることで、それが本当に良いものかどうかを確かめていきます。

確かめると言っても、「誰か」の中に本当にそうした「見方」は潜んでいるかどうかを確かめることや、こちらが進みたい方向性はその人にとってどのように映るかを確かめること、そしてそのアイデアが実際にその人に受け入れられるものかどうかを確かめることなど、いくつかのレイヤーが存在します。特に前者2つは、方向性を定めていく上で重要なアプローチであると同時に、良いか悪いかを確かめるのではなく、プロトタイピングの結果から、そこに新たな「見方」や方向性のあり方を見出そうとすることが重要です。

プロトタイピングのレベル感は非常に幅広く、それぞれに様々な技術が求められることは事実です。しかしながら、より本物に近いものを作ろうとすればするほどコストが上がってしまい、いきなり高度な試作を用意しても無駄になってしまうことも考えられます。大事なのは非常に簡易なものから検証を積み重ねていくことです。様々なラフスケッチを書いたり、紙や段ボールで試作を作ったり、とにかく思いついたら手を動かして作ってみて、試してみる。そこから何かを発見したり学ぼうとしたりする。それをどんどん繰り返す。この姿勢こそデザイナーとして最も欠かせないものかもしれません。

特徴（3）プロトタイピングによる検証
作ってみることで得られる発見や学びを通じて、新たな可能性を見出していく。

こうした3つの特徴をベースにしたデザイン思考のアプローチは、すでにある様々なモノと人、あるいは人と人の関係性を、より良い状態にするという活動において、大きな力を発揮します。デザイン思考の事例でたびたび紹介されるGEヘルスケア社の医療機器の事例[17)]も、子どもがCTスキャンやMRIを怖がってしまうという関係性を、より良い状態にするための提案でした。

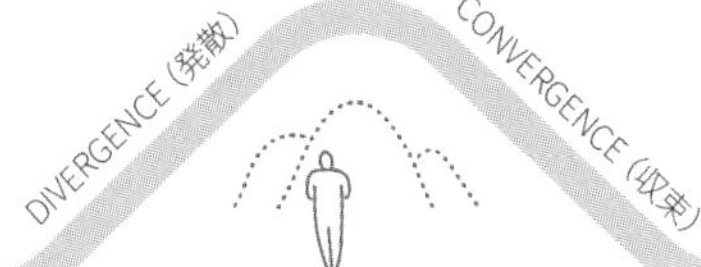

図 1-10　探究型ダブルダイヤモンドモデルにおける、方法論としてのデザイン思考

様々な状況に対し、エスノグラフィカルにのめり込みながら観察を行い、様々な見方を立ち上げながら、プロトタイピングによる検証を重ねることで、今よりも良い関係性を導こうとすることが、デザイン思考の本質的なアプローチであると筆者は考えています。

現場に行けばよい、ブレストしてアイデアをたくさん出せばよい、とにかく作って受け入れられるかどうかを確かめればよい、など行為の部分にだけ着目してプロセスを進めてもうまくいきません。**方法論として定義されたステップを守ろうとするあまり、本質が見失われたプロセスになってしまっている**ケースは非常に多く見受けられます。

価値観のシフトを生み出す意味のイノベーション

「内から外（インサイド・アウト）」のデザイン的アプローチとして挙げられるのが、近年注目を集めるミラノ工科大学のロベルト・ベルガンティが提唱する「**意味のイノベーション**」[18)] です。

全てのモノやコト、あるいは言葉は、それそのものを成立させている「**仕様**」と、それがなぜ必要とされているのかという「**意味**」で成り立っています。例えば、ロウソクはもともと、「部屋を明るくするもの」として用いられていました。しかし電気が当たり前のように使える社会になった今では、

図 1-11　ロウソク／アロマキャンドルに見る意味のイノベーション

昔から用いられてきた白いロウソクが日常に登場することはほとんどありません。その代わり「暗い部屋を演出するもの」「リラックスする時間をつくり出すためのもの」として、アロマキャンドルが登場してきました。

今日の世界はあらゆる「便利な選択肢」に溢れており、むしろ選択肢が多くあるからこそ生まれている悩みのほうが深刻であるとも言えます。自分にとって大切なものは何か、より意味深いものは何かを、生活者は追い求めています。

人間にとっての新たな「意味」を実現し、モノやコトのあり方を再定義しようとするのが、意味のイノベーションのアプローチです。

意味のイノベーションはデザイン思考と対比して語られることも多く、ベルガンティも著書の中で比較しながらそのポイントを紹介しています。こうした背景も踏まえ、本書でもデザイン思考と対比させながら、３つの切り口でその特徴を端的に紹介していきます。

意味のイノベーションの特徴
（1）起点となる個人の熟考
（2）意味を磨き上げる批判的アプローチ
（3）意味を形作るためのプロービング

意味のイノベーションの特徴（1）起点となる個人の熟考

デザイン思考では、対象となる状況のエスノグラフィカルな観察から始まりますが、意味のイノベーションではまず、**つくり手の「個人の熟考」にプロセスの起点**が置かれています。ユーザーの観察に糸口を見出したり、他者とのコラボレーションから始めたりするのではなく、自分自身の仮説を探り、深く掘り下げることから始めていきます。「内から外へ」と言われる所以は、まず自らの内側に問いかけることを大切にする姿勢にあります。

これは単に「自分が必要だと思うものを考えなさい」ということではありません。人間中心的なアプローチとしても紹介したように、あくまで「誰か」のために考える行為です。安直に何が求められているかを探ってはいけないということを示しています。

自分にとって大切な人にプレゼントを贈ろうと思ったとき、相手に直接聞いてしまっては何か味気ないし、今何が流行っているかを調べても、相手に深く刺さるギフトは実現しません。そもそも良いギフトというのは、何をあげるか以上に、相手にどんな日々を過ごして欲しいか、どうあって欲しいかを考えることが大切です。どんなに高価なものよりも、相手への想いを綴った1通の手紙のほうが、より意味深いギフトになることもあります。

コンビニを例に挙げて考えてみても同様です。「何が売れるか」「何を欲しがっているか」ばかりを考えていても、新しい意味は実現しません。「コンビニで飲み物を買う体験は、生活者にとってどんな意味を持つのか」「コンビニでの買い物を通じて、生活者の1日にどんな意味をもたらしたいのか」といったように、問いによる熟考を重ねながら、届けたいと思う意味を探っていきます。

コンビニエンス、という言葉が表しているように、「便利である」というのはコンビニが持つ意味の1つです。しかし、まだまだそこには新たな意味が潜んでいるはずです。毎日コーヒーを買うことは、日々のリズムを形成しているかもしれません。「毎日にリズムを生み出してくれる」という意味を持ったコンビニを考えてみると、既存のものとは少し違う商品やサービスのあり方が見えてくるかもしれません。

特徴（1）起点となる個人の熟考

自ら問いかけながら、新たな意味を模索していくことから始める。

意味のイノベーションの特徴（2）意味を磨き上げる批判的アプローチ

深い熟考を通じて見出した意味は、まだ荒削りで崩れやすいものでもあります。このまま形にしても相手の印象に深く残るものではないでしょう。より深い意味を実現するためには、**意味を磨いていく**必要があります。このプロセスで大切なのが、批判的なアプローチです。

個人の熟考にも自己批判的な側面が存在しており、ある種の批判的なプロセスだと言えます。しかしながら、自己批判にはどうしても甘さがあります。相当な覚悟で自分自身に問いかけ続けなければ、どこかで甘さは出てしまうものです（一方でスティーブ・ジョブズは、自分に問いかけ続けることができたからこそ、強烈な個性を活かすことができたとも言えるでしょう）。

より意味に磨きをかけるためには、他者からの批判は欠かせません。ベルガンティは、いくつかのステップを踏みながら、他者と共に批判を活かしていくアプローチを提唱しています。**より近い方向性を探っている仲間とペアで一緒に批判を投げかけ合う「スパーリング」**に始まり、**少しベクトルの違う考えを持った他者と少人数で衝突と融合を重ねる「ラディカルサークル」**、さらには**より生活者に近い、あるいは今考えている方向性に関連する専門家からなる「解釈者」からの批判を取り入れる「解釈者のラボ」**と呼ばれるようなステップが挙げられています。

批判と言ってもいきなり専門家からクリティカルな指摘ばかりをもらってしまっては、自身の考えはすぐに折れてしまいます。まずはより近い人との対話的なアプローチを積み重ねていき、次第に外へ外へとクリティカルな批判を広げ、意味を磨いていくことが重要です。

個人の熟考の中で、コンビニでの飲料購買に関して、「気持ちを切り替えるターニングポイントになる」という意味に焦点を当てたとしましょう。現在展開されている商品では、リフレッシュやリラックス、気合いを入れるといったようなターニングポイントに焦点が置かれているかもしれません。しかしコンビニで飲み物を買いに来る人には、もっと多様な感情が存在するはずです。例えば、「泣きたくなるときに買う飲み物」というような意味を考えたとします。

まずは自分と近い意味について考えた人を見つけ、ペアになって批判を積み重ねます。泣きたくなると言ってもどんな泣きたいときなのか、わざわざ泣きたいときにコンビニに来たくなるのか、といったようにその状況への理解を深めるような目線で批判を重ねていきます。泣きたくなる、と言っても様々な状況が考えられます。仕事で泣きたくなるような嫌なことがあったときに、ふと外出して気分を変えようとする人もいるかもしれません。

次第に方向性が固まってきたら、やや方向性の違う目線で検討をしている仲間と、考えの違いをぶつけ合いながら融合させていきます。別のチームは「笑顔になれる」というようなベクトルを検討していたとします。「そんな大袈裟に笑ったり泣いたりするのだろうか」「毎日の中でそんなに感情は揺れ動くのだろうか」といったように2つのチームが合わさって生まれる批判的な目線で、新たな捉え方を模索していきます。すると、「ちょっとした心の揺れ動き」が毎日の生活を彩っているのでは？　という捉え方が見えてきたとしましょう。

ある程度磨きがかかってきた段階で、今度は専門的な視点を持った人や、生活者への理解が深い人に批判をもらいにいきます。ここまでのプロセスで検討を重ねてきている分、簡単に折れることはありません。「日々の中での小さな心の揺れ」について考えてみるのであれば、禅に詳しい僧侶に話を聞きに行ってもいいかもしれません。様々な批判的なまなざしが、つくり手自身の想いをさらに深め、より魅力的な意味の実現に力を貸してくれるようになります。

ここまで磨きをかけていくと、「緩やかな心の揺れ動きが、毎日を豊かにしてくれる」というような、商品やサービスに込めるべき意味がだんだんと見えてきていることでしょう。心の心地良い揺れ動きを実現してくれるコンビニの商品／サービスとは？　と考えてみると、「便利」という意味の中では思いつかなかったような、新しいアイデアと出合えるかもしれません。

特徴（2）意味を磨き上げる批判的アプローチ
他者からの批判を段階的に取り入れながら、込めるべき意味を磨き上げていく。

意味のイノベーションの特徴（3）意味を形作るためのプロービング

届けたい意味が鮮明になってくる頃には、それを実現するためのアイデアの輪郭も見えてきているでしょう。ただ、実際にその意味を実現するためには、それをどのように届けるかも重要になります。たとえ良いプレゼントを準備したとしても、届け方を間違えてしまえば深い意味は実現しないでしょう。

意味のイノベーションでもプロトタイピングのような検証を重ねていくことは重要なアプローチですが、デザイン思考に比べると、生活者の中に実際に意味が実現するかどうかがより大きなポイントになってきます。そのため、ただ単にプロトタイプを提示するだけではなく、**プロトタイプと出合う状況やシーンまで考慮に入れて検証を重ねること**が必要です。ベルガンティは、著書の中で言及はしていないものの、おそらくこうした背景も踏まえた差別化を意図してか、「**プロービング（Probing)**」という表現でこのプロセスを説明しています。

また、届け方と言っても、その前後のコンテクストにまで注意を払う必要があります。これまでにない新たな意味は、ただアイデアを説明したり、形にして見せたりするだけではあまり理解されないかもしれません。人はアイデアそのものだけで意味を解釈するのではなく、そのアイデアが置かれた状況や、前後の体験も踏まえながら意味を解釈しているからです。

例えば、「ちょっとだけホッとできる時間を生み出してくれる」という意味をベースにした新たなコンビニのカフェドリンクのアイデアを考えたとしましょう。今のコンビニコーヒーよりも、ものすごく少量で、気分に応じていろいろな味が楽しめる、そんなアイデアでも良いかもしれません。

しかしながら検証活動として、試飲会のような形でテストをしてみても、味に対するフィードバックはあったとしても、本当に「ちょっとだけホッとできる時間を生み出してくれる」という意味が生まれているかどうかはわからないでしょう。実際の生活の中で、前後に日常の体験が広がっている中で試作に触れる機会がなければ、意味が実現するかどうかはわからないのです。

そうした背景もあり、意味のイノベーションにおけるプロービングは、**実際の状況で実際に商品やサービスを届ける状況を積み重ねることがより重視**されています。本当に意味を実現できるか、意味を実現するためにはどうすればよいかを考えていくことが、デザイン思考におけるプロトタイピングとは少し違うところになるでしょう。

特徴（3）意味を形作るためのプロービング

よりリアルな状況の中で、実際に意味を実現するための活動を始めていく。

デザイン思考も意味のイノベーションも、どちらも対象となる生活者やユーザーのことを念頭に置いているアプローチであることに違いはありません。しかしながら**生活者が求めていることを探ろうとするのではなく、生活者が驚き、深く愛したくなるような、これまでにない新たな方向性を自ら提案しようとする姿勢**が、意味のイノベーションではより重要になってきます。

個人の熟考は誰かがすればよいものではなく、共にペアになる人も同様に深い思考を重ねていることが大切です。また深い思考を重ねている仲間同士だからこそ、互いの考えを尊重しながら批判を積み重ねることが可能になります。一方で似たような考え方の人ばかりで思考を深めても意味がありません。多様なベクトルの思考が存在することで、より意味は磨かれていきます。

意味のイノベーションでは、つくり手となる組織の内側に目を向けることが非常に重要になっていきます。組織として生活者にこうなって欲しいという思いを改めて深めていく、あるいは再定義していくプロセスであると考えても過言ではありません。

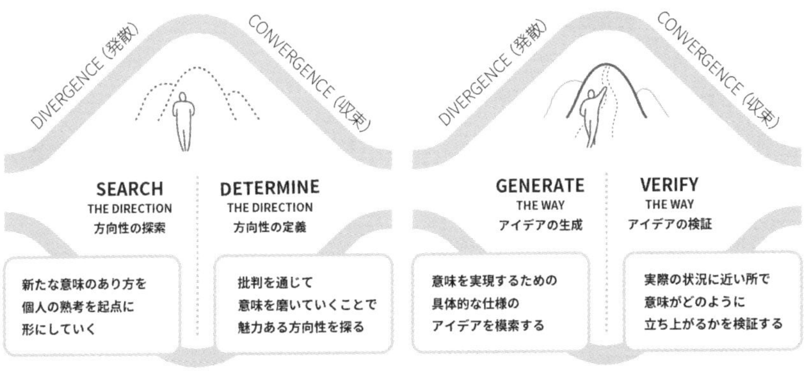

図1-12　探究型ダブルダイヤモンドモデルにおける、意味のイノベーション

そういった意味では、一朝一夕でアイデアが生まれるようなアプローチではないということは、前提として踏まえておく必要があるでしょう。1日2日で出てくるようなアイデアは、たとえ新しさはあったとしても、誰かの心に刺さることはほとんどありません。意味はじっくりと育てていくものでもあります。より長期的な視座を持って取り組む必要のあるアプローチであると言えるでしょう。

課題の本質は「創造的自信」の喪失にある

ここまで、デザイン思考と意味のイノベーションを例に、イノベーションのプロセスには、大きく「外から内(アウトサイド・イン)」と「内から外(インサイド・アウト)」という2つのアプローチがあることを紹介してきました。こうしたアプローチは、いったいどちらが正しいのでしょうか？　あるいはこれらのプロセスがうまくいかない本質的な課題はどこにあるのでしょうか？

これまでにないような新しい方向性に歩みを進めようとするとき、そこには「曖昧さ」や「不確実さ」から生じる「不安」が常に存在します。これまでにないものを生み出そうとすることは、暗闇の中を手探りで進んでいくような行為です。そんな中でも前へと歩みを進めていくためには、**きっと何かを生み出せるはずだ、という自信をどれだけ持てるかがとても重要**になります。こうした「**創造的自信**」がつくり手の中になければ、これまでにないようなイノベーションを起こすことはまず難しいでしょう。

「創造的自信」はIDEO社のトム・ケリーとデイヴィッド・ケリーの著書『クリエイティブ・マインドセット』[19)]の中でも紹介されている、「**クリエイティブコンフィデンス**」に通じる概念です。方法論としてのデザイン思考を形にした当事者である彼らは、デザイン思考というシンプルなルールとしての方法論を信用することで、「より良い新たな解へと導いてくれるアプローチを使える」という自信につながると述べています。

「外から内(アウトサイド・イン)」のアプローチでは、その問題の状況の中に「きっと新たな方向性の糸口を見出せるはずだ」と自信を持つことであり、「内から外(インサイド・アウト)」のアプローチでは、「自らより意味深い方向性を見出すことができるはずだ」という自信を持つことです。方法論は、そのための補助輪となることは間違いないでしょう。

しかしながら、方法論を信用して実際のプロセスに活用するだけで、つくり手一人ひとりが「創造的自信」を持つことが実現するのでしょうか？　あるいは、それは安易な「過信」を生み出すことにつながってしまわないでしょうか？

例えば「これからの時代は意味のイノベーションだ」というようにトップダウンの方針を示され、セミナーを受講してポイントを理解することで、「自分なら新しい方向性を見出せるはずだ」という自信を持てるようになるでしょうか？　おそらく答えは「ノー」でしょう。むしろ、学んだことをいきなり現場で活かして、イノベーションを起こさなければならないというプレッシャーから、かえって不安を増幅させてしまうかもしれません。方針を掲げた経営者だけが、うまくいくはずだと自信を持ってしまっているという状況は、今日多くの企業で生じているようにも思えます。

今日の組織は「創造的自信」を育むどころか、かえって失わせてしまう状態になっていることが非常に多く見受けられます。生活者の価値観や、社会を取り巻く状況は、不確実性や曖昧さを増しているにもかかわらず、失敗を許容しチャレンジングな取り組みを受け入れる文化は、どんどん失われていってしまっています。

デザイン思考や意味のイノベーションといったような方法論も、より的確に最短距離で正解にたどり着くためのアプローチであるかのように紹介されることが少なくありません。しかしそれは、方法論を過信することに他ならず、方法論をうまく使いこなせないという、自信の喪失を招いている原因であるとも言えます。

方法論は日々様々な形で登場し続けていますが、一人ひとりのつくり手や組織の中に、本当の意味での「創造的自信」が存在しなければ、決して暗闇の中で主体的に歩みを進めていくことはできないのです。

イノベーションが生まれない本質的課題（2）
組織において「創造的自信」が失われていること。

1） 経済産業省・特許庁「『デザイン経営』宣言」https://www.meti.go.jp/press/2018/05/20180523002/20180523002-1.pdf（最終アクセス日 2020/11/30）

2） L・ブルース・アーチャー：イギリスで最も有名な芸術大学であるロイヤル・カレッジ・オブ・アートに，デザイナーの思考や作業を研究するデザイン・リサーチ・ユニットを設立したことや，国際的なデザインの学会である Design Research Society（DRS）の設立を支援したことなどで知られています．

3） L・ブルース・アーチャー（1971）.「デザイン・プロセスの構造（1）」『工芸ニュース』，38（4），53-71．

4） Simon, Herbert（1996）. *The Sciences of the Artificial*. MIT Press.

5） Rittel, Horst W. J., Webber, Melvin M.（1973）. Dilemmas in a General Theory of Planning. *Policy Sciences, 4*（2）, 155–169.

6） 松波晴人「Wicked Problem を解くには？」https://www.meti.go.jp/committee/kenkyukai/energy_environment/ondanka_platform/kokunaitoushi/pdf/002_05_00.pdf（最終アクセス日 2020/11/30）

7） "What is the framework for innovation? Design Council's evolved Double Diamond" https://www.designcouncil.org.uk/news-opinion/what-framework-innovation-design-councils-evolved-double-diamond（最終アクセス日 2020/11/30）ダブルダイヤモンドモデルは 2019 年に新しいモデルが提唱されています．

8） "The Double Diamond: A universally accepted depiction of the design process" https://www.designcouncil.org.uk/news-opinion/double-diamond-universally-accepted-depiction-design-process（最終アクセス日 2020/11/30）

9） エンジニアリングデザイン：製品開発・設計を効率的に進めるための方法論で，欧米ではエンジニア教育に必須の内容とされています．

10） CAD（Computer-Aided Design）：コンピューターを用いて設計の支援を行うこと．設計ツールとしての 2D CAD や 3D CAD が有名ですが，本来の意味はコンピューターの支援を用いた設計行為のことを指しています．

11） Cross, Nigel（1997）. Creativity in Design: Analyzing and Modeling the Creative Leap. *MIT Press,* 30（4）, 311-317.

12） アーツ・アンド・クラフツ運動：家具などの機械生産が広がる中で，改めて手仕事による生活と芸術が結びつくようなものづくりへの回帰を目指そうとした活動のこと．

13） バウハウス：1919 年にドイツに設立された美術や建築，デザインに関する総合的な教育を展開した学校．バウハウスを知らないデザイナーはいないであろうと言っても過言ではないほどにその影響力は大きく，生まれたデザイン物の多くが，今日のデザインに影響を与えています．ナチスの弾圧の影響がなければ，今日のデザイン教育は，さらに充実したものになっていたでしょう．

14） オスカー・シュレンマーの授業「人間」：彫刻や絵画から，演劇やダンス舞台芸術まで幅広い作家活動で知られるシュレンマーによる，人体の動きや組成を分析し，思考や感情に内在する原理を新しく捉え直した授業．バウハウスは，合理的なモダンなデザインの源流として紹介されることも多いのですが，単なる抽象化ではなく，人間性の感じられるデザインを目指そうとしていたことがわかります．

15） D・A・ノーマン 著／野島久雄 訳『誰のためのデザイン？―認知科学者のデザイン原論』（新曜社，1990）

16） 5ステップのデザイン思考のアプローチ：「共感」「問題定義」「創造」「プロトタイプ」「テスト」の5つからなるプロセス．今日では，5つのステップではなく，8つのコア能力が中心的な概念になっています．https://medium.com/stanford-d-school/lets-stop-talking-about-the-design-process-7446e52c13e8（最終アクセス日 2020/11/30）

17） GE ヘルスケア社のデザイン思考の事例：MRI（磁気共鳴画像装置）に関する事例．子どもたちが検査機器を怖がってしまい，鎮静剤を打たなければ検査が行えない現状を知った技術者が，子どもがどんなストレスや不安を抱えているか直接ヒアリングを行い，その上で検査を受けるプロセスを「冒険に出かける」という経験として楽しんでもらえるように，壁や機材にイラストなどで装飾をほどこしたというものです．その結果，鎮静剤を打つことなく検査が行えるようになったそうです．

18） ロベルト・ベルガンティ 著／八重樫文 監訳，安西洋之 監訳・解説『突破するデザイン―あふれるビジョンから最高のヒットをつくる』（日経 BP，2017）

19） トム・ケリー，デイヴィッド・ケリー 著／千葉敏生 訳『クリエイティブ・マインドセット―想像力・好奇心・勇気が目覚める驚異の思考法』（日経 BP，2014）

1.3. リサーチ・ドリブン・イノベーションの特徴

イノベーションを「問い」から始める

ここまで、イノベーションが生まれない本質的な課題について、以下の2つの側面から考察をしてきました。

> **イノベーションが生まれない本質的課題**
> **(1) 組織において「探究的衝動」が抑圧されていること。**
> **(2) 組織において「創造的自信」が失われていること。**

この2つの課題を乗り越え、「外から内（アウトサイド・イン）」アプローチと「内から外（インサイド・アウト）」アプローチのそれぞれのポテンシャルを活かす考え方が、本書で提案するリサーチ・ドリブン・イノベーションの考え方です。

2つの課題を乗り越えるためには、**まずアイデアの「起点」を見つめ直す**ところから始めなくてはいけません。

「外から内（アウトサイド・イン）」アプローチでは、アイデアの起点は「外側」にありました。したがって、ユーザーを丁寧に観察し、共感を重ねながら、解決すべき問題を特定し、ソリューションを生み出していく。しかしながら、**アイデアの手がかりを「外」に求めすぎてしまうと、つくり手としての主体が失われ、"正解探しの病"に陥ってしまう**リスクがあります。

他方で、「内から外（インサイド・アウト）」アプローチで、「内に秘めたビジョンを提案せよ」と言われても、**外的な後ろ盾がない中で、「これが自分のビジョンだ」と提案するには、一定の勇気が必要**です。従業員一人ひとりが難なくそれができるのであれば、それはその時点で、すでにかなりイノベーティブな組織だと言えるでしょう。

このようなジレンマに対して、本書が推奨するのは、「**まず問いから始めよ**」という提案です。

いきなり創造的活動の"成果"に近い「ビジョン」や「ソリューション」

を外か内から見つけ出そうとするから、評価に対する「恐れ」が働き、正解を外部に求めてしまったり、内なる意思が萎縮してしまったりするのです。

そうではなく、自分にとって「疑問に思うこと」「わからないこと」「知りたいこと」から始める。これが、問いを起点としたリサーチ・ドリブン・イノベーションの第一歩です。

小学生の頃、勇気がなくて「自由研究」ができなかったという人はいないはずです。アカデミックな世界に目を向けてみても、「時間がなくて研究ができない」という大学教員は山ほど見かけますが（笑）、「勇気がなくて研究テーマが立てられない」という人は、大学院生であっても、あまり見かけたことがありません。ジョン・デューイが、「探究的衝動」が全ての人に備わっていると指摘していたように、わからないこと、疑問に思うことは、誰にでもあるはずです。

画期的な成果を「内」に求められるから萎縮してしまうのであって、**誰にでも生み出すことができる「わからないこと（問い）」を、イノベーションの起点として大切にすること。これによって、組織の「探究的衝動」に蓋をせず、解放させること。**これが、組織の「知の探索」を促進するリサーチ・ドリブン・イノベーションの１つ目のアプローチです。

> **リサーチ・ドリブン・イノベーションのアプローチ（1）**
> **まず「問い」から始めることで、探究的衝動を解放させる。**

ここで言う「問い」は、日常のふとしたときに、偶発的に頭の中に立ち現れる「素朴な疑問」から生まれる場合もあるでしょう。これはいわば、「**内から湧き上がる問い**」です。あるいは他方で、既存のサービスやプロダクトたちを分析しながら、問いを意図的につくり出すことも可能です。これは、「**外から導き出した問い**」と言えるでしょう。理想的には、内から湧き上がる問いと、外から導き出した問いの、**両方を兼ねた問いを設定できると、「外から内（アウトサイド・イン）」と「内から外（インサイド・アウト）」のアプローチを兼ね備えた、「探究しがいのあるタフな問い」を立てることができます**。このあたりの実際の問いのデザインの方法については、第２章で詳述することにします。

データの力で、「創造的自信」を取り戻す

しかしながら、「問い」から出発するだけでは、イノベーションを阻害するもう１つの課題である「創造的自信」の欠如は、解決しきれません。「わからないこと」から始めたとしても、それに対する明確な答えを「勇気」を持ってひねり出さなければ、アイデアには結実しないからです。アイデアを生み出すにはやはりつくり手の創造性が不可欠で、どこまでいっても「創造的自信の欠如」の問題は、つきまといます。

私たち「研究者」は、これに対して明確な戦略を持っています。それは、**「データ」の活用**です。私たちが研究活動の成果として出版する論文のほとんどは、打ち立てた「問い」と、それに対する「答え」の間に、必ず何かしらの「論拠」が示されています。そして多くの場合、それは何かしらの「データ」によって成り立っています。

イノベーションプロジェクトの場合は、活用可能なデータには、社会のトレンド、統計データ、アンケートの結果、観察記録、インタビューデータ、社内にアーカイブされた情報など、様々なものが考えられます。問いに対して納得のいく答えを出すためには、手がかりとしての何らかのデータが必要です。

序論で述べた通り、**答えの手がかりとしてデータを収集する行為そのものは「外から内（アウトサイド・イン）」**ですが、研究者はデータそのものの中から答えを引っ張りだそうとはしません。正確に言えば、そう簡単にはデータから直接的には答えが導けないからです。実際には、**データを様々な角度から読み解き、そこに研究者の視点から主体的な解釈を加えることで、自らの探究心を納得させられるように、「内から外（インサイド・アウト）」のプロセスで新たな意味を発見していく**。イノベーションプロジェクトにおいても、この両方のベクトルが必要です。

もちろんどれだけ膨大なデータがあっても、答えを出す際に「勇気」が必要なことには変わりありません。けれども、「知の探索」という不確実性の海に、無防備のまま放り出されて浮遊しているような状況に比べると、「データ」という錨（いかり）があることは、創造的なプロセスに安心感と安定感をもたらし

てくれます。確実な足場がないところで、私たちは力強く「跳躍」することはできません。不確実な世界の中で、できる限り高く跳ぶために、自信を持って「踏ん張り」をきかせるためにも、データは「知の探索」に必要不可欠なのです。

> **リサーチ・ドリブン・イノベーションのアプローチ（2）**
> **データを足場とすることで、「創造的自信」の欠如を克服する。**

ネガティブ・ケイパビリティで曖昧なデータに向き合う

問いの力で探究的衝動を解放させ、データの力で「創造的自信」の欠如を克服すること。これが、イノベーションの阻害要因を乗り越えるリサーチ・ドリブン・イノベーションのアプローチです。しかしながら、まだこんな声が聞こえてきそうです。

それでもまだ不安はゼロにはならない。データを「主体的に解釈」したところで、本当に良い答えにたどり着けるかどうか、わからないじゃないか。本当にヒット商品が生み出せるのか？　失敗するリスクがまだあるように思う。イノベーションの解が確実に出せる方法はないのだろうか？

残念ながら、それに対する答えは「ノー」です。データが提供できるのは、あくまで跳躍するための「足場」まで。確実な成功を保証してくれるものではありません。データの取得に工夫を凝らすことで、リスクをできる限り減らすことはできるかもしれません。それでも、イノベーションの「不確実性」をゼロにすることは、どこまでいっても不可能なのです。

それよりも、少しだけ発想を変えてみましょう。上記の不安は、全て「曖昧さ」に対するストレスからくるものです。心理学では、このようなストレスの耐性のことを「**ケイパビリティ**」と言います。ケイパビリティとは、資質や潜在能力を指す言葉ですが、具体的な技術的な能力よりも、**どのような状況を受容しやすいのか、心構えやものの見方**のようなニュアンスを含んでいます。イノベーションプロジェクトにおいて、チームメンバーの特性に以下の2つのケイパビリティが存在することを、理解しておく必要があります。

(1) ポジティブ・ケイパビリティ

目標を明確に掲げて、それを阻害する要因に対応することで、問題解決を推進する志向性。スピードが求められる膨大な情報処理的な業務に向いている。

(2) ネガティブ・ケイパビリティ

事実や理由を性急に求めず、不確実さ、不思議さ、懐疑の中にいられる志向性。時間のかかる創造的な業務に向いている。

企業活動においては、イノベーションを除くほとんどの業務において、ポジティブ・ケイパビリティの高い人材が求められるように思います。**目標を定め、適切な計画を定め、迅速に問題を解決し、PDCAを回していく。**事業の責任者やマネージャーには、こうしたスピーディな意思決定力と力強い事業推進力が求められます。一般的にビジネスにおける「能力が高い人材」のイメージとしては、こちらが思い浮かぶケースが多いのでしょうか。

ネガティブ・ケイパビリティは、むしろその真逆の特性です。**ロジックやフレームワークでは答えが出せない「どっちつかず」の状況において、物事を決めないまま、不確実性の海に浮遊する時間を耐え抜けるような能力**です。ネガティブ・ケイパビリティが高い人の中には、むしろ、そうした「よくわからない状況」のほうが、かえって心地良いという人もいるでしょう。

速度と確実さが求められるビジネスの現場において、ネガティブ・ケイパビリティは一見不要のように思えます。けれども**イノベーションを生み出すための「知の探索」の観点からは、ネガティブ・ケイパビリティは、むしろポジティブ・ケイパビリティよりも重要**です。むしろ、日々培ってきたポジティブ・ケイパビリティの高さは、「知の探索」においては足かせになる可能性すらあります。未だ見えていない「新たな可能性」を実験しながら探り当てることが、「知の探索」の本質だからです。

本書『リサーチ・ドリブン・イノベーション』で提案する「データと向き合いながら納得解を発見するプロセス」は、まさにどちらに転ぶかわからない、不確実で曖昧な時間です。この時間に生まれがちなストレスを封じ込め、曖昧な状況をむしろ楽しむことができるかどうか。これが、リサーチ・ドリブン・イノベーションを成功させ、「外から内(アウトサイド・イン)」と「内から外(インサイド・アウト)」を両立させる重要な鍵になります。

ネガティブ・ケイパビリティは、意識と経験によって、高めることができます。曖昧な活動にストレスを感じる人は、まず何よりも、自分がポジティブ・ケイパビリティ型の人間であることを自覚する。それは、「ゴールを事前に決め、早く正解を出す」ことが正しかった世界の価値観であることを自覚する。イノベーションにおいては、その価値観を捨て、ゴールがわからない不確実性の海に浮遊することを、楽しむ必要があることを、自分に言い聞かせる。その上で「AかBか」という二者択一の選択肢が目の前に現れたときに、あえて選ぶことを留保し、AとBについての意味を、様々な角度から捉え直す訓練を積み重ねる。このように**「安易に結論を出そうとしない」ことへの意識と訓練を積み重ねることで、誰でもネガティブ・ケイパビリティは高めることができます**。

ネガティブ・ケイパビリティを高めて、曖昧なデータと向き合うことを楽しむ姿勢を育むこと。これが「探究的衝動」を解放させ、「創造的自信」の不足を乗り越えるための、最後の必要条件なのです。

トイレに対する問いから生まれたイノベーションプロジェクト

リサーチ・ドリブン・イノベーションのイメージを具体的なものとするために、「素朴な問い」と「曖昧なデータ」から生まれた、あるイノベーションプロジェクトの事例を紹介しましょう。リサーチを専門とする株式会社インテージが主導した自主研究で、「トイレ」をテーマにしたプロジェクトです。同社と共同で実施し、筆者（安斎）がファシリテートを行っています。この自主研究は、トイレットペーパーを事業ドメインとするメーカーA社と、便器そのものを事業ドメインとするメーカーB社の2社も参画したインテージ社の大型セミナーイベントに関連する複合プロジェクトでした。

いわゆる「外から内（アウトサイド・イン）」アプローチを採用するのであれば、トイレットペーパーや便器に関するユーザーニーズを丁寧に調査し、それぞれの不満や欲求を共感的に読み解き、解決するためのソリューションのアイデアに落とし込んでいくでしょう。あるいは「内から外（インサイド・アウト）」アプローチであれば、ユーザーに目を向けずに、自分の内なる意思に目を向けて、トイレットペーパーや、便器についてのビジョンを打ち立てるところからスタートさせるでしょう。

しかし私たちは、**まず「素朴な問い」を立てるところからスタート**させました。「トイレットペーパー」や「便器」という人工物は、あくまでトイレや排泄における1つの要素に過ぎません。トイレに関わる事業ドメインの異なる2社が、共に探究すべき問いは何か。普段の業務において、目を向けてこなかった「わからないこと」はいったい何か。そういった視点から、インテージ社のリサーチャーと共に問いを立てていきました。

そうして生まれた問いが「生活者にとって、トイレとはどのような空間なのか」という問いでした。トイレは、自宅において、リビングや寝室、キッチン、浴室などと並ぶ、立派な「空間」の1つです。そこで過ごすことは、生活者にとってどのような意味のある時間なのか。そのことを探究せぬまま、便利な「トイレットペーパー」や「便器」について考えていても、今まで気がつかなかった「新しい選択肢」には、事業の可能性が拡張しないのではないかと考えたのです。

トイレに関するリサーチクエスチョン
「生活者にとって、トイレとはどのような空間なのか」

この問いについて、いきなり自分で思いつきの答えを考えたり、答えを出すためのデータを集めようとしたりしてはいけません。最終的に答えとしてのアイデアを出すのは自分たちですから、あくまでそのための「手がかり」を、データとして収集するのです。

このときは、インテージ社の調査技術とフレームワークを活かして、インテージ社のネットモニター約3,000人に対してあるアンケート調査を実施しました。調査設計の詳細は割愛しますが、生活者が「生活の中における私のトイレ空間」についてどのように捉えているのか、おぼろげに見えてくるようなデータを取得したのです。

ただデータを眺めているだけでは、約3,000人の膨大なデータですから、到底「答え」にはたどり着けそうにありません。そこで、データを読み解くインテージ社のプログラムを活用したワークショップを共同で開催し、参加者で対話を重ねながら、データに解釈を加えました。

データを解釈するワークショップを開催するたびに実感することは、**同じデータであっても、読み解く人のバックグラウンドや感性によって、見えてくる景色は異なる**ということです。そしてその解釈をチームで共有し、対話を重ねていくと、**一人ひとりでは見えなかった「気づき」が生まれてくる**のです。

例えばあるグループの対話では、「女性にとってのトイレの意味」について話が盛り上がり、「女性のデータを見ていると、共通して『金運』を想起している。関連して『明るい』『アロマオイル』『盛り塩』といったワードがデータに記されている」といったことから「トイレは、女性にとって幸福に関わる場所なのではないか」という解釈が展開されていました。

このように膨大なデータから浮かび上がる**「共通点」は、解釈のきっかけに**なります。他にも、男女関係なく多くの生活者に共通して「リラックス」に関わる価値観が散見されていたことも、生活におけるトイレ空間の意味を読み解く重要なキーワードとして見えてきました。

同時に**「違い」に注目することも重要**です。同じ「リラックス」を求める価値観でも、男性のデータを読み込むと「思いっきり自由な解放感」をトイレに求めており、リビングの延長の場として捉えている節があったのですが、子持ちの女性のデータを見ると、家事や育児など「バタバタからの逃避感」が強いのではないか、という仮説が見えてきました。ある傾向として、「子

どもに邪魔されずにスマートフォンを操作する場所」としてトイレが連想されていることがうかがえたのです。

他にも、女性は、トイレに設置する「カレンダー」を「室内を飾るインテリア」として捉えていることが見えてきましたが、それは実は男性にとっては「仕事や努力を想起させるもの」として認識されているのではないか？　という解釈はワークショップの中で非常に盛り上がりを見せました。

「女性がよかれと思って設置していたカレンダーが、実は男性にとってはストレスの原因になっているのではないか」といった解釈から、データの背後にある生活者の文脈を想像することで、実は生活におけるトイレ空間において「男女のちょっとしたすれ違い」が起きているのではないか、ということが見えてきたのです。

この発見があってから、ワークショップの場のモードは一気に変わりました。細かいユーザーニーズを満たそうとするのではなく、男性にも女性にも共通する価値を生み出すべく、一人ひとりの内からビジョンが湧き上がり始めたのです。

その後、「男性も女性も安らげるトイレ空間にするために、こんな便器があってもいいのではないか」「トイレットペーパーの役割は、今後このようなものになるのではないか」など、トイレットペーパーや便器の「ユーザーニーズ」を探る発想では到達できなかったであろう、「新たな意味」を持つプロダクトのアイデアが次々に生み出され、このプロジェクトは大成功に終わりました。

以上はあくまで一例ですが、**「素朴な問い」をもとに、曖昧な「データ」と対話を繰り返す**ことによって、トイレの新しい意味の兆しが見えてきた事例です。これは、**ユーザーが置かれた文脈を丁寧に観察する「外から内（アウトサイド・イン）」のようでいて、つくり手から新しいビジョンと意味を提案する「内から外（インサイド・アウト）」の性質も併せ持ったプロセス**です。このように、問いを起点としながら「探究的衝動」を解放させ、データを足場にして「創造的自信」を取り戻していくアプローチが、リサーチ・ドリブン・イノベーションなのです。

リサーチ・ドリブン・イノベーションの5つの特徴

リサーチ・ドリブン・イノベーションは、「外から内（アウトサイド・イン）」と「内から外（インサイド・アウト）」の性質を両立させるための、研究者（リサーチャー）の思考法から着想を得た思考プロセスです。以下の5つの特徴から、リサーチ・ドリブン・イノベーションの性質について、理解を立体化させておきましょう。

リサーチ・ドリブン・イノベーションの5つの特徴

(1) 謙虚な創造である。
(2) 問いは常にアップデートされる。
(3) 内と外の絶えざる相互作用によって進む。
(4) 共感と批判の往復による知的探究である。
(5) 新しい選択肢の獲得のために行われる。

特徴（1）謙虚な創造である

リサーチ・ドリブン・イノベーションの特徴の1つは、きわめて「謙虚」な創造的活動であるところです。

世界中で成功した起業家のエピソードを聞くと、ある意味で「傲慢」とも言えるような絶対的な自信がイノベーションには必要なのかもしれない、と思わされることがあるのも事実です。実際に、市場の声には耳を傾けず、つくり手の強い信念を押し通したプロダクトが、世の中の価値観を一気に書き換えてしまうことも少なくありません。

けれども、本書が提案するリサーチ・ドリブン・イノベーションは、一部の限られた起業家だけが持ち得る強い精神力やリーダーシップに頼らなくても、不確実性の海の中で、確実なデータを手がかりとしながら、イノベーションに向かって一歩踏み出していくための提案です。

序論で紹介しましたが、リサーチのスタンスをよく言い表した標語に「巨人の肩の上に立つ」という言葉があります。科学者アイザック・ニュートンの言葉で、学術文献のデータベースである「グーグル・スカラー」のトップページにも掲載されています。

自分だけの力で、何か新しい発見を為すことはできない。先人の積み重ね

た発見に敬意を表しながら、それを足場にさせてもらい、先人には見えなかった新たな発見をすること。この謙虚な姿勢が、リサーチ・ドリブン・イノベーションにおいて大切にしたい特徴です。

特徴(2)問いは常にアップデートされる

リサーチ・ドリブン・イノベーションは、「問い」を立てるところから出発します。リサーチの起点となる問いは、偶発的に立ち現れた「内から湧き上がる問い」であることもあれば、既存のサービスやプロダクトの分析から生まれた「外から導き出した問い」であることも、あるいはその両方を兼ね備えた問いである場合もあるでしょう。いずれにしても、イノベーションプロジェクトを開始する時点において「わからないこと」「明らかにしたいこと」を定義し、そこから「知の探索」の旅が始まります。

しかし往々にして、データを集め、解釈をしながら答えを出そうとする過程で、問いが別の問いへと変わっていくことが起こります。きっかけは様々で、「最初に立てた問いが、微妙にずれていたかもしれない」と気がつき、問いを修正する場合もあれば、「答えが見てきたが、それによって別のわからないことが出てきた」というふうに、新しい問いが生まれる場合もあるでしょう。

これはイノベーションプロジェクトにおいて、悪いことではありません。リサーチは「組織学習」そのものであり、その本質は「企業の現在の視野を広げ、新たな可能性を発見するために繰り返される探索的活動」にありました。

探索を進めるうちに、視野が広がり、選択肢が増え、それによって「わからないこと」の次元そのものがアップデートされる。これこそが、リサーチの醍醐味でしょう。**一度立てた問いを固定せず、常にアップデートしていく。**これが、リサーチ・ドリブン・イノベーションの特徴です。

特徴(3)内と外の絶えざる相互作用によって進む

リサーチ・ドリブン・イノベーションは「外から内(アウトサイド・イン)」と「内から外(インサイド・アウト)」を共存させるものです。実際のイノベーションプロジェクトでは、様々な場面でこの2つを繰り返し往復することで、

2つが混ざり合っていきます。

最初に「問い」を立てる際に、「内から湧き上がる問い」と「外から導き出した問い」の両方を兼ねられるとよいことは、すでに述べました。この2つを兼ねた問いを立てようとすると、事業テーマにおいて、一方では自分自身に素朴に浮かんでいる疑問、不満、妄想などを膨らませながら、「内から外（インサイド・アウト)」の思考を丁寧に進めることになります。もう一方で、既存のサービスやプロダクトがどのような視座によって作られたものなのか、生活者を取り巻く状況を考察することで、「業界の大きな動向」「生活者の文脈」「社会に欠けている視点」などをもとに、「外から内（アウトサイド・イン)」の思考で、問いを形作っていく必要があります。

データを取得する際も、どのようなデータを対象とするのか、定量なのか、定性なのか、たくさん集めるのか、あえて絞るのか、など、「内から外（インサイド・アウト)」のこだわりや解釈がなくては、鋭い調査はできません。データを解釈するフェーズは、言わずもがな、です。

このように、**内と外の区別がなくなるほど何度も往復しながら、次第に境界線が揺らぎ、答えを出す頃には「自分で生み出した答えなのか」「調べたからわかった答えなのか」、その境がつかなくなってきたときこそ、内と外の間に「新結合」が起こり**、「巨人の肩の上」に立てている証拠です。見えてきた景色は、あなたの目で見ている景色であり、巨人が見せてくれた景色でもあるのです。

特徴（4）共感と批判の往復による知的探究である

リサーチ・ドリブン・イノベーションでは、特徴（3）で述べた通り、つくり手の「内」を起点とした思考と、データがもたらす「外」を起点とした思考を、複雑に行ったり来たりしながら進めていきます。

狭義のデザイン思考をはじめとする「外から内（アウトサイド・イン)」アプローチの認知過程を象徴するキーワードは、「共感」です。ユーザーの振る舞いや発言を丁寧に観察し、その背後にあるユーザーの感情や感覚、痛みに深く「共感」することで、ニーズのツボを押さえていくことが肝要でした。

他方で、意味のイノベーションをはじめとする「内から外（インサイド・アウト)」アプローチは、自身が打ち立てたビジョンを正当なものにしていくために「批判」を重ねるプロセスを大切にします。デザイン思考などで行うブレインストーミングでは、基本的に他者のアイデアに批判を入れることはNGとする場合が多いですが、意味のイノベーションでは、あえて「批判精神」を場に共有することで、ビジョンを強くしていくのです。

リサーチ・ドリブン・イノベーションのキーワードは、「共感」でもあり「批判」でもあります。それらを1つに統合するならば「**探究**」というキーワードがふさわしいように思います。**データに対峙し、立てた「問い」を通してデータを眺め、そこで「何が語られているか」を共感的に読み解く姿勢と、「データに何が語られていないか」「データの背後にある真意は何か」「既存のプロダクトたちでは、なぜダメなのか」と批判的に読み解く姿勢を両立させる**ことで、リサーチクエスチョンを「探究」するのです。

特徴（5）新しい選択肢の獲得のために行われる

イノベーションは、組織学習の積み重ねから生まれます。組織学習とは、組織が日々の経験の中で、「ルーティン」を刷新していくことであることは、すでに述べた通りです。

そのためには、既存事業を発展させる上で陥りがちな「成功の罠」に注意しながら、現在の自分の固定観念の枠の外側に存在するであろう、新たな可能性を求めて、狭くなりがちな視野を広げていく「知の探索」が必要です。

リサーチ・ドリブン・イノベーションにおける「リサーチ」とは、企業にとって、本質的に「知の探索」の手段であるべきです。言い換えれば、既存の事業の進め方では得られない「新たな方向性の選択肢」を獲得することが、リサーチの目的です。

なぜこのことを強調しているかと言うと、イノベーションプロジェクトにおいて“リサーチ”と名のつく手段を活用する場合、頭では「知の探索」の重要性をわかっていながらも、**ついリサーチを「現在の選択肢の正しさを確かめる」ための手段として使ってしまいがち**だからです。つまり、思いついたアイデアが「売れるかどうか」を確認するための、保証の手段として、活用されるケースが多いのです。

もちろん、これも1つのリサーチの活用法でしょう。しかしイノベーションの観点からは、「正解探しの病」を誘発するリスクがあることも、理解しておかなくてはなりません。リサーチ・ドリブン・イノベーションにおいては、リサーチは探索の手段であり、「新たな方向性の選択肢」を獲得するためのものである。このことを、常に意識しておかなければなりません。

売れるかどうかを確かめるための手段としてのリサーチは、1.2.で紹介した探究的ダブルダイヤモンドモデルで言えば、右側の部分、特にアイデアの検証のステップで用いられます。一方で「新たな方向性の選択肢」を獲得するためのリサーチは、その名の通り、ダブルダイヤモンドの左側で求められるリサーチを指しています。

つまり、リサーチ・ドリブン・イノベーションとは、**自分たちが進むべき新たな方向性を模索し、探究していくための方法論**であり、そのためにどのようにリサーチを活用すべきなのかを解説していくのが、本書が目指すところなのです。

リサーチ・ドリブン・イノベーションの基本プロセス

ここまで、現代のイノベーションを取り巻く課題について考察しながら、リサーチ・ドリブン・イノベーションの意義と意味について概説してきました。リサーチ・ドリブン・イノベーションは、具体的には以下の4つの手順に従って進めていきます。次章からは、それぞれの方法論について、詳細に解説していきます。

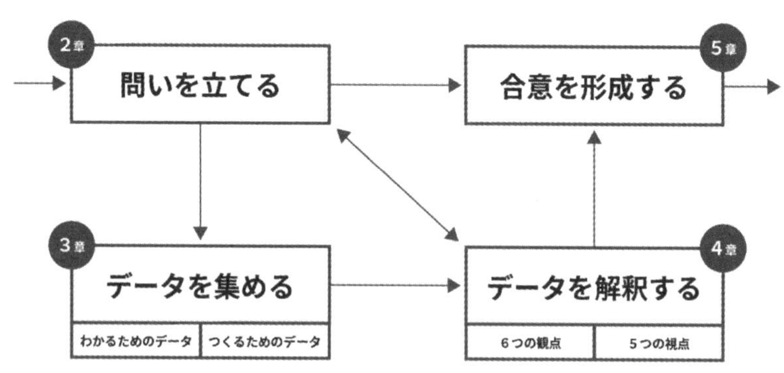

図1-13　リサーチ・ドリブン・イノベーションの4つの基本プロセス

STEP（1）問いを立てる（第2章）

リサーチによって何を明らかにしたいのか、問いを設定するところからリサーチは始まります。アカデミックな研究の場合、これはリサーチクエスチョンと言い、研究活動の起点となります。リサーチクエスチョンによって、答えを出すまでに必要な資源や時間は変わります。例えばアインシュタインが立てたリサーチクエスチョン「光の速度に追いつくことはできるだろうか？」は、解である相対性理論を導くまでに相当な労力と時間が捧げられています。他方で、大学院の修士課程に進学し、2年間で修士論文を書き上げようとしたら、2年で答えが出せるサイズのリサーチクエスチョンを設定しなければなりません。**イノベーションプロジェクトにおいては、そう簡単には答えは出せない、考え続けなければいけないテーマだが、数ヶ月から1年間程度のプロジェクト期間で暫定解が出せるレベルの問いを設定**します。問いを立てる方法の詳細は、第2章で解説します。

STEP（2）データを集める（第3章）

問いを立てた段階で、問いに対する仮説を考えておく場合もありますが、答えをすぐに導くことはできません。問いに対し納得できる答えを出すためには十分なデータが必要だからです。データには、**数値や統計の結果のような「定量的なデータ」**もあれば、**インタビューで語られたことや観察から見えてきたことなど「定性的なデータ」**も活用されます。また、最近では「**一人称研究**」と呼ばれる研究方法も注目を集めています。外部からデータを取得するのではなく、**研究者自身が「私」の視点から感じたことや考えたことそのものを、リサーチデータにする**研究の潮流です。これらのデータは、納得のいく答えを出すために、必要な手がかりになります。データを集める方法の詳細は、第3章で解説します。

STEP（3）データを解釈する（第4章）

データを集めれば、即座に問いに答えを出せるかと言えば、そうとは限りません。データはそれ単体では、あくまで情報に過ぎません。データから問いに対する答えを出すためにはデータを解釈し、「意味づけ」をする必要があるからです。例えば「ある企業は、新卒で入社した社員の半数が、3年以内に辞職している」というデータがあったとしましょう。これに対して「この企業は若手が優遇されていない」と解釈できるかもしれないし、「この企業は早いうちにスキルを獲得し、独立する人が多い」と解釈できるかもしれません。また、半数という数字が多いのかどうか、3年という期間が短いのかどうかも、人によって解釈が異なるかもしれません。**複数のデータと組み合わせながらも、問いとデータを往復し、リサーチャー自身が自分の頭で主体的に解釈を重ねながら、納得のいく考えを導き出そうとするプロセスが重要**です。データを解釈する方法の詳細は、第4章で解説します。

STEP（4）合意を形成する（第5章）

以上のプロセスから、最初に立てた問いに対して、チームとして“いったん”納得できる合意を形成していくことで、次のステップへと足を進めることができるようになります。ここで言う“納得”とは、**問いに対して見出した考えや仮説をベースに、次のアクションを起こしていこうと思えているかどうか**を意味しています。納得できる合意を形成するための方法の詳細は、第5章で解説します。

上記で“いったん”という書き方をしたのは、多くの場合問いに対して何かしらの考えや仮説、あるいは答えを出すと、新しい別の問いが生まれるからです。多くの大学の研究者が、博士論文を書き終えたあとも研究を続けている理由は、1つの問いに答える過程で、また新たな問いが生まれ、それらに答えようとすると、またさらに新しい問いが生まれるため、研究には「終わり」がないからです。

もしかすると、データを集め、解釈する過程において、最初に立てた問いに対する興味が失われ、すでに別の新たな問いが生成されているかもしれません。これはリサーチにおいて悪いことではありません。問いを常にアップデートし続けながら、納得のいく合意を形成し続ける、これが新たな方向性を見出す「リサーチ」という創造的な活動の本質です。

さらに言えば、新たな方向性を定めていくためには、発散的なプロセスと、収束的なプロセスを行き来することになります。そしてその間で常に合意を形成しながら、プロセスを形作っていくことになるのです。

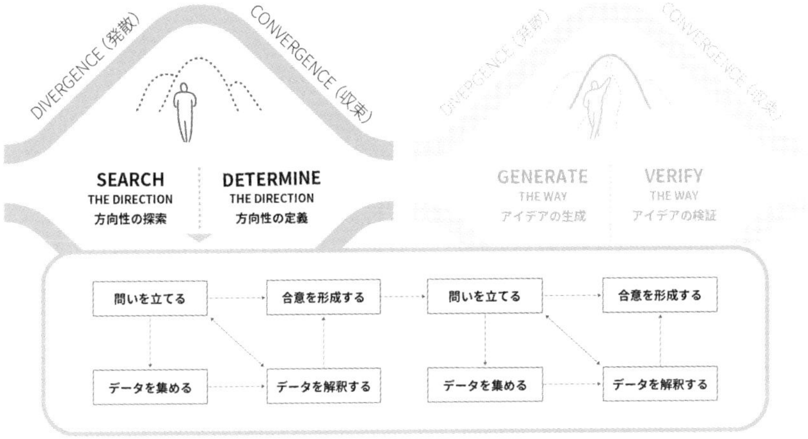

図1-14　リサーチ・ドリブン・イノベーションのアウトライン

序論でも紹介したように、第２章から第５章では、それぞれのステップの特徴とポイントをそれぞれ解説していきます。また第６章ではこの４つのステップをどのように歩んでいくのかを、実際の事例に基づき紹介していきます。

まず全体像を掴みたいという方は、第６章から読んでみてもよいかもしれません。しっかりと順を追って考えていきたい方は、早速次のページへと歩みを進めていきましょう。

〉〉 Part 2

Research Driven Innovation

リサーチ・ドリブン・イノベーションの方法

Part 2 では、リサーチ・ドリブン・イノベーションにおける「問いを立てる」「データを集める」「データを解釈する」「合意を形成する」という、具体的な 4 つの手順について、理論と事例を交えて解説していきます。

第２章 STEP1：問いを立てる

2.1. イノベーションは良い問いから生まれる

リサーチは問いを立てるところから始める

前章で述べた通り、リサーチによって何を明らかにしたいのか、「問い」を設定するところからリサーチ・ドリブン・イノベーションは始まります。これは何も、リサーチ・ドリブン・イノベーションに固有の話ではありません。成功したイノベーションのほとんどは、その起点に「良い問い」があったと言っても過言ではないでしょう。

世界的ベストセラー『イノベーションのDNA』[1)]の共著者ハル・グレガーセンは、近著『問いこそが答えだ！』[2)]において、イノベーションの解を生み出すための「問い」の重要性について、事例を交えながら主張しています。例えば「スナップ写真」を生み出し、世に広めたコダックの創業者ジョージ・イーストマンの例を見ても、その始まりは１つの「問い」からでした。もともと幼少期から写真に興味関心を寄せていたようですが、彼が24歳のとき、外国旅行の準備をしていた際に、写真撮影の機材を持ち歩く煩わしさから浮かんだ「写真撮影をもっと手軽で簡単なものにして、一般の人にも楽しめるものにできないだろうか？」という問いが、後のイノベーションの全ての起点になっていたのだそうです。

実際に、プロジェクトの起点としての問いが視野狭窄であるばかりに、イノベーションプロジェクトが停滞してしまうことは、少なくありません。**最も多いパターンは、プロダクトの細かい「仕様」の設定に、問いの焦点が向いてしまうケース**です。

以前、ある飲料メーカーからのご依頼で、新しい「お酒」を開発するイノベーションプロジェクトをインテージ社と共同担当したことがありました。お酒の業界は商品の入れ替わりが激しく、コンビニに行けば、棚いっぱいに多種多様なラインナップを目にします。一部のロングセラーの定番商品を除けば、見たこともないような新たな商品が次々に現れ、またすぐに消えていくこの状況においては、頭に浮かぶ問いもつい近視眼的になりがちです。コモディティ化しつつある商品群を眺めていると「アルコール度数は何パーセントがよいのか？」「果実味と甘さの最適なバランスは？」「パッケージはどのようなものがいいのか？」などといった、商品の「仕様」ばかりが気になってくるのです。

このような問いを起点に、いわゆるユーザー調査を繰り返しても、リサーチ・ドリブン・イノベーションにはつながりません。イノベーションとは、前章で述べた通り、人間と社会の本質に迫る探究です。そこで私たちは「人はなぜ酒を飲むのか」「夜、自宅でお酒を飲むことの意味とは？」といった問いを立て、リサーチを開始したのです。プロジェクトの詳細と結果はここでは紹介できませんが、結果として、具体的なプロダクトコンセプトを生み出す過程で、人間の本質に迫るたくさんの洞察を得ることができ、示唆に溢れるプロジェクトとなりました。

このように、ボトルネックとなっていた視野狭窄的な問いを、別の新たな問いに転換することでブレイクスルーが生み出される場面を、これまでに何度も経験してきました。筆者（安斎）の前著『問いのデザイン』[3)]では、**良いアイデアが浮かばないとき、企画会議の話し合いが盛り上がらないとき、チームのポテンシャルが活かしきれないとき、多くの場合、チームが向き合っている「問い」に問題がある**ことを指摘しました。そして、組織や事業の問題の本質を捉えて、正しい課題を設定するための理論と方法について、体系的に解説しました。

組織に蔓延するドロドロとした問題を解決するにせよ、ゼロからイチを鮮やかに生み出すイノベーションプロジェクトにせよ、最初に設定する「問い」の切り口を誤ってしまっては、その後どんなにプロジェクトに資源を投下しても、優秀なファシリテーターが必死に場を進行しても、成果にはつながらないのです。

良い問いは、良い答えを生み出すためのものなのか？

それでは、戦略的に問いを立てる重要性とは、良い答えを出すことにあるのでしょうか？　必ずしも、そうではないように思います。前著『問いのデザイン』から、リサーチ・ドリブン・イノベーションの方法を理解する手がかりとなる、「**問いの基本性質**」を2つほど参照してみましょう。

第一に、「**問いは、人の思考や感情を刺激する**」という基本性質は、リサーチ・ドリブン・イノベーションにおいても無視できません。前著では「ゾウの鼻くそはどこに溜まる？」という問いが、子どもたちの好奇心を大いにかき立てた事例をご紹介しました。「先のほうじゃない？」「いや、奥のほうだろう」などと仮説を立てながらも、それだけでは「答え」が出せませんから、子どもたちは無意識にデータを集め始めます。普段「見ている」つもりだったゾウについて、これまで以上に丁寧に観察し、普段気づかなかったゾウの鼻の形や質感、シワの数、身体のつくりなど、細かに観察しながら、活発な推論が展開されたのです。

リサーチとは、答えを導き出すための機械的な作業ではありません。ああでもない、こうでもないと、粘り強くデータを集め、自分の頭で考えを巡らせながらも、納得する答えを導き出す。知的な喜びに満ちたプロセスです。

前章で、イノベーションが生まれない本質的課題の1つは、組織において「探究的衝動」が抑圧されていることであると指摘しました。良い答えを導くだけでなく、問いの力によって、「考えたい」「調べたい」「試したい」「明らかにしたい」といったような「探究的衝動」を刺激することが、リサーチにおいて「良い問い」を立てることの重要な意義なのです。

問いから生まれる「創造的対話」の力

第二に、「**問いは、創造的対話のトリガーになる**」という性質も重要です。問いは、個人の思考や感情を刺激するだけでなく、チームのコミュニケーションを自然と誘発します。

問いの力によって探究的衝動を刺激された個人は、頭の中で、あれこれ考えを巡らせ始めるでしょう。我慢できずに、必要なデータを自ら集め、リサーチのプロセスを自ら進めていくかもしれません。そうして生まれた個人の中にある思考の種は、チームメンバー一人ひとり異なるものであるはずです。

それらがチーム内で共有されたときが、「対話」と呼ばれるコミュニケーションの始まりです。

対話（dialogue）とは、自由な雰囲気の中で、一人ひとりの事柄に対する「意味づけ」を共有し、お互いの理解を深めたり、新たな意味づけをつくり出したりするためのコミュニケーションです（第4章コラム「議論と対話の違い」参照）。意見の正しさを競い合う討論（debate）、意思決定のための議論（discussion）、単なる雑談（chat）とは区別されます。意見が割れた場合も、その意見の良し悪しや正しさを評価することはせず、どのような前提からその意味づけがなされているのか、理解を深めることを重視します。その過程で、お互いに共通する新しい意味づけを発見していくのです。

「外から内（アウトサイド・イン）」アプローチとして紹介した「デザイン思考」の生活者への共感を起点としたプロセスや、「内から外（インサイド・アウト）」アプローチとして紹介した「意味のイノベーション」のスパーリングやラディカルサークルに共通していることは、対話を通して新しいアイデアを生み出そうとしている点です。このようにチームメンバーで対話を重ねることでアイデアを創発させていくことを「**創造的対話**」と呼びます。

前章でも紹介した心理学者のキース・ソーヤーは、著書『凡才の集団は孤高の天才に勝る』において、「会話はイノベーションの揺りかご」であると述べています[4)]。即興的な会話のやりとりの中で、ひらめきが連鎖し、チームのアイデアが発展するというのです。イノベーションプロセスに「ワークショップ」と呼ばれる対話の手法が頻繁に用いられる理由は、それが流行っているからではなく、イノベーションに「話し合うこと」が不可欠だからなのです。

リサーチの起点として良い問いを立てることは、リサーチ・ドリブン・イノベーションのプロジェクトにおいて、創造的対話を促進する上でも重要な意味を持っているのです。

イノベーションに本当に対話は必要なのか？

チームの対話の力をうまく活かせば、確かに“一人の天才”の力を超えられるかもしれません。けれども、良いアイデアさえ手に入れば、必ずしも対話は必要ないのではないか。なぜイノベーションに話し合いが不可欠だと言い切れるのか。そんな疑問が、まだ払拭しきれないかもしれません。

それもそのはず。ここ数年で、企業における「グループでの話し合い」は非常に増えています。研修では、講義に飽きてきた頃に、4〜5人のグループワークが必ず挿入される。チームの企画会議でも、とりあえず模造紙を広げて、付箋を貼りながら、グループでブレインストーミングが始まる。そんなふうに、何のためにグループで話し合う必要があるのかが確認されぬまま、ファシリテーターから「話し合いましょう」とだけ指示がなされ、腹落ちしない儀式的なグループワークが展開されます。結果として、「また話し合いか」とうんざりし、「グループワーク疲れ」をしている人も増えているようです。そもそも、話し合うこと自体が非効率であり、きちんと作業を分担して、個人で集中して取り組むべきだ！　という声も、聞こえ始めています。

そうしたグループワークに対する「嘆き」には、筆者らも深く共感するところでありますが、それでもやはり、きちんと良い問いを立てて、グループの話し合いがうまく機能したときには、「創造的対話」の力は強力です。イノベーションプロジェクトにおいて対話が必要である理由について、3つの視点から紹介します。

イノベーションに対話が必要な理由

(1) 視点の固着化を防ぐため。
(2) 意味はコミュニケーションから生まれるため。
(3) アクションに向けた合意を形成するため。

対話の必要性（1）視点の固着化を防ぐため

第一に、発想における視点の固着化を防ぐためです。前章でも少し触れましたが、個人の創造性を阻む要因は、自分自身が慣れ親しんだ思考パターンが気づかぬうちに「固定観念」となって、発想を制限してしまうことです。どんなに発想が柔軟な人であっても、1人だけでアイデアを考えていると、ある偏った枠の中でしか、アイデアが考えられなくなっていきます。

試しに「新しいトイレ製品のアイデア」でも「新しいお酒のアイデア」でも何でもよいので、お題を設定して、無理矢理100個のアイデアを出してみてください。アイデアは100個あるように見えて、それらを分類してみると、自分がいくつかの思考パターン、限られた発想の傾向に従ってアイデアを発想していることに気がつくはずです。このように、**アイデアを発散させているつもりでも、似たようなアイデアばかりに収束していくことを「視点の固着化」**と言います。デスクワークで同じ姿勢と動作ばかりを繰り返していると、首や肩の関節が狭い可動域で凝り固まってしまうのと同様に、発想の可動域も、知らぬ間に制約されていってしまうのです。

対話の醍醐味とは、自分とは異なる思考パターンから生み出された発想に触れられることです。チームでアイデアを持ち寄りながら、それがどのような前提から生み出されたものなのか、互いの思考パターンを理解していくうちに、自分が囚われていた思考パターンが相対化され、拡張していく感覚が得られるはずです。そのようにして、一人ひとりでは生み出せなかった、集団の思考パターンから生み出される解こそが、対話によって創発されたアイデアなのです。

対話の必要性（2）意味はコミュニケーションから生まれるため

「意味」という言葉は、イノベーションだけでなく、昨今の組織論や学習論においても重要なキーワードになっています。組織の問題にせよ、日々の学びにせよ、自分にとってどのように意味のあるものとして感じられるかが、何より重要だからです。

そして逆説的ですが、**自分にとっての物事の意味は、他者とコミュニケーションを重ねることでしか、現実となりません**。このような考え方は、「**社会構成主義**」と呼び、現代の学習やイノベーションのプロセスのメカニズムを説明する前提となっています。

社会構成主義では、私たちが日々リアリティを感じている現実は、誰にでも共有できるように客観的に定められるものではなく、当事者たちのコミュニケーションによって意味づけられ、「これが現実だ」と合意されたものである、と考えます。

これは組織の問題を解決する上で、とても重要な考え方です。例えば「前年度比で、離職率が5%増加している」という、一見すると客観的に定量化された事実がチームに共有されていたとします。それでも、この事実を

「非常にまずい問題だ」と捉える人もいれば、「たいした問題ではない」と捉える人もいるでしょう。また事実の解釈についても、「業績の悪化によって、組織全体の勢いが落ちている」「新入社員を定着させる人事施策が機能していない」「最近の若者は根性がない」など、様々な捉え方があり得ます。このような個々人の反応が異なる状態から、組織の問題として協力して解決しようとするならば、必然的に、お互いの意味づけを共有する「対話」をすることで、「離職率が5%増加している」という事実に対して、「共通の意味」をつくらざるを得ません。**対話を通して合意された意味だけが、チームにとっての現実となる**のです。

イノベーションのプロセスにおいても、この考え方は重要です。意味のイノベーションでは、プロダクトに新たな意味を付与し、市場に提案することが重要でした。そこでプロダクトに付与される意味は、チームメンバーで対話を重ねることでしか、生み出し得ません。誰か1人が「このプロダクトには、このような意味がある」「こういう意味を、プロダクトを通して提案したい」と頭の中で考えていても、それをコミュニケーションによって共有しない限り、チームにとってプロダクトに込めたい「共通の意味」にはならないからです。この考え方は、リサーチにおいて「データを解釈する」フェーズでもとても大切になるので、第4章で改めて解説します。

対話の必要性（3）アクションに向けた合意を形成するため

革新的なアイデアを生み出すことに成功しても、チームの納得が得られなければ、そのアイデアはアクションにはつながりません。イノベーションにおいては、アイデアの革新性よりも、生み出されたアイデアに対してチームメンバーが「これは自社で取り組むべきだ」と思えることのほうが、重要なように思います。そして前述した通り、全員が「これは自社で取り組むべきだ」という共通の意味が感じられるアイデアには、本質的に、コミュニケーションなくして到達できません。

試験やクイズのように「唯一の正解」を客観的に定義できる領域であれば別ですが、イノベーションのように正解のない領域においては、生まれたアイデアが本当にうまくいくのか、本当に正しいものなのか、客観的に確かめようとすることは、あまり意味がありません。イノベーションの成功を事前に判定することなど不可能ですから、こうした発想では、永久に"正解"にはたどり着けません。イノベーションのような曖昧で不確かな領域においては、**生み出したアイデアが、自分や他者にとって「それが正解であるように感じられる」という主観的感覚のほうが、よほど重要**なのです。

例えば、家族旅行のプランを考えるプロセスを思い浮かべてみてください。家族旅行の正解を客観的に定義することはできないので、当事者たちで話し合って、納得できるアイデアを探らなければいけません。海外にするのか、国内にするのか。どのような施設に泊まるのか。何日間かけるのか。予算はどれくらいか。どのスポットを回るのか。忙しくするのか、ゆったりするのか。こうした旅行のプランのアイデアを検討する際に、全くコミュニケーションをとらずして、全員が納得するプランは生み出せるでしょうか？

もし仮に、家族の誰かが旅行会社に勤めていて、プロのツアープランナーであったとしても、家族の他のメンバーと全くコミュニケーションをとらないまま、全員が納得できるプランにたどり着けるでしょうか？　家族全員が「これが良いアイデアである」と合意し、「このプランを実行しよう」と意思決定するためには、みんなで対話しながらアイデアを生み出したほうが、てっとり早いのです。特定の1人の天才や、外部のコンサルタントに代わりにアイデアを出してもらっても、結局のところそれが良いかどうかは、実際に形にしてみないとわかりません。むしろ外部のコンサルタントや、あるいはクライアントの要望に依存する姿勢は、主体性を失わせ、失敗から学ぶことさえも、機会として失ってしまいかねません。

以上、イノベーションプロセスに対話が不可欠である理由について解説してきました。リサーチの起点としての「問い」の役割は、個人の探究的衝動を刺激するだけでなく、チームの創造的対話を促すことでもあるのです。

1) クレイトン・M・クリステンセン，ジェフリー・ダイアー，ハル・グレガーセン 著／櫻井祐子 訳『イノベーションのDNA―破壊的イノベータの5つのスキル』（翔泳社，2012）
2) ハル・グレガーセン 著／黒輪篤嗣 訳『問いこそが答えだ！―正しく問う力が仕事と人生の視界を開く』（光文社，2020）
3) 安斎勇樹，塩瀬隆之 著『問いのデザイン―創造的対話のファシリテーション』（学芸出版社，2020）
4) キース・ソーヤー 著／金子宣子 訳『凡才の集団は孤高の天才に勝る―「グループ・ジーニアス」が生み出すものすごいアイデア』（ダイヤモンド社，2009）

2.2. 問いを立てる2つのアプローチ

課題解決型の問いのデザイン

リサーチ・ドリブン・イノベーションの出発点としての「問い」を立てる手順について解説する前に、問いの立て方には大きく「**課題解決型の問いのデザイン**」と「**価値探究型の問いのデザイン**」の2つのアプローチがあることを整理しておかなくてはなりません。

課題解決型の問いのデザインとは、文字通り、課題を解決するために適切な問いを立てるアプローチです。現状に対して何かしらの問題を感じており、ある程度「こうなりたい」「こうなって欲しい」という目標が存在する場合は、課題解決型の問いのデザインのアプローチが有効です。目標に従って、問題の本質を見極め、解くべき課題を定義することで、問いを導いていきます。

課題解決型の問いのデザインのポイントは、**「問題」と「課題」を区別する**ことです。筆者（安斎）の前著『問いのデザイン』の中では、「関係者の間で『解決すべきだ』と前向きに合意された問題」のことを「課題」と定義しています。

チームにおいて共通の「問題」が発生している場面を想像してみてください。例えば、先ほど挙げたような「離職率が上がっているので、下げたい」とか、「職場がギスギスしている」「業務量が多く、残業が減らせない」などです。これらはチームで合意されているように見えて、実は背後にある問題の解釈は人によって異なります。ある人は職場がギスギスしている原因を「上司が不機嫌なせいだ」と考えているかもしれませんが、別のある人は「不景気の影響で士気が下がっている」と解釈しているかもしれません。前者の立場に立つのか、後者の立場に立つのかによって、職場の雰囲気を良くするために「すべきこと」は変わってきます。

多くの場合、**チームにおいて問題の捉え方の目線が揃っていないことが、問題がなかなか解決されない原因**となっています。言い方を変えれば、想像している「目標」に齟齬があることが多いのです。離職率を下げる、職場の雰囲気を改善する、といったおおまかな目標は共有できているかもしれませんが、それによって従業員と職場の状態をどのようなものにしたいのか、思い描いているゴールイメージが異なるケースが多いのです。

LEGO ブロックの作品の例

実際に、筆者らはクライアントの課題解決のコンサルティングをする際に、キックオフミーティングでクライアントのチームメンバー全員に、LEGO ブロックを使って「今の問題状況を乗り越えた先に、どんな理想にたどり着きたいのか、ブロックや人形を使って表現してください」というお題を出すことがあります。一人ひとりが何を問題と捉えていて、何を共通の意味として解釈をするべきなのか、対話を通して解像度を上げるためです。すると、驚くほど一人ひとりが異なる解釈の作品を制作し、良くも悪くも「そんなふうに捉えていたのか！」と、場が盛り上がります。

目標を精緻化し、課題をリフレームする

したがって、課題解決型の問いのデザインアプローチでは、**まず目標を丁寧に精緻化させるところから、問いのデザインを開始**します。チームメンバー、ステークホルダーが問題をどのように解釈しているのか。丁寧にすり合わせながら、どんな成果にたどり着くことを目標にするのか（**成果目標**）。その過程で、どんな気づきやコミュニケーションをたどることを目標とするのか（**プロセス目標**）。そしてその先に、何を見据えるのか（**ビジョン**）。目標を構造的かつ段階的に整理して、「正しい目標を立て、チーム全員で合意する」ところにコストを使います。その上で、設定した目標の実現を阻む要因を紐解きながら、「本当に解くべき課題」を探っていくのです。

課題解決型の問いのデザインの特徴は、あくまで**目標と現状の差分から、**

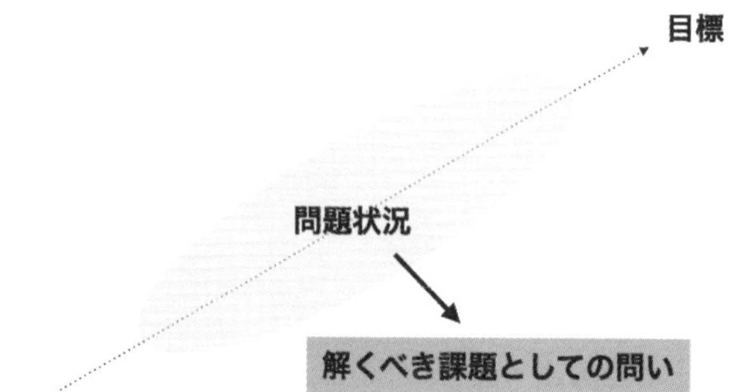

図 2-1　課題解決型の問いのデザイン

課題を設定し、問いを立てるところです。例えば、「1 年間で 100 万円を貯金すること」が成果目標だとします。現状の収入は十分だが、飲食費など出費が多いことがお金の貯まらない原因なのであれば、「日々の浪費を抑える」というプロセス目標をたどって、「1 年後に 100 万円の貯金がある」という状態にたどり着くことが目標となります。しかしながら、これまで通りの生活習慣では、浪費がなかなかなくせそうにない、とします。そのような現状との差分から、「どうすれば浪費を抑えられるか？」「1ヶ月あたりの飲み会を半分にするのはどうすればいいか？」「なぜ私はお酒を飲みすぎてしまうのか？」といった問いを立てて、課題解決を試みるわけです。

ただ、実は**リサーチ・ドリブン・イノベーションと相性の良い「問いのデザイン」のアプローチは、目標主導の課題解決型の問いのデザインよりも、「価値探究型の問いのデザイン」**のほうなのです。

価値探究型の問いのデザイン

価値探究型の問いのデザインとは、解決したい問題状況や、特定の到達目標があるわけではないけれど、長期的に人間や社会の本質について明らかにすべく、洞察を得るための探究的な問いを立てるアプローチです。目標や問題状況が解消されないストレスに基づいて問いを立てるのではなく、自分自身の「関心」を大切にしながら問いを立て、好奇心を駆動させながら、唯一の答えがない命題に迫っていくことを大切にします。

例えば、人間とお金の関係性に関心があるのであれば、人間の本質に興味を持ち「人は“浪費”とわかりながら、なぜお金を使ってしまうのか？」「人間にとってお金とは何か？」「正しいお金の使い方とは何か？」「そもそもお金を貯める必要はあるのか？」など、探究のテーマを設定して、人間や社会の本質に迫っていくのです。この過程を通して、人間の真理を発見することは必ずしも期待しません。**問いを深めていく過程で、自分自身の思考と感情が刺激され、他者と対話を深めることで、何らかの洞察を得ることが、価値探究型の問いの重要な役割**なのです。

課題解決型の問いのデザインでも、リサーチ・ドリブン・イノベーションの起点となる問いを立てることは可能です。例えば「なぜ私はお酒を飲みすぎてしまうのか？」という問いは、自分自身の課題を解決するための嘆きでもありますが、世の中に顕在化している共通する課題としても解釈できます。この課題に迫ることは、人間の性質について探究する一助になるかもしれません。これをリサーチクエスチョンとして、一般的に人々がお酒を飲みすぎてしまう理由について、生活者調査をしたり、アルコール依存の文献を調べたりすることで、解明を試みることはできるでしょう。

いずれにしても、長期的には「人間や社会の本質を解明すること」を目指すため、ある意味では大きな「目標」がはっきりしています。それゆえ、広義には「価値探究型の問いのデザイン」と「課題解決型の問いのデザイン」は本質的には同じだと言えなくもありません。2つのアプローチは完全に独立した異なるアプローチではなく、「目標から考えるか」「関心から考えるか」

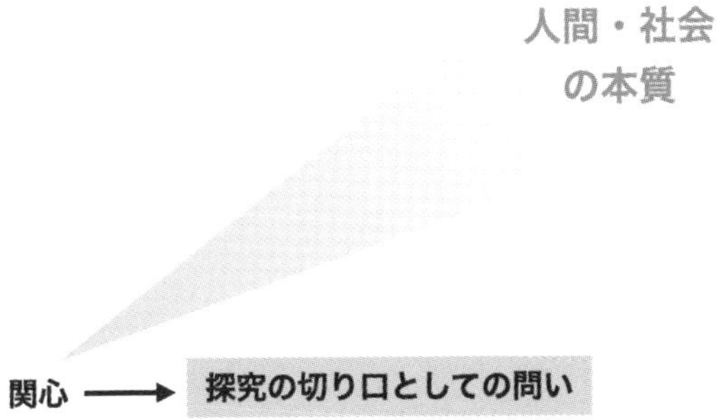

人間・社会
の本質

関心 ⟶ 探究の切り口としての問い

図2-2　価値探究型の問いのデザイン

のベクトルの違いであって、行き着く「問い」そのものは、偶発的に同じものになる可能性もあるからです。

けれども、価値探究型のアプローチで立てる問いは、そう簡単に答えが出るものではない、というところが重要な違いです。課題解決型のアプローチで設定した問いは、目の前の問題状況を解消し、目標を達成するための手段として立てたものですから、解決されなくては困ります。答えを出すために、問いを立てているのです。

ゼロからイノベーションを生み出そうとする場合、多くの場合、何を目標とすればいいのかすら、わからないことが多いのではないでしょうか。そもそもどの山に登るのか。進むべき方向性、すなわち目標が定まらぬまま、曖昧な霧の中で、新たな価値を生み出すことを目指す。そのようなときには、課題解決型ではなく価値探究型の問いのデザインが有効なのです。

価値探究型の問いから課題解決型の問いへ

第1章でも述べた通り、イノベーションとは、人間や社会の本質に迫ることに他なりません。そういう意味で、現在見えている目標との差分から問いを立てる課題解決型のアプローチでは、必ずしもイノベーションを起こす「出発点」としての問いの立て方としては、必要十分ではないのです。とはいえ、課題解決型のアプローチが不要なわけではありません。

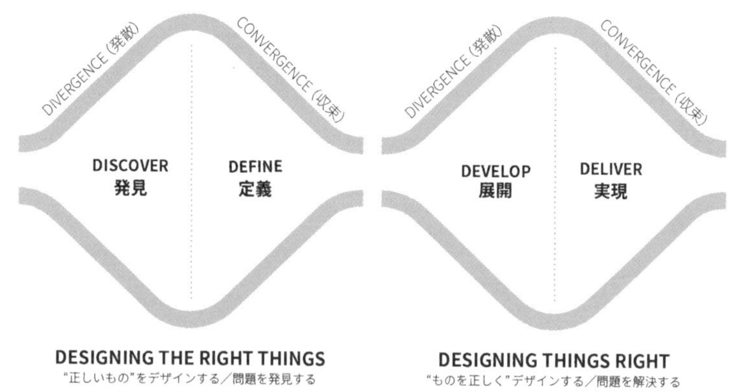

図2-3　ダブルダイヤモンドモデル

第１章で紹介したダブルダイヤモンドのモデルを思い出してください。デザイン思考にせよ、意味のイノベーションにせよ、イノベーションの推進プロセスは、大きく２段階に分けられました。これはリサーチ・ドリブン・イノベーションのプロセスにおいても同様です。

リサーチ・ドリブン・イノベーションの本質は、企業にとって、既存事業では見えていない「新しい選択肢」を獲得するところにありました。したがって、前半（左側）のダイヤモンドでは、現在の視界の外側に目を向けて、新たな可能性を探索し、プロジェクトそのものの進むべき方向性を探っていきます。目標すら見えていない段階ですから、**前半のうちは、価値探究型のアプローチが有効**です。いきなり答えを出そうとせずに、関心に基づいて立てた問いについて、データを集め、解釈を加えながら、プロジェクトの方向性を見定めていきます。

そうしたら、次のダイヤモンドである「どのような方法でそれを実現していくのか」を発想していくフェーズに入ります。実はこのときに、問いの設定を変える必要があります。いつまでも価値探究型の問いを掲げたままでは、哲学的な思考や対話は深まるかもしれませんが、プロジェクトのアウトプットに着地できません。ですから、**後半（右側）のダイヤモンドに移行してからは、課題解決型のアプローチで、問いを立て直すことが有効**なのです。

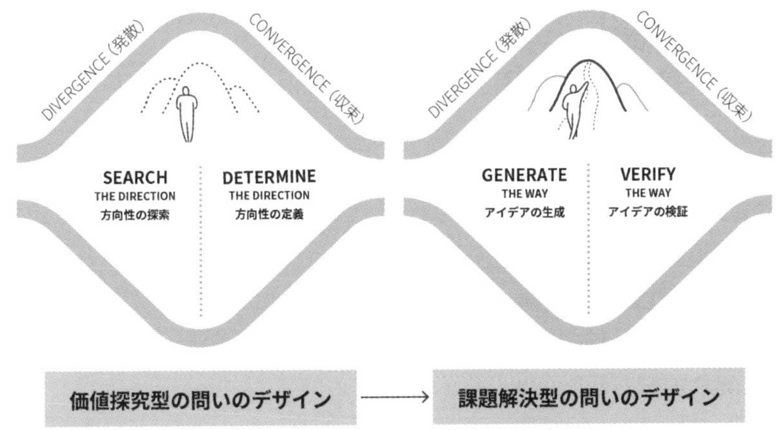

図 2-4　価値探究型から課題解決型へ

リサーチトピック
関心

リサーチクエスチョン
問い

プロジェクトゴール
課題

図 2-5　出発点からゴールへ

商品開発やサービスデザインのプロジェクトにおいては、どこかのタイミングで必ずプロジェクトのゴールを定めて、解くべき課題を定義しなければ、明確なアウトプットを出すことはできません。これはどのようなプロジェクトであっても同様です。

けれども、リサーチ・ドリブン・イノベーションのプロジェクトの場合は、プロジェクトの前半は、あえてゴールすら曖昧な状態からスタートするのです。リサーチのための明確な問いが立つまでは、漠然とした関心を指し示すキーワードしかない場合も少なくありません。この関心に基づくキーワードを、便宜上「**リサーチトピック**」と呼びましょう。リサーチ・ドリブン・イノベーションの**出発点は、キーワードレベルの「リサーチトピック」から、価値探究型の問いのデザインのアプローチを使って「リサーチクエスチョン」と呼ばれる問いの形式に変換すること**です。そしてリサーチクエスチョンを探究していくうちに、方向性が定まり、「プロジェクトゴール」が見えてくる。ここで初めて「課題解決型の問いのデザイン」のアプローチを使って、解くべき課題を定義するのです。

本章では、リサーチ・ドリブン・イノベーションの成否を握っている価値探究型の問いのデザインに着目し、問いを立てる方法論を掘り下げて解説していきます。問いを立てたあとのリサーチのプロセスについても、本書ではダブルダイヤモンドの前半（左側）、つまりイノベーションの方向性を見出すところまでのプロセスに焦点を当てて、解説していきます。

方向性が定まったあとの課題解決型の問いのデザインアプローチ、プロジェクト設計論に関心がある方は、前著『問いのデザイン』に詳細に解説しておりますので、ぜひご覧ください。

2.3. リサーチの問いを立てる具体的な手順

リサーチトピックの起点となる２つの関心

ここからは、リサーチ・ドリブン・イノベーションの要である価値探究型の問いを立てる方法について解説していきます。価値探究型の問いのデザインとは、すでに述べた通り、「関心」に基づいて、人間や社会の本質を探るための問いを立てるアプローチです。目標や問題ではなく、プロジェクトを通して自分自身が深めたいと思っている関心のキーワード（リサーチトピック）から、問いを考え始めます。

“関心”という言葉は、英語で「interest」と訳したり、「concern」と訳したりします。前者は「興味」や「好奇心」が惹かれるものを指しており、後者は「心配ごと」や「懸念」を指す言葉です。いずれも、リサーチの問いを立てるための重要な手がかりとなる感覚です。

何に対しても関心がない、という人はいないはずです。最近気になること、興味があること、面白かった本、生活の中での心配ごと、困りごと、できれば解決したいことなど、何かしらの関心は、どんな人でも少なからずあるはずです。

もし「自分の関心」として落とし込まれていなくても、テレビのニュースやSNSで話題になっている世間の話題や、売れている書籍、注目されている新商品やウェブサービスなど、心のアンテナが少し揺れ動いている「気になるトピック」なら、あるのではないでしょうか。このような関心の種たちが、リサーチの問いの手がかりになるのです。

リサーチの問いのもととなる関心は、大きく「**実用的関心**」と「**概念的関心**」の２つに分けられます。実用的関心とは、**自分の困りごとを解決したり、欲求を叶えたりしてくれる「役に立つ」タイプの関心**です。例えばダイエット、子育て、寝るときの枕が合わない、などのようなプライベートのものから、営業成績を上げたい、上司とのコミュニケーションがうまくいかない、など仕事に関するものまで様々です。個別具体的な場面における困りごとや欲求を解消するための関心であるため、「価値探究」と「課題解決」の整理で言えば、後者に近いでしょう。

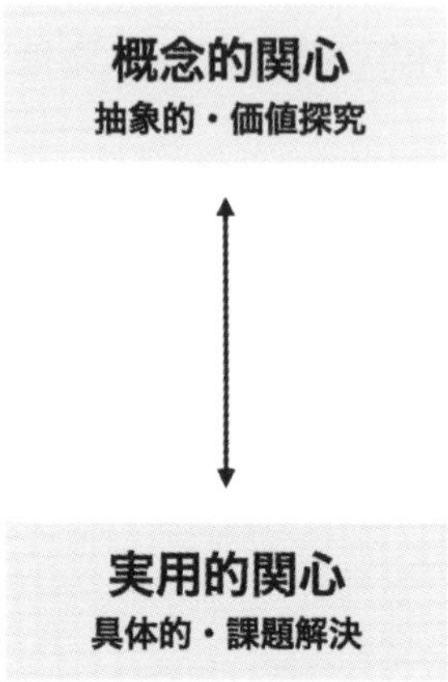

概念的関心
抽象的・価値探究

↕

実用的関心
具体的・課題解決

図 2-6　実用的関心と概念的関心

概念的関心とは、自分自身の特定の個別具体的な場面の悩みではなく、**普遍的な人や社会の本質に関わる関心**です。自分の生活の課題解決をすぐに左右するわけではないけれど、気になるキーワード、ついニュースで耳を傾けてしまう話題、好奇心がそそられた書籍のタイトルなどを思い浮かべると、わかりやすいかもしれません。例えばウイルスと人類の関係性、地域コミュニケーションのあり方の変化、SNS の誹謗中傷の問題、などです。

実用的関心と概念的関心はグラデーション状につながっており、切り離せるものではありません。例えば良質な睡眠のメカニズムについての関心は、人の本質に関わる概念的関心ですが、それを探究することで、睡眠の悩みに関する実用的関心も同時に満たせる可能性があります。程度の問題であり、極端に実用的な関心と、極端に概念的な関心の間で、私たちの関心は無数に配置されているのです。

実用的関心と概念的関心を結びつける

価値探究型の問いを立てる上で、実用的関心と概念的関心のいずれも手がかりとして役立ちます。概念的関心のほうが、探究型の問いに近いと感じられるかもしれません。それはその通りなのですが、リサーチ・ドリブン・イノベーションのプロジェクトは、1 日や 2 日で終わるものではありません。

短くても数ヶ月、長ければ1年以上に及ぶ場合もあります。長い時間をかけて多角的に問いに向き合い、データを集め、解釈し、最終的には生活者に届ける新しいプロダクトやサービスのアイデアに落とし込む必要がある。そのような歯応えはあるけれど、最終的には噛み切れる問いを立てようとしたら、1つの概念的関心だけから問いを立てるのではなく、概念的関心と実用的関心のそれぞれを往復しながら相互に結びつける形で問いを立てたほうが、頑丈な問いが立ちます。

これはリサーチ・ドリブン・イノベーションのプロジェクトに限らず、問いを立てるあらゆる場面に共通して言えることです。筆者（安斎）は以前、ある私立大学の経営学部で、大学1年生にアカデミック・レポートの書き方を教える授業を担当していたことがあります。大学に入学したばかりの初々しい学生たちが、自分が探究したい「問い」を立て、その問いに答えを出すための「データ」を様々な書籍や文献から探し出し、自分なりの「答え」を出し、約3,000字のレポートにまとめる、というハードな授業です。まさに「リサーチ」のプロセスを体験するような授業でした。

学生が最初にぶつかる壁は、約3,000字の議論に耐え得る「歯応えのある問い」を立てるところです。「どんな問いに関心がある？」と尋ねると、学生たちは「バイトの給与をどうすれば上げられるか」「なぜディズニーシーに行くとお金を使いすぎてしまうんだろう」「高い化粧品を使ったほうがいいの？」などと、実用的関心に基づく問いが立ち並びます。これだけで約3,000字のアカデミック・レポートを書き上げるのは、少し無理があります。

そこで「概念的関心をもとに問いを立てよう」とアドバイスをすると、学生たちは頭を悩ませながら、他の授業で聞いた知識や、最近耳にしたキーワードを手がかりに「リーダーシップ」「マーケティング」「商品開発」など、経営学部の学生らしく、教科書に書いてありそうな概念的なキーワードを挙げてくれます。しかしこれだけでは抽象的すぎて、学生自身が「答えが知りたい！」と探究的衝動がかき立てられる問いには、まだ距離があります。

そこで、「実用的関心と概念的関心を結びつけよう」とアドバイスをしつつ、両者を往復しながら、問いを深掘りしていくのです。

例えばある学生の「なぜディズニーシーに行くとお金を使いすぎてしまうんだろう」という実用的関心について、「それはなぜだと思うのか？」「なぜこのことが気になるのか？」とツッコミを入れて、学生の思考を掘り下げていきます。すると学生は、「いつも使う金額の上限を決めているのに、つい買ってしまうので不思議に思っています」「普段あまり衝動買いはしないのに、ディズニーシーに行くと、つい買っちゃうんですよね」などと、実用的関心をもう少し具体的に語ってくれます。

そこですかさず、学生が概念的関心として挙げていた「マーケティング」という言葉に目を向けます。「このキーワードのどこに惹かれるのか？」「関連するキーワードで他に気になるものはないか？」と尋ね、図書館や文献データベースで調べてみるように、宿題を出してみました。すると翌週、学生は「先生、面白い本を見つけました！」と嬉々とした表情で教室に現れました。手には「消費者の感情を動かす」ことを題材にしたマーケティングの本があります。どうやら、学生の中で実用的関心と概念的関心が結びついたようです。その学生は最終的に「ディズニーシーはどのような方法で顧客の五感に働きかけ、衝動買いを促進しているのか？」という問いを立て、非常に読み応えのあるアカデミック・レポートを書き上げたのでした。

実用的関心と概念的関心を往復しながら、自分の探究的衝動がくすぐられる歯応えのある問いを立てること。これは、大学生のレポートライティングにおいても、リサーチ・ドリブン・イノベーションにおいても、共通して大

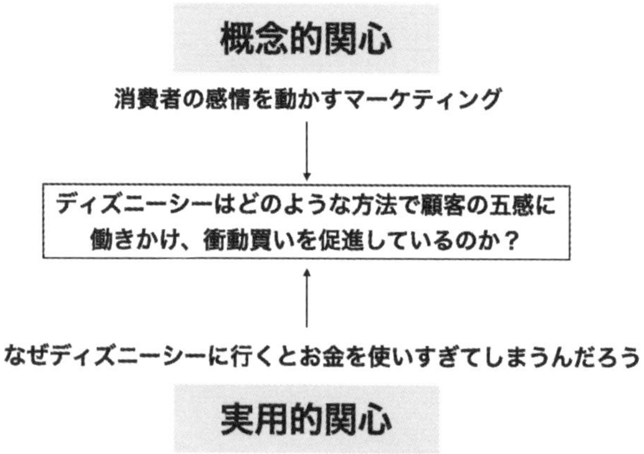

概念的関心

消費者の感情を動かすマーケティング

↓

ディズニーシーはどのような方法で顧客の五感に
働きかけ、衝動買いを促進しているのか？

↑

なぜディズニーシーに行くとお金を使いすぎてしまうんだろう

実用的関心

図 2-7　実用的関心と概念的関心を結びつける

事なポイントです。

外から探るか、内から探るか

それでは、どのようにして実用的関心と概念的関心を結びつけていけばよいのか。具体的なリサーチの問いを立てる手順について考える上で、重要な疑問があります。それは「内から外（インサイド・アウト）」アプローチで立てるのか、「外から内（アウトサイド・イン）」アプローチで立てるのか、という疑問です。本書の結論から言えば、その「両方」が重要で、「内」を起点としながらも、「内から外、外から内、内から外……」と、これまた「往復」することが重要になります。

先ほどの学生の例を思い出してみても、起点は「なぜディズニーシーに行くとお金を使いすぎてしまうんだろう」という「内から」湧き上がった関心でしたが、その時点で学生が自分の内側に保有していた概念的関心は「マーケティング」というキーワード程度で、解像度が粗いものでした。その後、マーケティングの関連書籍を探索し、世間の関心を「外から」参照することで、自分の関心のツボを言い当てる「消費者の感情」という概念を新たに手に入れました。その結果、「リサーチの問い」が生成されたのでした。もし関心が定まらぬうちに、最初から図書館に出かけてマーケティングの本を読みあさっていたら、探究的衝動にはなかなか火がつかなかったかもしれません。内から湧き上がる自分自身の関心と、外から得られる関心の手がかりを結びつけたからこそ、歯応えのある問いが生み出せたのです。

この２つは、バランスが重要です。筆者（安斎）自身、大学院に進学して、修士研究のリサーチクエスチョンを立てる際に、苦労したことをよく覚えています。せっかく大学院で研究をするからには、自分がやりたい研究がしたい。そこで、私は内から湧き上がる関心からリサーチクエスチョンを立て、大学院のゼミで発表しました。すると指導教官から「あなたがやりたいこと

図 2-8　内から湧き上がる関心と外から得られる手がかりを結びつける

はわかった。けれども、こういう実証研究がすでにある」「あの研究領域も調べておいたほうがよい」「現場感覚に頼るのではなく、自分の問題意識の解像度を高める理論を見つけるように」と、「外」に目を向けるようにアドバイスをされたのです。

そうか、自分の思いつきで、問いを立ててはいけないのだ！　と、私は貪るように論文を読みました。そうしてようやく見えてきた「この世でまだ明らかになっていない研究課題」を見つけ出し、再び新たな問いを立て、「これならどうだ!?」と、自信満々で大学院のゼミで発表をしたのです。すると、今度は「本当にそれがあなたのやりたい研究なのか？」「そんな小さな研究をするために大学院に入ったのか？」と、今度は再び「内」に目を向け直すアドバイスをもらったのです。今振り返ると笑い話のようなエピソードですが、私自身は愕然としたことを覚えています。探究的衝動に基づいて大学院に進学したはずなのに、「外」に目を向けるあまりに、自分の衝動に自分で蓋をして、小さく縮こまってしまっていたのです。

リサーチの問いを立てるときは、「内から外（インサイド・アウト）」アプローチと「外から内（アウトサイド・イン）」アプローチの両方を往復しながら、自分にとっても探究したいし、世の中にとっても探究する価値がある問いを探り当てることが、重要なのです。

問いの探索のマトリクス

ここまで「概念的関心と実用的関心を往復して結びつける」「内と外を往復して結びつける」という2つの軸から、リサーチの問いの立て方について解説してきました。この軸を掛け合わせることで、問いを探索するためのマトリクスが見えてきます（図2-9）。

マトリクスに出現した4つの象限は、それぞれリサーチの問いの手がかりとしての「種」が、どこに存在しているのか、関心領域を整理したものです。

左上の象限は、自分の内側にある概念的関心です。つまり、今の自分自身が保有している知識や理論、思想のようなものです。大学時代にマーケティングを専攻していて、今も関心があって何冊か本を読んでいるとか、恋愛小説やエッセイが好きで恋愛ネタであればいくらでも話せるとか、独自の死生観を持っているとか、そういったものです。

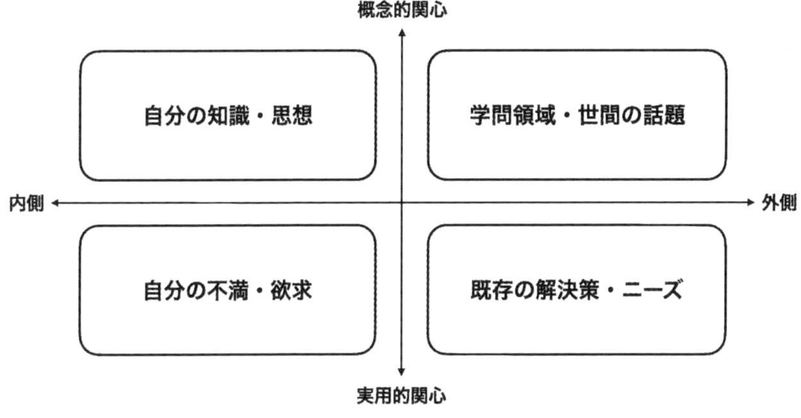

図 2-9　問いの探索のマトリクス

左下の象限は、自分の内側にある実用的関心です。日々の生活や仕事の中で抱いている欲求、解決したい不満やニーズなどを指しています。前述したような「ダイエットの悩み」「営業成績を上げたい」といった、具体的な場面における困りごとや欲求を解消するための関心です。

右上の象限は、まだあなた自身の内側に取り込まれていないけれど、世間に存在する概念的関心です。新聞やニュースでの話題、インターネット上で議論になっていること、売れている書籍のテーマのトレンド、学術研究の動向などが、それにあたるでしょう。大袈裟に言えば、現代の人類が抱いている興味、社会に蓄積されている知識のことです。これらはインプットすることで、近い将来の「自分の概念的関心」に変換されたり、結びついたりする可能性がある領域です。

右下の象限は、世間の実用的関心です。同じようにソースは新聞やニュース、インターネット上の情報などですが、現在売れている、あるいは注目されているプロダクトやサービス、社会貢献活動に目を向けると、世間の実用的関心は捉えやすいかもしれません。現代の人間がどんなニーズを抱えていて、社会の困りごとはどのようなものか。これは、紐解いていくと、自分自身の実用的関心とも接近する場合があります。

以上の 4 象限の全てを結びつける必要はありませんが、**どこか 1 つの象**

限を起点としながら、複数の象限と行ったり来たりしながら問いを立てると、歯応えのあるリサーチの問いを立てやすくなります。どこから手をつけてよいかわからない場合は、それぞれの象限ごとに、まずはリサーチの問いを立ててみるとよいでしょう。特に「内から外（インサイド・アウト）」アプローチと「外から内（アウトサイド・イン）」アプローチはかなり性質が異なる思考の過程をたどるため、それぞれのプロセスで問いを立ててみると、その作業自体が、自分の思考を広げてくれるはずです。その上で、各象限の問いは結びつくのか。結節点を探っていくと、バランスの良い問いが立てやすいはずです。

問いの軸足として、事業領域を広く捉える

各象限の問いの立て方を具体的に説明する前に、リサーチ・ドリブン・イノベーションの問いを立てるための「**軸足**」について、整理しておきます。

リサーチ・ドリブン・イノベーションにおいては、大学生の自由レポート課題と違って、何でもよいから問いを立てればよいわけではありません。あなたがもし「ディズニーシーはどのような方法で顧客の五感に働きかけ、衝動買いを促進しているのか」という問いに探究的衝動がかき立てられたとしても、それがあなたの担当する事業領域と全く何の関係もない問いなのであれば、成果にはつなげにくいでしょう。リサーチ・ドリブン・イノベーションの出発点としての問いは、**人間と社会の本質に迫る問いであると同時に、それが自社の事業を前進させるための問いになっていなければならない、という大きな制約**があります。

例えば、あなたが飲料メーカーに勤めていて、「ビール」の新商品開発を担当していたとしましょう。つまり、あなたは「ビール」についてイノベーションを起こすための、リサーチの問いを立てなくてはいけないわけです。したがって、ビールに全く関連しない「概念的関心」や「実用的関心」を持ち出しても、あまり意味がないことになります。

ここで重要になる論点は、「ビールに“関連する”とはどういうことか」ということです。逆に言えば、どこまで離れるとビールと“関連しない”とみなされるのか、ということでもあります。ここで**自社事業の関連領域をどれくらいの広さで捉えられるかが、このあと具体的に問いを立てるプロセス**

において重要になります。これが、問いを立てる際の思考の「軸足」になるからです。

気をつけなければいけないことは、まず「ビール」という具体的なカテゴリに閉じすぎないことです。ビールというキーワードに縛られすぎると、「何杯も飲み続けられるビールとは？」「太らないビールとは？」「ビールのアルコール度数はどれくらいが最適か？」「ビールはなぜ美味いと感じるのか？」など、ビールに直接的に関連する関心しか思い浮かべられなくなります。このような問いでは、人間の本質に迫る探究的なイノベーションにはなりにくく、本章で指摘したような細かい「仕様」のアップデートに目線が落ちがちです。

もちろんビールに直接的に関連する問いが、リサーチ・ドリブン・イノベーションを生み出さないわけではありません。探究の問いを検討する際には、候補はたくさんあったほうがよいでしょう。ビール「だけ」に閉じすぎずに、ビールの外側にも目を向けるような感覚です。候補をたくさん出していき、あとで「この問いは、探究する価値があるだろうか」と検討すればよいのです。

問いの探究範囲を広げるためには、事業の関連領域を広く捉えて、問いの軸足をつくります。ビールの例で言えば、考える範囲を「ビール」だけに閉じずに、「ビールに関連する領域」まで広げておきます。

問いの軸足をつくるためには、「**カテゴリを広く捉える**」「**モノではなく行為で捉える**」という2つの対策が有効です。

思考の軸足のつくり方（1）カテゴリを広く捉える

第一に、カテゴリを広く捉えることが重要です。事業のカテゴリを整理するには、いくつかの階層があります。例えば「ビール類」の事業には、もう少し具体的に細分化すれば、缶ビール、瓶ビール、発泡酒、第三のビール、ノンアルコールビール、飲食店向け業務用など、いくつかの分類があります。逆に、もう少し広げれば、アルコール飲料、缶飲料など、抽象的なカテゴリとして捉えることも可能です。このように**具体的なカテゴリと抽象的なカテゴリ**の解像度を高く持ちながらも、問いを立てるときはなるべく「ビール」そのものに閉じずに、カテゴリを広く捉えておくことが有効です。すなわち、この場合であれば、ビールとしてだけ捉えるのではなく「アルコール飲料」「缶

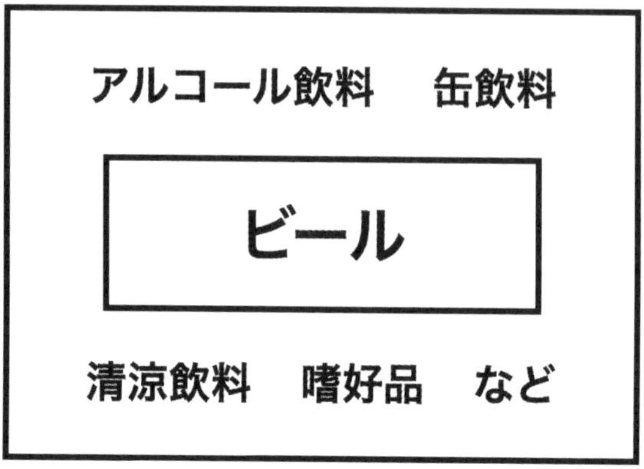

図 2-10　包含するカテゴリまで広げる

飲料」「清涼飲料」「嗜好品」なども「ビールに関連すること」として捉えておくのです。ビールに限らない、アルコール飲料や嗜好品の意味を探究することで、新しいビールのヒントが得られるかもしれないからです。

厳密に言えば「清涼飲料」とはアルコール 1% 未満の飲み物のことですから、ビールとは無縁のように思えます。しかしながら現在はノンアルコールビールのラインナップも充実し、それらは「清涼飲料」にカテゴライズされています。社会における“ビール”の変容は、上位カテゴリにも変化を与えているのです。そのような大きな流れも踏まえて、カテゴリを広く捉えておきます。

上位のカテゴリに目を向けると、上位カテゴリ同士の関係性や、カテゴリの包含関係は複雑です。「アルコール飲料」「缶飲料」「嗜好品」はそれぞれどちらが上位で、どれが並列で、どのような重なり方をしているのか、とカテゴリの関係性をきちんと整理して可視化しようとすれば、骨の折れる仕事になるでしょう。しかしこの時点では、そこまで細かく整理をする必要はありません。あくまで思考を「ビール」に限定しないための下準備であるため、外側にどのようなキーワードがあるのか、広がりを掴んでおく程度で十分です。

思考の軸足のつくり方（2）モノではなく行為で捉える

第二に、モノではなく行為で捉えることが重要です。仮に作りたい事業が「ビール」「アルコール飲料」「缶飲料」「嗜好品」のような人工物であっても、プロジェクトのゴールは例えば「新しい形状の缶」を開発することではないはずです。意味のイノベーションが示唆している通り、人間にとっての「ビールの意味」そのものを刷新していくことが、イノベーションの基本的な命題になるからです。そのために「ビールに関連すること」の範囲内で、人間と社会の本質を探究していくのです。そのためには、**問いの範疇を「モノ」に閉じずに、関連する「行為」まで広げておくことが重要**です。

例えば「ビール」に関連する「行為」を考えてみましょう。真っ先に思い浮かぶのは「飲む」という行為です。関連して、「食べる」「注ぐ」「喋る」なども、思い浮かぶかもしれません。思い浮かばない場合には、「ビール」が登場する具体的な場面を思い浮かべながら、まずはそこで見えてくる人間の行為を拾い上げていくのです。そうすると「蓋を開ける」「掴む」「飲み込む」「喉を潤す」など、具体的な行為が実はいくつも関連していることが見えてきます。ビールを「清涼飲料」というカテゴリで捉えるならば「飲み干す」などを入れておいてもよいかもしれません。

ここで注意すべきことは、あまりにミクロな具体的動作ばかりに閉じないことです。動作として目には見えない、「社会的な行為」にも目を向けると、解釈が広がります。すなわち「ビール」というモノを通して、人々は何を経験しているのか、を考えるのです。そうすると「集う」「安らぐ」「囲む」「楽しむ」なども、「ビール」に関連している行為として見えてきます。もちろん「ビール」だけでなく、先ほど挙げた「アルコール飲料」「嗜好品」など、カテゴリレベルで検討して構いません。そうすると「我慢する」といった行為を入れておいても、後の思考が深まるかもしれません。

このように、具体的な事業の対象そのものだけでなく、それを包含するカテゴリや、関連する行為まで領域を拡張させていくと、リサーチの問いを探索する思考範囲も大きく広がります。これを軸足としながら、探索のマトリクスを往復し、リサーチの問いを発見していくのです。「ビール」だけに思考が閉じていたときよりも、人間と社会の本質に迫るための視野が開けてきたのではないでしょうか。

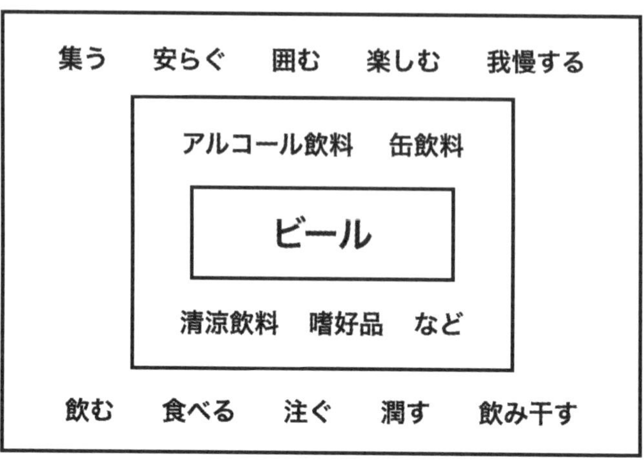

図 2-11　行為を連想することで事業の関連領域を広く捉える

内から問いを探る：実用的関心

さて、ここからは具体的に問いを立てる手順を解説していきます。もしかすると、事業内容を広く捉えて「軸足」をつくる過程で、すでに探究したい問い、すなわちリサーチクエスチョンが見えてきているかもしれません。

けれども、これからプロジェクトの多くの時間を捧げる価値のある問いを生み出すためには、多様な視点から問いを広げ、候補をたくさん持っておくことが有効です。そのために、まずは探索のマトリクスの４つの象限ごとに手がかりを吟味し、問いの候補を挙げていきましょう。

まずは**「内側から問いを探るプロセス」の「実用的関心」に基づいて問いを考えます**。探索のマトリクスの左下、自分の不満や欲求に基づいて、問いを生成していく象限です。

この象限はシンプルに、事前に思考の軸足として検討した事業の関連領域に基づいて、**自分自身が「もっとこうなったらいいのに」「これにストレスが溜まる」と感じる、不満やニーズ、欲求を思いつくままに書き出していきます**。付箋やノートなどを使って、頭に思い浮かぶものは何でも書き出してみて、発散的に多数出しておくとよいでしょう。この段階で「問い」の形式

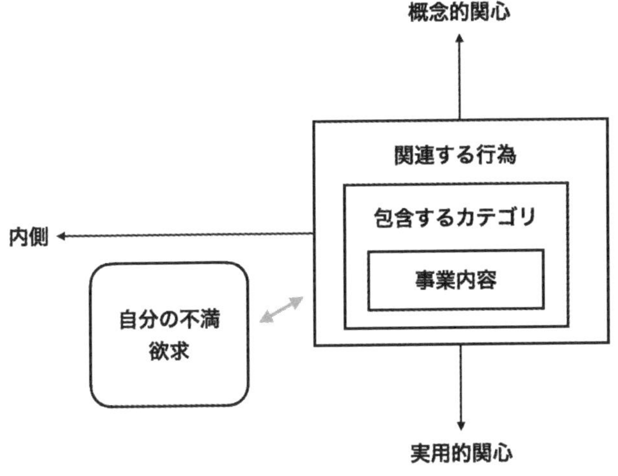

図2-12　自分の不満や欲求から問いを探る

になっている必要はありません。

例えば先ほどのビールの例であれば、「ビール」「アルコール飲料」「嗜好品」など、事業カテゴリに加えて「飲む」「食べる」「注ぐ」「集う」「安らぐ」「我慢する」など、関連する行為を検討していました。これらの行為を思い浮かべながら、自分自身の過去の経験を振り返り、不満や欲求の種を探るのです。例えば「接待で相手にお酌をするのはよいが、自分は手酌で楽しみたい」「複数の料理を食べる際に、それぞれのメニューにあった複数のお酒を同時に楽しみたい」「とりあえず"乾杯"でビールを飲みたくないときもある」「オンライン飲み会の会話のテンポが難しい」のように、些細なことでよいので、なるべく具体的に挙げていくのです。

実用的関心を挙げていくと、つい「解決策」を考えたくなる衝動に駆られますが、自分の日常の悩みを解決することが目的ではありませんから、あくまでここからリサーチの問いに転換できないかどうかを考えます。具体的には、**挙げた実用的関心の中から「他者と共有できそうな関心」に絞り込み、問いの種とします**。他者と言っても、全人類に共感されるものでなくてもちろん構いません。身近な人を思い浮かべたときに、何人か共有できそうな人がいれば、その関心は一定の割合の人に共有可能なはずですから、問いのポテンシャルがあるとみなすことができます。それらの種をもとにしながら、人間と社会の本質に迫る問いへと変換を試みるのです。

実用的関心から生み出した問いの例

- 宴会における“お酌”は本当に必要なのか？
- オンライン飲み会における“お酌”に代わる接待の作法とは？
- 食事とお酒の“相性”はどのようにして決まるのか？

これらは、人間や社会のコミュニケーションにおいて、まだ明らかになっていない新しい制度や習慣や、なんとなくわかっているけれど体系的なメカニズムに落とし込まれていない命題について、探索するための問いになっています。このように、自分の不満や欲求をただ解決しようとするのではなく、その困りごとの背後にある、本質的な問いに昇華させるのです。

もしかすると、単に自分が「知らない」だけで、インターネットや書籍で調べれば答えが手に入る問いもあるかもしれません。この時点ではあまり気にせず、自分にとって探究の衝動がかき立てられ、他者と共有できそうな候補を残しておきます。

これらの問いがリサーチの問いにふさわしいかどうかは、まだわかりません。実用的関心から生まれた問いは、前述した大学生のケースと同様に、他の象限の手がかりと結びついて発展するケースが多いです。この段階でしっくりくる問いが見つからなくても、焦る必要はありません。いくつか問いの候補が立ったならば、次の象限にいきましょう。

内から問いを探る：概念的関心

続いて**「内側から問いを探るプロセス」の「概念的関心」に基づいて問いを立てる**考え方を解説します。探索のマトリクスの左上、自分の知識や思想に基づいて、問いを生成していく象限です。

ここでは、あなたがこれまで見聞きしてきたあらゆる知識、理論、考え方が役に立ちます。人から聞いた話、読んだ本、学校で教わったこと、研究したこと、日々考えていることなど、活かせるリソースは多種多様です。

思考の軸足をつくる過程で、すでにあなたの中にある概念的関心と結びつ

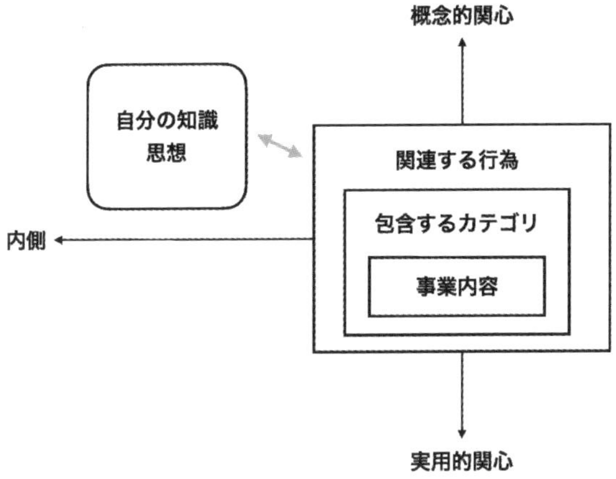

図2-13 自分の知識や思想から問いを探る

きが起き始めているかもしれません。また、事業を「行為」に広げる過程で、すでにあなたの概念的関心が、広げ方の趣向に反映されている可能性もあるでしょう。

例えば筆者が「ビール」の関連領域を広げる際に、「集う」という行為を入れた理由は、コロナ禍以来、オンラインコミュニケーションが劇的に増え、これから人と人との関係性や、対人コミュニケーションのあり方はどのように変わっていくのか、ということについて、すでに概念的関心を持っていたからです。これだけの手がかりでも「宴会の“集い方”はこれからどのように変わるのか？」などと、問いを立てることは難しくありません。実用的に何かを解決したいわけではないけれど、すでに抱いている人間や社会に対する疑問や好奇心は、このように事業の関連領域に結びつけることで、いくつもの問いに変換していくことができるはずです。

既存の知識との結びつけがうまくできないときは、**最近読んで面白かった本を具体的に思い浮かべるとよい**でしょう。過去の読書によって手に入れた知識、特にあなたの好奇心をくすぐった本からのインプットは、あなたにとって立派な概念的知識となっているはず。具体的な本の内容と、事業の関連領域を結びつけることでも、問いを生み出すことができます。例えば、あなたが世界的なベストセラー『LIFE SHIFT（ライフ・シフト）』[1)]に感銘を受けて、心に残っていたとしましょう。この本は、寿命が100年となる時代において、どのような人生戦略をとるべきかについて書かれた名著です。『LIFE SHIFT』から学んだ知識と、「ビール」を取り巻く関連領域を、往復しながら結びつけてみるのです。

概念的関心から生み出した問いの例

- 100年時代におけるロングセラーのお酒とは？
- 100歳でも楽しめるビールとは？
- 飲酒は寿命を縮めるか？
- 長寿を支える嗜好品／飲酒習慣とは？

このように、結びつかないと思っていた本であっても、自分が「面白い」と感じた本は、あなたの知識としての血肉となっているはずですから、意外に何かしら、事業の関連領域に結びつく可能性を秘めているのです。

こうして立てた問いを眺めてみると、例えば「飲酒は寿命を縮めるか？」という問いは、お酒が好きで、けれども健康診断の数値が芳しくない人によっては「実用的関心」にも直結するかもしれません。あくまで「概念的関心」や「実用的関心」は、問いを生み出すための手がかりであり、結果として生まれる問いが、概念的な問いなのか、実用的な問いなのか、という境界線はきわめて曖昧です。それゆえに、「実用的関心」と「概念的関心」のそれぞれから生み出した問いが、結びつくようであれば、積極的に行ったり来たりして構いません。自分の内側にある実用的関心と概念的関心を往復しながら、探究的衝動がくすぐられる問いを探してみましょう。

外から問いを探る：概念的関心

続いて、「**自分の外側から問いを探るプロセス**」を解説します。外から探る場合も同様に、概念的関心と実用的関心が交錯するところから問いを立てていくことが有効ですが、まず右上の象限である「概念的関心」をもとにしながら問いを立てる考え方について見ていきましょう。

この象限では、まだ自分自身にインプットしていない、現代の人間や社会が抱いている関心を参照することで、事業に関連する問いを立てていきます。

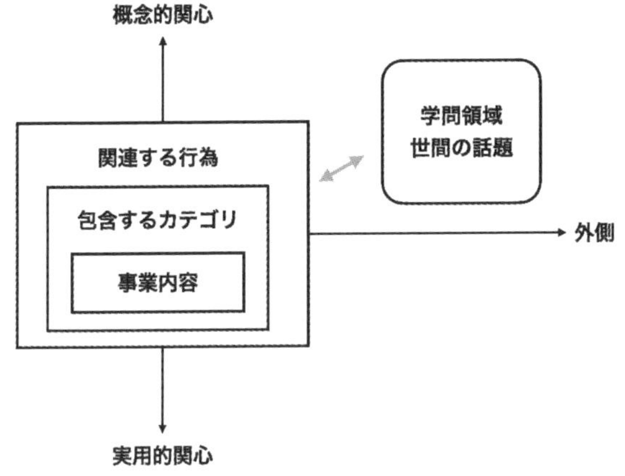

図 2-14　学問領域や世間の話題から問いを探る

すでに述べた通り、この象限には、新聞やニュース、インターネット上の情報、売れている書籍、学術研究の動向など、リソースが膨大にあります。関連情報の全てを網羅的に収集することは現実的ではないので、戦略が必要です。

第一に、**偶発的な発見に頼ることも、かえって有効な戦略**です。手軽にできる方法として、**大型の書店や図書館を活用する**方法をご紹介しましょう。あらかじめ思考の軸として広げた事業領域を意識にのぼらせた上で、なるべく大きな書店、あるいは図書館に出向き、片っ端から書棚を回っていくのです。学術書のコーナーだけでなく、ビジネス書、一般書、雑誌なども含めて歩き回り、棚のカテゴリや、本のタイトルなどをザッピングするようにチェックしていき、事業の関連領域に結びつくキーワードがないかどうか、収集するのです。

本当に結びつくのかどうか、ここではそこまで吟味する必要はありません。半ば脈絡なく、例えば「孤独」「お取り寄せ」「働き方」「生産性」「愛用品」「アート」「嫌われる勇気」「ストレスフリー」「子育て」など、気になった世間の関心ワードをピックアップし、事業の関連領域と結びつきを探索すればよいのです。

第二に、**「心理学」や「社会学」の学術研究を参照する**ことです。リサーチの問いを立てる上で、あらゆる学問領域が参考になりますが、人間と社会の本質に迫る上で、心理学や社会学の関連領域の知見は、問いの手がかりを見つける上で相性が比較的良いのです。**国立情報学研究所が提供する文献情報・学術情報検索サービスである「CiNii」**[2)]などを使って、あれこれ検索してみてもいいでしょう。ここで得られる文献は、問いを立てたあとの具体的な「データ」としても活用可能です。

例えば「心理学」の領域の文献を調べながら、「ビール」に関連する行為として挙げた「楽しむ」ことについて、どのように語られているのか、調べてみるのです。飲酒や酒席が「楽しい」と感じられるメカニズムは、「ビール」のイノベーションの手がかりとなるかもしれないからです。そうして調べていくうちに、例えば、人間の「楽しさ」のメカニズムについて迫った「フロー理論」という概念が気になったとしましょう。ミハイ・チクセントミハイという研究者が『フロー体験 喜びの現象学』[3)]などの著作にまとめているようです。こうした書籍を実際に読んでみることで、自分の知識から問いを立てたときのように、問いに変換していくのです。

このようにして、世間で話題にされていることや、学問領域のホットトピックを戦略的に収集しながら、問いを立てていくのです。

概念的関心から生み出した問いの例

- **オンライン飲み会は孤独を埋めるか？**
- **仕事の生産性を高めるお酒の飲み方とは？**
- **ストレスフリーの接待の作法とは？**
- **楽しい飲み会とそうでない飲み会の違いは何か？**
- **お酒を飲むことの喜びは、年齢と共にどう変わるか？**

新たに情報収集をしながら問いを立てる作業は骨が折れますが、膨大なリソースがある分、うまく活用すれば、無数の問いを生成することができるでしょう。

外から問いを探る：実用的関心

最後に**「外側から問いを探るプロセス」の「実用的関心」に基づいて問いを立てる**考え方を解説します。探索のマトリクスの右下にあたります。

この象限は世間の実用的関心ですから、先ほど紹介したように書店や図書

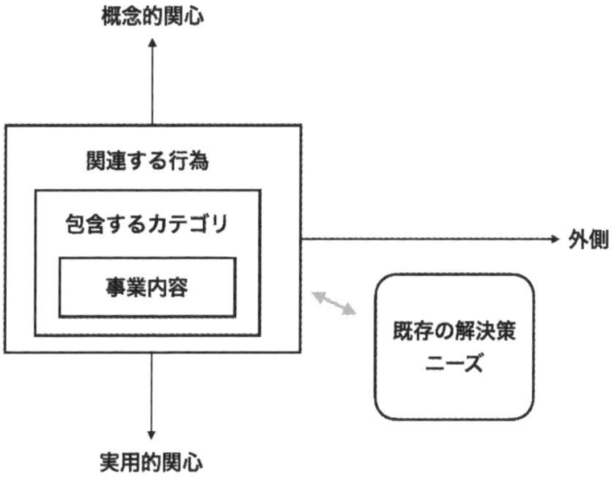

概念的関心
関連する行為
包含するカテゴリ
事業内容
外側
既存の解決策
ニーズ
実用的関心

図 2-15　既存の解決策やニーズから問いを探る

館を探索した際に、流行りのビジネス書の傾向などから、なんとなく世間のニーズの特徴が掴めている場合もあるでしょう。しかし最も強力なやり方は、**現在注目を集めているプロダクトやサービス、社会貢献活動（これらを総称して「ソリューション」と呼ぶことにします）を分析することで、リサーチの問いをあぶり出す**方法です。

現存するソリューションは、現在の世間の実用的関心に応えているからこそ、売れていたり、注目を集めていたりするわけです。その事実は、人間や社会の本質を探る上で、大いにヒントになるはずです。例えば「ビール」という事業の関連領域を起点にして考えてみると、競合他社がヒットさせているお酒の商品はもちろん、人気を集めている飲食店、新たに流行している嗜好品などに目を向けるとよいでしょう。それだけでなく、関連する「行為」に着目したソリューションも重要です。「集う」「安らぐ」「我慢する」といった行為を支援するソリューションに、どのようなものがあるのか、調査するのです。

ここで勘違いしないでいただきたい点は、既存のソリューションを分析すると言っても、ビジネスとしての競合分析をすることではありません。強みや弱みを比較して、自社のビジネスのヒントにしようということではないのです。大事なのは、**既存のソリューションが「人間や社会の本質の何を明ら**

かにしているか」を分析することです。

例えば、近隣の飲食店のメニューをアプリで手軽に注文して宅配してもらうことが可能なサービス「Uber Eats」が広がりを見せています。「Uber Eats」のユーザー層は、既婚層と未婚層ではそこまで大きな差はなく、20代〜40代の利用率が多いようです。このサービスが注目されていることは、人間や社会のどのような特徴を明らかにしたのかについて、考察するのです。

いろいろな考え方があると思いますが、「Uber Eats」は手数料や配達料が上乗せされるため、店内で食べるよりも割高になる場合も少なくありません。にもかかわらず、店内であれば得られるスタッフによる接客や、こだわりの食器、装飾された空間の演出などの付加価値は享受できません。それにもかかわらず「Uber Eats」がユーザーに支持されているということは、サービスや設備の価値よりも、移動の時間や煩わしさがないことや、自宅という安心して食べられる環境の価値を優先する人たちが一定数いるということです。社会において、人が日々の食事に求めている意味が、変化してきていることが読み取れます。

このようにして、関連すると思われる既存のソリューションを1つずつ分析していき、それらが「人間や社会の本質の何を明らかにしているか」を読み解いていきます。その上で、既存のソリューションではまだ明らかにできていないリサーチの問いを生成するのです。

これは、学術研究のリサーチクエスチョンを立てる際に必ず取り組む作業である「先行研究のレビュー」に他なりません。序論で述べた通り、学術研究においては、「誰かが過去に明らかにしていること」は問いとして設定できません。先行研究を調べ尽くし、「巨人の肩の上」に立つことで、まだアプローチされていない問いを見つけるのです。

これまでの外食産業において、洗練された接客、清潔に装飾された店内で食べる体験こそが、「安心」して食べられる環境だと思われてきました。しかしながら、「Uber Eats」のヒットによって、ユーザーの飲食に対する「安心」の概念が変わりつつある可能性が示されている。そうした“先行研究”の知見を踏まえて、例えば「これからの飲食における“安心”とは何か？」とストレートに問いを立ててみてもよいかもしれません。これが、外側の実用的関心から問いを立てる際の基本的な考え方です。

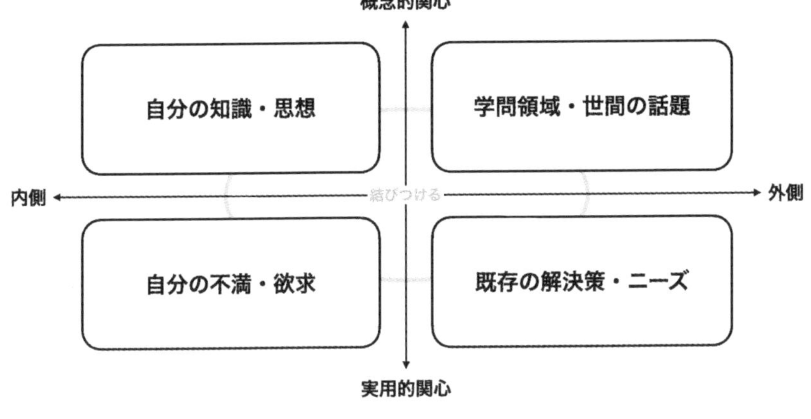

図 2-16　各象限を往復して結びつける

以上の４象限のそれぞれの思考を往復しながら、複数の象限が結びつく問いを探します。そのようにして、リサーチしがいのあるタフな問いを立てていくのです。

行き詰まった場合の５つの処方箋

良いリサーチの問いを立てるためには、粘り強く、それぞれの象限を往復しながら「これだ！」と思える問いが生まれる瞬間を待つ他ありません。それでも、もし思考が行き詰まってしまった場合には、以下のような切り口で問いを再検討してみると、ブレイクスルーになるかもしれません。

(1) 軸足をつくり直す

どの象限から考えても、問いがなかなか浮かばない場合、問いの軸足の広げ方が甘いかもしれません。問いを立てることが苦手な人の大半は、本章で説明した事例で言えば「ビール」に思考が閉じてしまい、軸足づくりにおいて「モノではなく行為で捉える」ステップを十分にできていない場合が多いです。問いを立てる前に、実際にビールを飲んでみたり、友人にヒアリングをしたりすることで、対象とするプロダクトやサービスに関連する「行為」のイメージを膨らませておくことが必要です。

(2) チームで話しながら考える

1人で考えていて思考が行き詰まってしまった場合は、チームで対話をしながら問いの探索のマトリクスを往復してみましょう。本章の冒頭で説明した通り、イノベーションのプロセスに対話は不可欠です。特に問いを立てるフェーズで気をつけなければいけないのは、個人の固定観念に囚われたまま問いを立ててしまうこと。つまり「視点の固着化」の問題です。別の視点を持った他者と話し合いながら問いを考えることで、ブレイクスルーが生まれることがあります。

(3) 専門家を頼る

チームメンバーで話し合っても行き詰まりを感じる場合は、チーム全員の視点が似通ってしまっている可能性があります。そんなときは、劇的に異なる視点を持った他者の力を借りることも有効です。お勧めは、問いの軸足をつくる際に挙げた具体的な「行為」に着目して、その専門家に話を聞くことです。例えばビールの軸足として「安らぐこと」「我慢すること」という行為を掘り下げたいのであれば、リラクゼーションを専門とするエステティシャンや心理学者、ストイックな生活をしている修行僧やアスリートなど、特異な視点を持っている人の意見を聞くのです。

(4) なくならないものに着目する

事業に関連する領域の中で**「なくなりそうで、なくならないもの」「なくしたいのに、なくせないもの」「なぜかずっと変わらないもの」**に着目することは、本質的な問いを立てる上で役に立ちます。変化が起こらない形式や慣習には、人間や社会の性質が反映されている可能性があるからです。例えばビールの関連領域であれば、「居酒屋のお通し」「缶や瓶の形状」「飲みすぎによる後悔」などが挙げられるかもしれません。これらがなぜ、なかなかなくならないのか。その理由を探ってみることで、探究の問いの手がかりが得られるかもしれません。

(5) ゆっくりした変化に着目する

なくならないものとは逆に**「変わりゆくもの」にもヒント**は詰まっていま

す。ただし、流行のような、表層で起きている形式的な変化に囚われてしまうと、歯応えのある問いは立てられません。本当の時代の変化は、流行の背後で、じっくり時間をかけて起こります。この1年で起きた変化や新たに出現したものではなく、この5〜10年をかけて起こりつつある深層レベルの変化は何か？　と考えてみることで、良い問いが見つかるかもしれません。未来を考える上で、過去に目を向けて、歴史の流れを感じることはとても重要です。事業の関連領域の歴史は、リサーチ・ドリブン・イノベーションのプロジェクトにおいては「データ」としても活用可能です。歴史データの活用方法については第3章で詳しく解説します。

問いのチェックリスト

これまで解説した手順で問いを生成すれば、たくさんの問いの候補が見つかるでしょう。しかしブレインストーミングと同じで、多くの場合、候補段階では玉石混交で、リサーチ・ドリブン・イノベーションにふさわしい問いと、そうでない問いがあるでしょう。

以下の3つの観点から、生み出した問いを吟味し、リサーチの問いとしてふさわしい問いに収束させていくとよいでしょう。

問いのチェックリスト

(1) 明らかにする価値があるか。
(2) ステークホルダーの視点に立てているか。
(3) 探究的衝動がかき立てられるか。

検討の観点（1）明らかにする価値があるか

第一に、その問いは本当に明らかにする価値があるか？　という視点です。問いを立てる作業に熱中していると、探索のマトリクスを行ったり来たりしているうちに、問いを生成すること自体が自己目的化してしまうこともあるかもしれません。

リサーチ・ドリブン・イノベーションの問いは、人間や社会の本質を明らかにするための、探究の問いである必要があります。生み出した問いを明らかにすることは、本当に人間や社会の進化に貢献するだろうか？　どんな良いことがあるだろうか？　と自問自答し、価値のある問いを残す必要があります。

例えば、「今一番売れているビールは何か？」「ビールとチューハイはどちらが人気か？」「チューハイのアルコール度数は何％が最も売れるのか？」という問いがあったとします。この問いの答えは、市場調査をすればすぐに手に入ります。その答えは、事業のヒントにはなるかもしれません。

しかしその答えは、おそらく時代の変化やトレンドに大きく左右されるものです。現時点での答えがわかったところで、明日のマーケティング施策のヒントにはなるかもしれませんが、数年先の未来を変えるイノベーションの手がかりは、あまり期待できないでしょう。

このようなときは、その問いを挙げた理由を探りながら、「問いの焦点」を少し変えてみるとよいでしょう。例えば「チューハイのアルコール度数は何％が最も売れるのか？」という問いが候補に残っていたとします。この問いに対して考えられる答えは、「3%」とか「7%」とか「9%」とか、定量的な情報です。こうした結果がわかっても、ただのマーケティングのヒントにしかならないわけです。

しかしこの問いが候補に残っているということは、チューハイの「アルコール度数」について、何か気になるところがあるはずです。**問いの背後にある言語化されていない「好奇心」の正体**を、自問自答しながら探っていきます。そうすると、もしかすると「自分はお酒に強いが、低アルコール飲料が飲みたくなる日がある」「自分よりお酒に弱い友人が、アルコールの強いチューハイばかり買っていて、不思議に思ったことがある」など、問いの背後には好奇心の種となる経験があったことに気がつくかもしれません。これを踏まえて、問いをリフレームして「人は“アルコール度数”に何を期待しているのか？」などと捉え直せば、これは立派な探究の問いになり得ます。どのような答えが得られるかわかりませんが、この問いに対する回答は、きわめて定性的に、人間がどういう生き物なのか、その性質の一部を明らかにすることが期待されるからです。

検討の観点（2）ステークホルダーの視点に立てているか

第二に、**事業領域の多様なステークホルダー（利害関係者）の視点に立ってみて、共感できる問いかどうか、倫理的な配慮が欠けていないかどうか**など、検討します。

プロジェクトメンバーの問題意識や思い入れが強いと、「内から外へ（インサイド・アウト）」のベクトルが強まって、熱量の高い問いが生み出されやすくなります。他方で、当事者としての思いが強すぎると、別の視点を持った他者に対する配慮が欠けてしまうリスクがあるのです。

例えば、あなたが「飲み会」というコミュニケーションの場が心から嫌いで、どうしてもなくなって欲しいと考えていたとします。その結果として「どうすれば飲み会がなくせるか」「根絶すべき接待の悪しき習慣とは」といった問いを立てたとしましょう。問いに怨念がこもっていて、プロジェクトは盛り上がりそうです。

しかしながら、世の中には「飲み会」が好きな人たちもたくさんいます。またコロナ禍で「飲み会」が開催できなくなったことで飲食店の経営難や、コミュニケーション機会の減少など、副次的な社会問題も生まれました。そのような「自分とは異なる意見を持った他者」や、問いを探究することで「不利益を被るかもしれないステークホルダー」がいることを想像し、問いを吟味・検討する必要があります。

イノベーションとは、自社が利益を得るだけのために起こすのではなく、自社の競争優位を保ちながらも、人々の生活や社会をより良いものにするための取り組みであるはずです。問いが「自分本位」な視点に閉じすぎていると、プロジェクトに共感する協力者が得られにくく、プロジェクト自体が独りよがりなものになってしまいます。また極端に自分本位な問いは、突き詰めていくと「あなたが飲み会に行かなければいいだけの話だ」といった個人的な解決策に着地しがちで、探究も深まりません。

問題意識は変えぬまま、多様なステークホルダーの視点からも自分ごとに感じられるように、例えば「全員が参加する意義が感じられる飲み会とは？」「これからの組織に必要なインフォーマルなコミュニケーションのあり方とは？」といったように、建設的な提案につながりそうな問いにリフレーミングするとよいでしょう。

もちろん、必ずしも「誰かが不利益を被る問い」を探究してはいけないというわけではありません。避けるべきは「想像が及んでいない」という検討不足の状態です。多様な立場のステークホルダーにきちんと想像を巡らせた上で、それでもなお「飲み会のない世界をつくりたい」というビジョンを掲げるのであれば、その固い意志を貫くのもよいでしょう。

検討の観点（3）探究的衝動がかき立てられるか

最後に、プロジェクトメンバーの探究的衝動がかき立てられる問いになっているかどうか。すなわち**「考えたい！」「話したい！」「明らかにしたい！」と思える問いになっているかどうか**。リサーチ・ドリブン・イノベーションにおいて、これが最も重要です。

前章で述べた通り、現代におけるイノベーションの本質的課題は、組織において「探究的衝動」が抑圧されていることにあります。探究的衝動とは、何かを「明らかにしたい」という衝動で、子どもの頃から誰もが持っている「ものを作りたい」という衝動と、「他者と語りたい」という衝動が結びついたもので、イノベーションの源泉となるエネルギーです。

リサーチ・ドリブン・イノベーションが「問い」を起点に始める理由は、チームが「正解探しの病」に陥ってしまわないように、「答えがわからないけれど、明らかにしたい」という衝動を解放させて、「外から内（アウトサイド・イン）」と「内から外（インサイド・アウト）」のアプローチを両立させるための強力な軸をつくるためでした。

仮に設定した問いが「明らかにする価値」があって「ステークホルダーに配慮」されたものでも、探究する自分たちがそこに衝動を感じられないのであれば、プロジェクトはうまくいきません。本当に探究したい問いなのかどうか。これが最も重要なチェックポイントと言っても過言ではありません。

リサーチの問いのデザインパターン

本章の最後に、リサーチ・ドリブン・イノベーションでよく活用される、相性の良い問いのパターンを紹介します。問いがうまく思いつかない場合には、以下のデザインパターンを参考にしながら、これらの形式に落とし込めないだろうか？　と考えてみてもよいかもしれません。

リサーチの問いのデザインパターン

(1) 言葉の定義を探る問い
(2) 根源的な理由を探る問い
(3) 時代の変化を探る問い
(4) "真善美"を探る問い

(1) 言葉の定義を探る問い

「〜とは何か?」という形式で、言葉の定義を探る問いは、リサーチの問いとして頻繁に活用されます。定義と言っても、辞書に載っているような概念を定義することが目的ではなく、**人によって価値観や解釈が異なるような言葉や、時代の変化によって意味づけが異なるような言葉について、明確な定義をあえて検討するための問い**です。事業の関連領域においてキーワードになっているけれど、その意味の本質がブラックボックスである場合、あるいは輪郭が曖昧で境界線が明確に引けない場合などに、効果的なパターンです。以下のような例が該当するでしょう。

言葉の定義を探る問いの例

- これからの飲食における"安心"とは何か?
- 楽しい飲み会とそうでない飲み会の違いは何か?
- オンライン飲み会における"粗相(そそう)"とは何か?

(2) 根源的な理由を探る問い

人間の行為の根源的な理由について探ることは、人間や社会の本質に迫る上で重要です。事業の暗黙の前提として、**所与となっている行為や、関連領域を探る過程で見えてきた人間の奇妙な行為について、なぜそれをするのか、理由を探る**のです。時代が変化する中で、変わらぬまま繰り返され続けている行為に目を向けると、問いが立てやすいでしょう。以下のような例が該当するでしょう。

根源的な理由を探る問いの例

- なぜ人はお酒を飲むのか？
- なぜお酒を飲むのは夜なのか？
- なぜ“とりあえずビール”なのか？
- なぜ“お酌”はなくならないのか？

(3) 時代の変化を探る問い

今度は逆に、**時代の変化の中で、意味合いが変わったり、関係性が変わったり、処方箋が変わったりする事象について、変化の輪郭を追いかけるための問い**のパターンです。以下のような例を思い浮かべると、わかりやすいかもしれません。

時代の変化を探る問いの例

- コロナ禍によって飲み会における非日常性はどのように変わったか？
- 100 年時代におけるロングセラーのお酒とは？
- これから外食の価値はどのように変わるか？

(4)“真善美”を探る問い

“真善美”とは、真と善と美のことであり、人間が理想とする普遍的な価値基準としてよく挙げられる言葉です。**正しいかどうか、倫理的に良いかどうか、美しいかどうか**を指しており、その価値基準自体を明確にすることに、哲学的な難しさがあります。言い換えれば、「人間にとっての“真善美”とは何か？」という問い自体が、人間と社会の本質に迫る問いです。したがって、事業の関連領域において、自分や世間の関心と結びつける過程で、常に“真善美”を探ることは、意識しておくとよいでしょう。これはデザインパターン「(1) 言葉の定義を探る問い」と組み合わせることでも真価を発揮します。

以下のような問いが例として挙げられます。

“真善美”を探る問いの例

- 正しい“接待のマナー”とは何か？
- 良い“夜の過ごし方”とは何か？
- 美しい“お酒の飲み方”とは？

以上のデザインパターンも参照しながら、チームメンバーの探究的衝動をくすぐる問いを立て、リサーチ・ドリブン・イノベーションのプロジェクトの出発点とすること。それが、リサーチの最初のステップである「問いを立てる」プロセスです。次章は、デザインした問いに答えを出すために、必要な「データ」を集める方法について解説していきます。

Column 》

問いの感性を耕す９つのプログラム

QWS Cultivation Program

2019年11月、渋谷駅直結・直上の渋谷スクランブルスクエア15階に誕生した、「問い」を通じた出会いや交流、創造の支援をミッションとして掲げる共創施設「SHIBUYA QWS（渋谷キューズ）」。渋谷に集う多様な人々が問いを媒介としてつながり、イノベーティブなアイデアを共創する文化を施設全体に根づかせることを目的に、「問いの感性」を耕すコアプログラム“QWS Cultivation Program”をMIMIGURIが共同開発しました。

このプログラムは、「問いへの入り口」「問いの哲学」「問いによる出会い」「問いによる対話」「問いの技法」「問いの構想」「問いとリサーチ」「問いの修辞学」「問いのプロトタイピング」の全９つのプログラムで構成されています。全てのプログラムが体験型のワークで構成され、順を追ってプログラムを受講していくことで、問いの可能性や意味を理解し、問いを立てるために必要な感性を身につけていきます。

▶「問いへの入り口」をSHIBUYA QWSで開催した際の様子◀

９つもプログラムがあるのかと驚かれる方もいらっしゃるかもしれません。

このプログラムを開発するにあたっては、単に問いを生み出すための技を身につけてもらうのではなく、問いそのものへの関心を立ち上げ、問いから問いを生み出し続けることや、問いを様々な形で社会に投げかけていくことに探究心を持ってもらいたいと考えました。また、老若男女、置かれた状況や価値観の違いも超えて、問いは様々な人々の対話を生み出すきっかけをもたらしてくれるものです。そのためどんなテーマであっても、誰もが共に問いについて考えることができる場づくりを意識して設計を行っています。

同時に、2020年からはオンラインホワイトボードを活用しながら、オンラインでもプログラムを展開しています。対面での開催では参加が難しかった様々な地域の方にも数多く参加いただき、東京にいるだけではなかなかたどり着けない問いとの出会いも楽しむことができるようになりました。興味のある方は、ぜひ一度SHIBUYA QWSのウェブサイトを訪れてみてください。

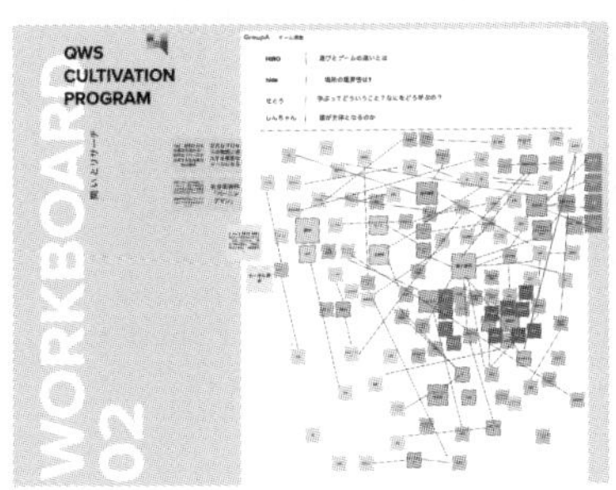

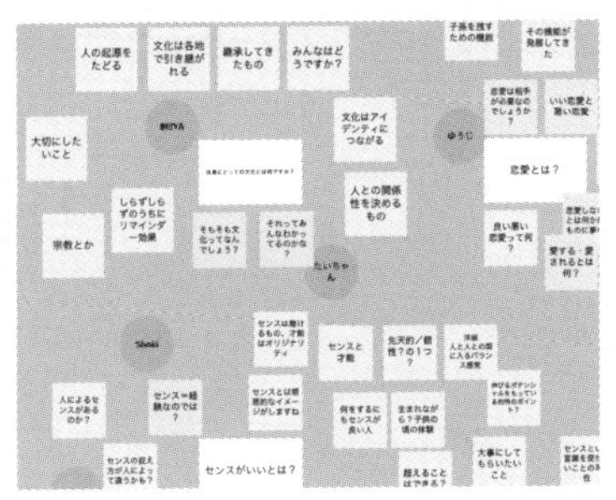

図2-17　オンラインでのワークショップのホワイトボードの一例

SHIBUYA QWS「Cultivation Program」紹介ページ
https://shibuya-qws.com/program/cultivation

1）リンダ・グラットン，アンドリュー・スコット 著／池村千秋 訳『LIFE SHIFT（ライフ・シフト）─100年時代の人生戦略』（東洋経済新報社，2016）

2）https://ci.nii.ac.jp/

3）M・チクセントミハイ 著／今村浩明 訳『フロー体験 喜びの現象学』（世界思想社，1996）

第3章 STEP2：データを集める

3.1. “良い”データに必要なこと

データにまつわる誤解

リサーチのための「問い」を設定したら、次のステップは「データ」を集めることです。いったい「データ」とは、何でしょうか。データ（data）とは、辞書では「資料」「情報」「事実」などと説明されます。これだけだと、あらゆる物事がデータとして活用できそうです。しかし「何でもよいから、情報を集めよう」とするのは乱暴で、リサーチ・ドリブン・イノベーションに役立つ**“良いデータ”と、そうでないデータ**があるはずです。

リサーチ・ドリブン・イノベーションにおける“良いデータ”は、もしかすると、世間一般でイメージされる“良いデータ“とは、要件が異なるかもしれません。例えば、ある問いをもとに進むべき方向性の探索を行おうとしているとき、次の（A）と（B）のどちらが“良いデータ”だと感じるでしょうか？

（A）平成30年度に実施された文化庁の世論調査によれば、全国の16歳以上の男女1,960人のうち、1ヶ月に全く本を読まない人は47.3%、1～2冊読む人は37.6%であった。

（B）私は、仕事柄、常に新しい情報をインプットしなければならないし、そもそも読書は好きなほうである。けれども1冊の本を頭からお尻まで、くまなく読み込むのが苦手である。たいていの場合、ある本を読み始めたら、最後まで読み終わらぬうちに、新たな疑問や着想が生まれて、別のある本に浮気してしまう。振り返ってみると、この1ヶ月で完全に最後まで読み切った本は、1冊もないかもしれないな。でも、それが私にとっての読書なのだから、よしとする。

データ（A）は、文化庁が調査を専門とする機関に委託して行ったもので、約2,000人の回答を集計した結果です[1)]。データ（B）は、筆者（安斎）自身が、データ（A）の結果を眺めながら「そういえば、自分も1冊も読み切ってはいないかもしれないな……」と、内省しながら書いた独り言です。紛れもない事実の情報ですから、両者とも立派な「データ」です。

結論から言えば、これだけでどちらが“良いデータ”と判定することはできません。しかしながら、もしあなたが「(A）のほうが“良いデータ”に違いない」と感じたならば、もしかすると、あなたの中には「データ」というものに対する何らかのバイアスがあるかもしれません。リサーチ・ドリブン・イノベーションにおけるデータの要件を整理する上で、データにまつわる一般的ないくつかの誤解を解いておきましょう。

データにまつわる誤解

(1) 客観的であるほうがよい。
(2) たくさんあるほうがよい。
(3) 答えに直結するほうがよい。

データの誤解（1）客観的であるほうがよい

一般的に「データは客観的な情報であるべき」というバイアスがあるように思います。誰かの主観的な考えや感情は参考にならず、客観的に測定可能で、できれば数値に落とし込まれていたほうが、信用できるという考え方です。議論や討論において「それはあなたの主観でしょう」と、反論する場面を見たことがあるはずです。

データの活用目的によっては、確かに客観性を求める側面もあるかもしれません。一方で、データにおける「客観性」と言っても、突き詰めていくと、**何をもって客観的だと言えるのか、実はとても難しい**のです。

「1ヶ月に全く本を読まない人は47.3%だ」と書かれると、客観的な数値データのように見えます。けれども、そこで回答した一人ひとりは、実在する人間です。おそらくその一人ひとりは、筆者のように、自分の読書習慣を振り返って、「今月はあの本を読もうとしたけど、まだ読めていないなぁ」

「ネット記事ならよく読むけど、本は読まないから、ゼロだな」「毎月２冊くらいは読むのだけど、薄い本ばかりだし、中身もそんなに理解できていないから、１冊と答えておくか」などと、様々な主観的な思考を巡らせた上で、回答したかもしれません。**客観的に見えるデータも、主観的なデータの集合**であるわけです。

また「1ヶ月に全く本を読まない人は47.3%だ」という数値に対する意味づけも、人によって異なります。「なんと、嘆かわしい……！　この国は大丈夫だろうか？」と感じる人もいれば、「まあ、そうだろうね。インターネット上の動画コンテンツがさらに普及したら、さらに下がっていくだろうね」と感じる人もいるでしょう。**客観的なデータのように見えても、それを解釈する人の目を通した時点で、意味づけは主観的なものになります。**

そもそも、このデータはどのような人を対象に調査を行ったのでしょうか？　16歳以上の男女と言っても、その年齢や居住地、生活のスタイルはバラバラです。もしかしたら若い人のほうが本を読んでいる傾向にあるかもしれません。このデータだけを見て、確からしい情報が読み解けるというわけでも必ずしもありません。

データにおける客観性とは、実に曖昧です。リサーチ・ドリブン・イノベーションのポイントは、人間と社会の本質を探究することであり、外側から「正解」を探すことではありません。探究の手がかりとなるのであれば、とことん主観的な独り言さえも、“良いデータ”になる可能性があるのです。

実際に、もしリサーチの問いが「これから書籍というメディアのあり方はどのように変わるか？」という問いであれば、データ（A）を眺めていると「そもそも書籍というメディアに未来はないのではないか」と思えてきますが、データ（B）の語りからは「“１冊”のパッケージではなく、“章”単位で販売してもよいかもしれない」「ネットサーフィンのように、複数の書籍を次々に探索していけるメディア形式は実現できないか」など、思索が進むかもしれません。

データの誤解（2）たくさんあるほうがよい

データの客観性と関連して、データの分量が多ければ多いほど信頼できる、というバイアスもあるように思います。母集団から取り出した標本内のデータ数のことを「サンプルサイズ」と言いますが、データ（A）のサンプルサイズは1,960、データ（B）は1です。したがって、データ（A）のほうがはるかに信頼できる、という考え方です。

これも客観性と同様に、データの活用目的によっては重要ですが、リサーチ・ドリブン・イノベーションにおいては、必ずしも重要な指標にはなりません。データの数がたくさんあればあるほど、人間の内側にある心理や葛藤の本質に迫れるとは限らないからです。

実際にデータ（A）を眺めていても、1,960人もの人たちが、何を考え、何を思い、どんな悩みや欲望が背後にあって、この調査に回答したのかまでは、推測することはできても本当のところはよくわかりません。他方でデータ（B）は、脈絡のない独り言ではありますが、耳を澄ませば澄ますほど「別に、“1冊”を読み切らなくてもいいじゃないか」「自分らしい本の読み方ができればいい」といった心の声が聞こえてこないでしょうか？

ここからわかるのは、**データには単純な「量」だけでなく、「質」がある**ということです。サンプルサイズが大きければいいというわけではない一方、サンプルサイズが小さい場合には、それなりの「質」が求められます。データを浅く広く集めるのか、深く狭く集めるのか、と言い換えてもよいかもしれません。設定した問いの性質や、リサーチの目的によって、適切な質量のデータを集めることが求められます。

データの誤解（3）答えに直結するほうがよい

最後に、データは「答えに直結する」ものであるという考えも、疑っておかなくてはなりません。もちろん、データはリサーチの問いに答えを出すための手がかりですから、何かしらの形で、答えを出すことへの貢献は期待されます。

けれども、答えを出すことを意識しすぎると、不思議なことに、“良いデータ”は集められません。その理由を明らかにするためには、そもそも、「問いを深めるプロセス」がどのようなものか、理解しておく必要があります。

もし問いがクイズや学校の試験のような問題であれば、問いを深めるプロセスは、単純明快です。回答者は、問いに関連する知識を探索し、それを手がかりに答えを導き出します。

問い → 関連知識 → 答え

図 3-1　唯一の答えがある問いの思考プロセス

しかしイノベーションのためのリサーチの問いを探究するプロセスは、こう単純にはいきません。例えば、前述した「これから書籍というメディアのあり方はどのように変わるか？」というリサーチの問いを例に考えてみましょう。未来に書籍がどうなっているのかについては、確かめようがありませんから、自分なりの仮説を考えるしかありません。それでも、あれこれ考えを巡らせていくと、いくつかの思考の種が湧き上がってきます。

思考の種の例

- 「電子書籍が当たり前になってきているから、紙の書籍が衰退する可能性があるな」
- 「他方で、紙の書籍の良さも、一定の支持があるから、そう簡単にはなくならないだろう」
- 「ユーザーの趣味だけでなく、出版社の都合や、図書館の意義なども影響しそうだ」
- 「SNS や動画メディアなど、書籍以外のメディアの影響も考える必要がありそうだ」

以上のように、問いに呼応したいくつかの仮説的な「気づき」が生まれます。しかし「気づき」だけでは、まだまだ熟考したとは言えず、納得のいく答えにはたどり着けません。もう少し思考の解像度を上げていこうとすると、いくつかの疑問、すなわち「問い」が生まれます。

問いの例

- 「現状では、電子書籍と紙の書籍の利用率はどのような割合なのだろうか」
- 「書籍のカテゴリによって、その割合は異なるのだろうか」
- 「紙で読みたい本とは、どのような本なのだろうか」
- 「電子書籍化に、リアルの書店はどのように対応しているのだろうか」
- 「図書館学や大学教育の専門家たちは、どのような意見なのだろうか」
- 「人生における“読書”の意味合いはどのように変わってきたのか」

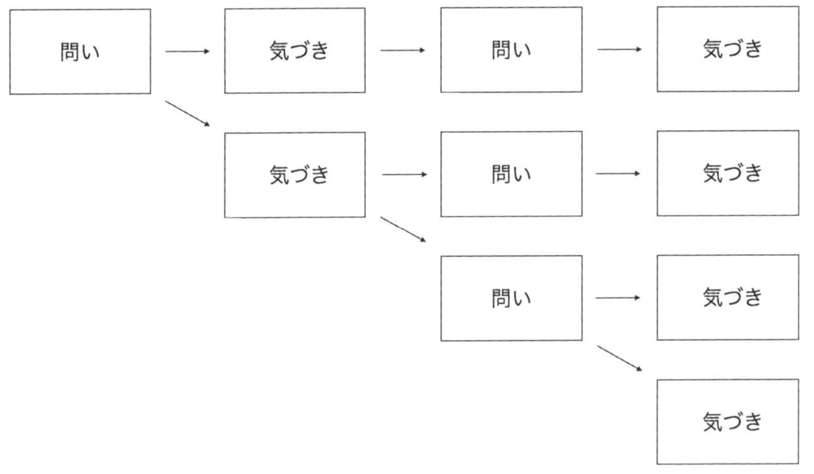

図3-2　リサーチの問いの思考プロセス

　このように、唯一の答えがない本質的な問いを探究しようとすると、答えには直結しない「気づき」を経由して、いくつかの小さな「問い」が生み出されます。そしてこれらの問いを深掘りしていくと、さらに新たな「気づき」が生まれ、さらにまた「問い」が生まれる。この繰り返しが、リサーチの問いを探究する思考のプロセスです。

　リサーチにおけるデータは、この思考プロセスを前進させるための触媒です。それは必ずしも、問いに対する明快な「答え」に直結するものである必要はないのです。

　思考プロセスを前進させるための触媒という観点でデータを捉えたとき、リサーチ・ドリブン・イノベーションの思考プロセスを前進させるためのデータには、大きく分けて「**わかるためのデータ**」と「**つくるためのデータ**」の2つの目的があります。

わかるためのデータ

　1つは、問いに対する理解を得るために活用するデータです。適切な仮説を立て、より正しく、深くその状況を捉えることで、生活者に対する共通の理解を形成することができるようになります。そうした理解につながるデータを「わかるためのデータ」と呼びます。

「わかるためのデータ」から得られるのは、**同じデータを見れば、ある程度誰から見ても妥当だと考えられるような気づき**です。生まれた気づきの根拠として示すことが可能で、その根拠があることで、気づきの確からしさを伝えることができます。またそうした理解をベースに新しい問いが生まれていきます。

もちろん、全く同じ解釈がされるわけではありませんが、チームメンバーがある程度共通の理解を持つことで、それを前提とした議論や対話が可能になります。そのため、その前提が間違っているということになってしまうと、根本から話がおかしくなってしまうため、データの確からしさは非常に重要になります。データそのものの正確性／信憑性が問われることになり、信頼のおけるデータリソースから提供されたものかどうかもより重要な観点になります。

わかるためのデータ
チームメンバーの間で共通の理解を形成するためのデータ。

わかるためのデータは、チームの共通の基盤を形成します。これはリサーチ・ドリブン・イノベーションにおいて高く跳ぶための足場となり、新たな問いや解釈を生み出すための前提となります。

つくるためのデータ

もう１つは、**新しい問いや仮説を導き出すことに活用するためのデータ**です。データを見ていると、なんでこうなっているのだろうという疑問がふと湧いたり、ここには何かがありそうだという仮説が浮かんできたりすることがあります。そうした気づきをもたらすデータを「つくるためのデータ」と呼びます。

「つくるためのデータ」は、そのデータを触媒として思考を進めた人たちに、多様な解釈を生み出します。**同じデータを読み解いていても、相反する気づきが生まれたり、違う疑問が立ち上がったり**してきます。そこから新たな問いや探究のプロセスを生み出すことが大切であり、必ずしもデータから直接結論を見出す必要はありません。

データ取得プロセスの信憑性／信頼性が重要になることは変わらないものの、サンプルサイズの小さいデータや、多様な解釈が可能なデータであっても活用することができます。またデータを読み解く際には正確性や妥当性を意識しすぎないようにし、一人ひとりの主観的な解釈を大切にすることも重要です。

つくるためのデータ
チームメンバーの間で多様な解釈を生み出すためのデータ。

それぞれのデータは、いずれも問いを起点に探究を深めていく上で欠かせません。一般的なマーケティング・リサーチでは、どうしても「わかるためのデータ」が重要視されがちですが、どちらかのデータだけでは、リサーチ・ドリブン・イノベーションのプロセスは成立しません。

「未知の未知」にアプローチする

イノベーションにおいては、今はまだわからないことにこそ可能性が潜んでいます。さらに言えば「わからないことさえわからないような領域」にこそ、イノベーションの種は潜んでいると言えます。この曖昧な領域を見つけられるかどうかが、より新たな方向を探索していく上で重要になってくるのです。

そのような領域を説明する言葉として知られているのが「**未知の未知**」という言葉です。アメリカの元国防長官であるドナルド・ラムズフェルドの発言[2)]がもとになった言葉で、図3-3のように、知っていることを知っている領域（既知の既知）、知らないことを知っている領域（既知の未知）、知らないことさえ知らない領域（未知の未知）というように整理することができます。

つまり、「つくるためのデータ」は、新たに思考を深めていく領域となる、今までわからないことさえわかっていなかったことを発見するためのデータ

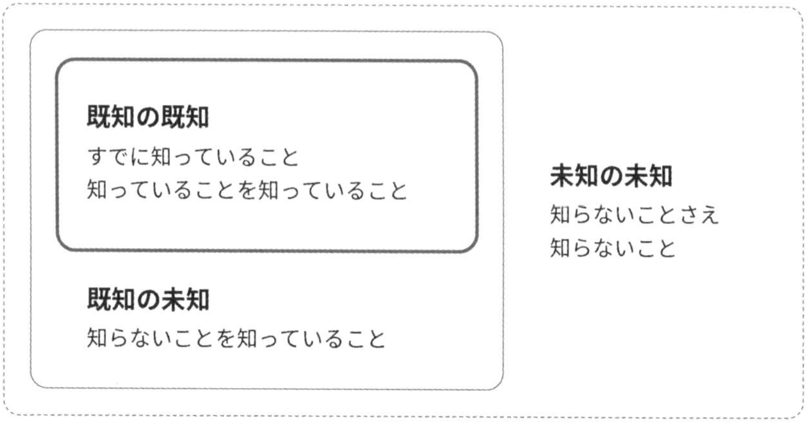

既知の既知
すでに知っていること
知っていることを知っていること

既知の未知
知らないことを知っていること

未知の未知
知らないことさえ
知らないこと

図 3-3　既知と未知の関係性

です。つまり**「未知の未知」にアプローチするためのデータ**であると言えます。

他方で「わかるためのデータ」とは、わからないと知っていたことをわかるために用いるデータです。つまり**「既知の未知」にアプローチするためのデータ**であると言えます。「既知の未知」にアプローチすることは、チームの中で思考を深めていく上での前提を構築するためにとても大切になります。しかしながら、それだけでは誰もが驚くようなイノベーションは生まれません。

これまでにない新しい方向性は「未知の未知」に潜んでいます。解釈の違いが生まれること自体に興味を持ち、新しい「わからないこと」との出合いを楽しむことが、イノベーションには欠かせません。

このように、2つの種類のデータをプロセスの状況に応じて使い分けていくことが、リサーチ・ドリブンなプロセスには必要不可欠なのです。

ちなみに、筆者はよくイノベーティブなアイデアかどうかを測るための視点として「**やられた感があるかどうか**」ということを考えるようにしています。イノベーションを実現したというようなアイデアは、決して誰もが思いつかなかったような全く新しいことだけではなく、なぜ気がつかなかったのだろうというようなアイデアも多く存在します。「やられた」と思わされるということは、自分たちはすでに知っていたことの証しでもあるのです。知っていることに気がつけていないような「未知の既知」にも、イノベーションの可能性は潜んでいます。

リサーチ・ドリブン・イノベーションにおける良いデータの要件

そのリサーチデータが良いデータかどうかは、どのような思考のプロセスを進めようとしているかによって変わってきます。ここでは、第１章で示した、ダブルダイヤモンドモデルのプロセスをベースに、それぞれのフェーズでどんなリサーチデータが求められることになるかを整理していきましょう。

良いデータの要件(1) 方向性の探索フェーズ（ダブルダイヤモンドの左側）

新しい方向性を広げていくためには、問いやデータをきっかけとして、つくり手の中に様々な解釈を立ち上げていくことが重要になります。新しい方向性を探索しているわけですから、「まだ正確にはわからないけれども、何かがそこにありそうだ」というような「未知の未知」への可能性やイメージを膨らませることが大切です。

より主観的な解釈が求められるため、解釈の違いはたびたび立ち上がりま

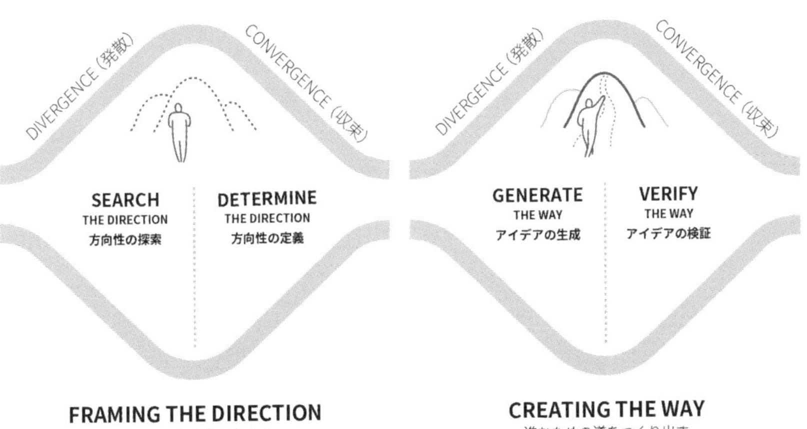

図3-4　本書で紹介する２つのフェーズ

す。そのためここでは、**その違いがなぜ生まれるのかに興味を持って対話を広げることが大切**になってきます。同じような理解を形成することに意識が行ってしまうと、容易に合意できるところばかりに解釈が偏ってしまいます。安易な合意は、より新しい方向性にはつながらないことが多いので注意が必要です。

一方でイメージをただ膨らませているだけでは、それぞれが勝手に妄想を広げるだけになってしまいます。**イメージを膨らませる立脚点を揃えておく**ことも必要でしょう。20代男性向けのサービスの方向性を模索しているときに、ある人は活動的に働く営業マンを、別の人はミニマリストなフリーランスをベースに考えていては、いくら多様な解釈が許されると言っても、その後の対話が成り立たなくなってしまいます。そのためデータを取得する際の対象に関しては合意しておく必要があります。

以上のことから、方向性の探索フェーズでは、共通の立脚点をもとにした、様々な見方が広がるような「つくるためのデータ」がより効果を発揮します。

> **新たな方向性を発散させていくためには……**
> **新しい「わからなさ」と出合うための「つくるためのデータ」が重要になる。**

良いデータの要件(2)方向性の定義フェーズ(ダブルダイヤモンドの右側)

このフェーズでは、チームや組織として進む方向性をまとめていくことが必要になります。もう少し踏み込んだ言い方をすれば、**自分たちが進みたいと思える、共通の方向を定められるかどうかが大切**です。

第1章でも言及したように、新しい方向に歩みを進めようとすればするほど、そこには「不安」が伴います。また大きな組織になればなるほど、その不安を少しでも解消しながら、多くの人を巻き込んでいくことが必要になります。しかしながら、どの方向が「正しいか」に目が行きすぎてしまうと、結果としてイノベーションを導くことは難しくなってしまいます。

薄暗い中にも前向きな兆しの光が感じられ、自分たちがそこに向けて歩みを進めたくなるような、期待と不安が織り交じりつつも探究心に溢れる、そんな状態を組織の中に広げていけるかどうかが大切になります。確からしさに縛られすぎないようにしながらも、歩みを進める自信を与えてくれるような「わかるためのデータ」が必要になってきます。

進むべき方向性を定めていくためには……
一歩踏み出す自信を与えてくれるような「わかるためのデータ」が重要になる。

1) 文化庁「平成30年度『国語に関する世論調査』の結果の概要」 https://www.bunka.go.jp/tokei_hakusho_shuppan/tokeichosa/kokugo_yoronchosa/pdf/r1393038_02.pdf（最終アクセス日 2020/11/30）

2) ラムズフェルドの発言：イラク政府がテロリスト集団に大量破壊兵器を提供している証拠がないことを記者会見でとがめられた際に，当時国務長官だったラムズフェルドが発した言葉．当時は言い訳だと批判的に受け止められたが，その後物事の本質を表現しているとする擁護的な意見も広がった．https://ja.wikipedia.org/wiki/知られていると知られていることがある（最終アクセス日 2020/11/30）

3.2. データの種類と活かし方

ここからは、実際に扱うデータ形式の種類について見ていきましょう。改めてデータの辞書的な意味を見てみると、「物事の推論の基礎となる事実」[1)]とされています。前節で整理してきた「わかるためのデータ」にせよ、「つくるためのデータ」にせよ、全ては推論の基礎になる事実として適しているか、ということが重要なポイントになるのです。さらに言えば、どんな推論を重ねるかによって、用いるべきデータも変わってきます。

推論につながるものであれば、どんな事実でもデータとして扱うことができます。前節でも言及したように、たとえ主観的なデータであっても、事実それを主観的に捉えた人が存在するのであれば、そこから推論は可能です。ここでは、その中から代表的なデータを比較する形で取り上げて紹介していきたいと思います。

定量データと定性データ

最もわかりやすく、最も多く紹介されるデータの区別が、**定量データと定性データ**でしょう。ほとんどの人がその違いに触れたことがあると思いますが、改めてその違いについて見ておきたいと思います。

定量データ

定量データは、数値化することが可能なデータで、比較や様々な処理がしやすく、その計測の仕方によって、客観性の高いデータとして示すことも可能です。毎日の生活にはありとあらゆる定量データが溢れています。1日の中で定量データに触れなかったという日はまずないでしょう。改めて日常の中に潜んでいる定量データを洗い出してみることも新しい発見につながるかもしれません。

定量データは、具体的に数値として表れていることから、共通の解釈を形成しやすい傾向にあります。そのため、**わかるためのデータとして用いられることが多い**データです。ある程度仮説を立てて行うような選択式のアンケートデータや、売れ筋の傾向を掴むための購買データなどは、共通の解釈が生まれやすいデータの一例です。

一方で、データの種類や読み解き方次第では、つくるためのデータとしても用いられます。その多くは、1つの定量データから何かを読み解こうとするのではなく、複数の定量データに着目し、その関係性を探ろうとするものです。例えば、コンビニではレジ袋が有料化されたため、レジ袋を必要としているか否かがデータとして取得できるようになりましたが、購買した商品の種類や点数のデータ、あるいはどんな年齢性別の人が購入したかを比較して解釈すると、その後そのお店からどこに向かおうとしているのかの仮説を読み解くことが可能になるかもしれません。

定性データ

定性データは、言語的／非言語的を問わず、主観的な回答や行動、あるいは状況を観察する中で得られる、直接数値化して計測することが難しいデータのことを指しています。テキストデータや画像、あるいは動画や音声など、ある状況をそのまま解釈可能な形に処理して表現されることが特徴です。

定性データは、量を扱うことが難しく、一つひとつのデータと向き合って考える必要が出てきます。もちろんテキストマイニングのような、ある程度大量の定性データを扱う手法もありますが、その結果描き出される結果も、すぐに何かが読み解けるようなものではありません。**データの読み手がどのように解釈するかが非常に重要になり、多様な解釈が生まれやすいことから、つくるためのデータとしてよく用いられます。**またその読み解き方によって、事実の背後に潜む事実に迫る推論を導くことができるようになります。

わかるためのデータとして扱うことも可能ですが、定性的な回答は、設問によって回答の方向を誘導してしまうリスクがあることには注意する必要があります。何を確かめたいかを定め、制約をかけることも重要ですが、事実をねじ曲げないよう、調査の設計には気をつかう必要があります。

全てのデータは、定量データや定性データ、あるいはそれらがミックスされて表現されたデータに分類されます。大切になるのは、それぞれの推論の目的に合わせて、適切な事実としてのデータを用意することです。

ただ、ここで全てのデータを紹介することは現実的ではありません。ここからはより具体的なデータについて、筆者らが着目することが多いデータを比較しながら紹介していきたいと思います。

	わかるためのデータ	つくるためのデータ
定量データ（メリット）	大量のデータを活かし、ある程度客観的な情報として共通の解釈を導き出すことが可能。仮説があることが重要。	複数のデータ同士の関係性を読み解き、その間に多様な解釈を生み出すことが可能。複雑かつ大量のデータでも扱いやすい。
定量データ（デメリット）	安易な合意を形成しやすく、データの示すことが正しいことであるように、過信してしまうことも多い。	数値という形で切り取られたデータから解釈を広げる必要があることから、洞察力や仮説生成力が求められる。
定性データ（メリット）	適切な仮説設計を行えば、より深い共通理解の形成を導くことができる。	多様な解釈を導きやすく、読み解き方によっては深い推論を行うことが可能になる。
定性データ（デメリット）	設問によって事実をねじ曲げるような回答を導いてしまうことがある。	データの読み手の力量によって、解釈の質に大きな差が生まれやすい。

図 3-5　定量データ／定性データのメリットとデメリット

生活者データとユーザーデータの違い

まず挙げるのは、BtoC の商品開発やサービス開発で着目することが多い、消費者やサービスの利用者に関するデータです。中でも**「生活者データ」と「ユーザーデータ」との違い**について紹介していきたいと思います。わかりやすくお伝えするために、あなたは化粧品の商品企画を担当していると想定して考えていきましょう。

「生活者データ」とは、**対象となる生活者の全体像を捉えたデータ**を指します。単に化粧品や美に関する意識調査というものではなく、その背後にある生活者の価値観までを含めて考えることが重要です。例えば 20 代後半の女性化粧品の企画を考えているとしましょう。このとき、ざっくりと 20 代後半の女性が何を求めているかを探ろうとするとあまりうまくいきません。傾向を掴むための意識調査をしたいのであればそれでもよいのですが、生活者の価値観の本質を探ろうとするのであれば、もっと具体的にどんな生活者を探ろうとするのか、絞り込んでいかなくてはなりません。

その上で、結婚はいつ頃したいと考えているのか、どんなキャリアを描いていこうとしているのか、どんな家に引っ越したいと考えていて、食生活にどんな悩みを抱えているのか。化粧や美に直接関係することだけでなく、生活者を取り巻く状況全体の中で、そこに潜む価値観を探ろうとすることが重要になります。

一方で「ユーザーデータ」は、**対象となる商品やサービスを利用している人から抽出できる、対象商品・サービスとの接点を捉えたデータ**です。例えばどれくらいの頻度でどのように化粧品を購入しているのか、他にどんなブランドと併用しているのか、いつどんなときに使っていて、どんなところに保管して使っているのかなど、深掘りしていけばここも様々なデータを集めることができるでしょう。

ユーザーデータは、様々なサービスデザインの領域で活用されることが多く、スマートフォンやIoT機器の広がりによって、様々なところでデータが取得されるようになってきています。特にUX（User Experience）の設計や改善には、こうしたデータは欠かせないものになってきています。商品やサービスに関連する「体験」の状況をデザインしていくためには、その商品やサービスとのタッチポイント（接点）を幅広く掴み、どのように体験が形成されるか（あるいはどこに問題があるか）を探ることが重要になります。

2つの違いを端的にまとめると、図3-6のような形になります。生活者データは、生活者を中心に同心円状に広がる様々な状況や、そこに存在する価値観を表すデータであり、その中のベクトルの一部として、商品やサービスとのタッチポイントが広がっています。生活者データは、**その生活者の価値観を掴んだ上で、どのような方向性の関係を築くのかを探るために用いられるものであり、生活者にとってその商品やサービスはどのような意味を持ち得るのかを探るときに有効**なものです。一方でユーザーデータは、生活者と商品・サービスとの間に存在するタッチポイントから、具体的な体験をデザインするために用いられるデータであると整理でき、**具体的にどのように意味を実現していくのかを考えるときに、力を発揮する**データであると見ることができるでしょう。

よりイノベーティブな商品やサービスをデザインしようとするのであれば、生活者との間に、これまでになかった新たな方向性をデザインすることが重要になります。それはつまり、対象とする領域のデータばかりを見ていてはいけないということになります。どのような生活者を中心に据えて考えるのか、その生活者はどのような状況の中で存在しているのかを探ることが、

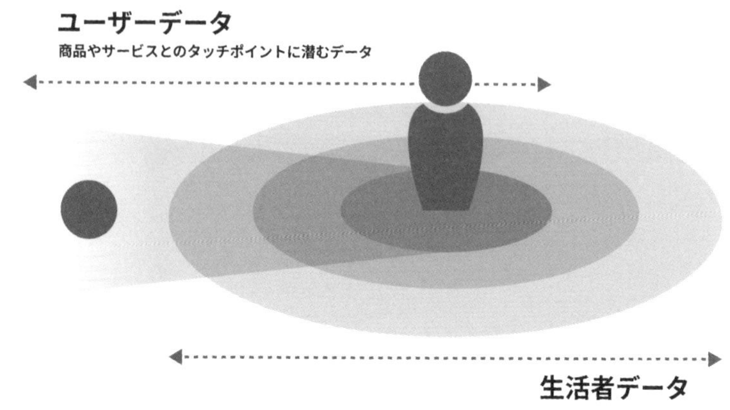

図 3-6　生活者データとユーザーデータの違い

新たなイノベーションの実現には欠かせないでしょう。

生活者データ
生活者と商品やサービスの新たな関係性を探るために用いる。
ユーザーデータ
生活者と商品やサービスの関係性を深めるために用いる。

トレンドデータと有識者データ

次に、**「トレンドデータ」と「有識者データ」**を比較しながら紐解いていきましょう。

流行や傾向を表す「トレンド」という言葉からもわかるように、「トレンドデータ」は**ある時点（時期）における、何かしらの傾向を示したデータ**になります。マーケティングの世界では毎年、あるいは毎月といったような頻度で、「今のトレンドは～」といったような記事が出されていますが、これもトレンドデータの一種です。あるいは「昨年度比で 10％増加傾向が見られた」といったものも、トレンドデータとして見ることができます。

トレンドデータを活用する際に注意するべきなのは、「**点で掴もうとして**

はいけない」ということです。時間軸で見た変化の中に、**どのような推移があるか、「線」として見ることが重要**です。その時点での流行りを見て「今年はこれが流行るのか」と結論づけていては、単にデータに踊らされているだけになってしまいます。移り変わりの傾向を捉えながら、生活者がどのように意味解釈を行っているかの推移を探ることが重要になります。

もう1つの「有識者データ」は、その名の通り、**現在探りを入れようとしている領域に対して、専門的な知見や見識を持った人から得られるデータ**を意味しています。ほとんどの場合、客観的なデータに有識者の見解が含まれたデータとして、質的に提供されることが多く、インタビューやその有識者本人の発信から得られるものを指しています。

有識者データは、その専門性ゆえ、ある程度確からしい情報が提供されると認識されることが一般的です。しかしながら、それをそのまま受け入れ、「あの先生はこう言っているのだから正しい」としてしまうのはあまりよくありません。有識者の意見はあくまで有識者の目線から見た世界を表しているのであり、正解を示しているわけではありません。それぞれの有識者で違った見解が示されることもあります。**様々な有識者から見た状況を俯瞰的に捉え、「面」としてその状況を理解しようとすることが大切**になります。そのため、違った見方を持った複数の有識者から意見をもらうことが重要です。

2つの違いを図で比較すると、図3-7のようになります。ここでは主に生活者の見ている世界や価値観を捉えようとしていることを前提に、生活者を中心に据えて整理を行っています。まず、トレンドデータは時間軸の推移に伴う変化として捉えるのが重要であることから、「線」として捉えて比較しながら読み解くことが大切です。比較することで、生活者がどのように解釈を行ってきたのか、今後考えられる変化は何か、あるいはもたらしたい変化は何かを考えることが重要になってきます。

一方で有識者データは、その生活者を様々な角度から捉えた「面」として見ることが重要になります。様々な意見があると、どの意見が正しいのかと悩んでしまうかもしれませんが、あくまである角度からの意見として捉え、それらの面を眺めながら、自分たちなりの理解を形成することが大切になります。

トレンドデータと有識者データについては、そのデータから直接答えを引

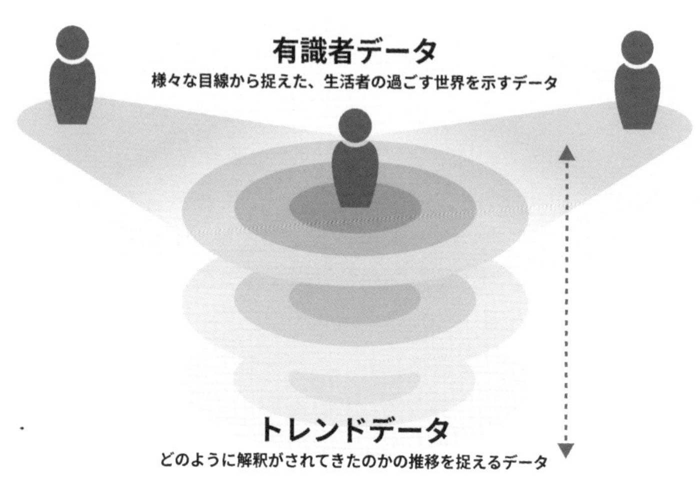

図 3-7　トレンドデータと有識者データの違い

き出そうとしてしまいがちです。もちろんそこから見えてくるものもありますが、同じようにデータを取得すれば、同じように答えが得られるものをそのまま信じてしまっていては、他の商品やサービスと差別化したり、生活者にとって深い意味を持ったものを実現したりすることは難しいでしょう。大切なのはデータを点ではなく、「線」や「面」として捉えようとすることです。それらをどのように読み解くかにこそ、オリジナリティは生まれてきます。またこのような図で捉えてみると、トレンドデータと有識者データを掛け合わせて扱うことも 1 つの可能性として見えてきます。

トレンドデータや有識者データは……
「線」や「面」的に捉え、解釈を深めようとすることが重要。

歴史データの活用

リサーチに活用できるデータは、未来に向けたデータばかりではありません。「歴史」に関するデータも、使い方によっては有効です。

歴史と言っても、日本史や世界史の教科書を参照しようと言っているわけではありません。リサーチの主眼となる事業の関連領域における、**これまでの出来事、市場の変遷、関連する生活者の価値観の変化など**、「どのようなプロセスを経て、現在に至ったのか」を探ることは、「これからどのような変化の可能性があるか」を想像するヒントになります。

例えば、あなたが「洗剤」の開発担当者で、「洗濯をする」という行為についてイノベーションを起こしたいのであれば、「洗濯の歴史」について調べてみるのです。

現代のような洗剤や洗濯機がなかった時代においては、多くの人々が川の水を使って衣類の汚れをこすり落としていました。ご想像の通り、川の冷たい水だけでは、衣類についている汚れは完全には落ちません。ですから、洗剤や洗濯における最初のイノベーションのミッションは、「きちんと汚れを落とすこと」だったのです。

洗濯の歴史を丁寧に追いかけていくと、時代によって衣類そのものの性質、衣類に付着する汚れ、生活者のライフスタイルなどが変化していく過程で、「洗うこと」の意味が少しずつ変わってきたことが見えてきます。現代では「衣類の汚れを落とす」ことは大前提で、それに加えて「手間がかからない」「衣類が傷まない」「着ていて心地良い」など、かつては求められていなかった、新たな意味が「洗濯」に生まれていることがわかります。

入浴などもそうでしょう。温泉やスパ施設にお金を払って足を運ぶ理由には、「体の汚れを落とすため」ではなく、リラクゼーションや娯楽など、別の意味合いが含まれています。未来の私たちが「何のために洗うのか？」「洗剤によって、何を洗い落としているのか？」を考える上で、歴史における人間と社会の変化を追いかけることは、大きなヒントになるのです。

歴史データは……

これまでの思考プロセスの結果を探ることで、新たな探究のヒントをもたらしてくれる。

Column »

自社の歴史も“データ”として活用する —シチズン創業100周年

事業領域の歴史だけでなく、自社の歩んできた歴史もまた、有効なデータになり得ます。あなたが自分自身のキャリアの展望やビジョンを考えようとしたら、「自分はこれから何がしたいか」を考えると同時に、「自分はこれまで何をしてきたのか」を自然と考えるはずです。企業の未来の方向性のヒントは、企業のこれまでの歩みの中にあるのです。

企業の歴史データを活用したリサーチ・ドリブン・イノベーションの事例として、2017年に担当したシチズン時計株式会社（以下、シチズン）のブランディングプロジェクトをご紹介します。

2018年、シチズンは創業100周年を迎えるにあたって、「次の100年に残したいブランドのアイデンティティとは何か？」という問いを掲げていました。

創業以来、革新的なテクノロジーと熟練の技能により数多の製品を世に送り出し続けてきたシチズンですが、多様なモデルをデザインする中で、ユーザー目線やトレンドを意識しすぎるあまり、デザイナーが抱える“シチズンらしさ”の輪郭がぼやけてきていることに課題を感じていました。

つくり手の一人ひとりが、同業他社とは異なる“シチズンらしさ”を感覚的に理解しつつも、具体的にそれらが何であるかを言語化するには至らない中で、創業100周年の節目を迎えようとしている。このままでは、「次の100年」に向けて、長期的な視座を持ってブランドを育てていくことができない。そのような危機感がありました。

問いの手がかりのデータとして、市場のトレンドや、ファッションの有識者の声、時計を活用する生活者のデータなども、有効だったかもしれません。けれどもこのプロジェクトではそうした「外」にあるデータには目を向けず、まず自社の100年間の歴史に目を向けたのです。

具体的には、デザイナー全員で、過去100年間に生み出された約6,000点にも及ぶ腕時計のモデルをレビューし、一人ひとりが自分にとって“シチズンらしい”と感じる時計を、3つ選んでもらいました。そうしてデザイナー全員が参加するワークショップを開催し、自分が選んだモデルを実際に持ち寄って、「なぜその時計を選んだのか」をつくり手の目線から語り合い、未来に向けて大切にしたいイメージをすり合わせていきました。

膨大な情報が飛び交うワークショップの対話のファシリテートはなかなか骨の折れる仕事でしたが、次第にデザイナーたちに共通する“シチズンらしさ”が立ち現れ、「次の100年に残したいブランド」の輪郭が見えてきました。

ワークショップの終了後、より幅広く意見を収集するため、全社的なアンケート調査を実施しました。一定期間の社内サーベイを通じて得られた膨大な記入データを、ワークショップ内での意見と統合し、テキストマイニングによる共起ネットワークなどの方法で解析。それぞれの発言や記述の共起関係の濃淡を図示しました。

テキストマイニングによる解析結果をもとに、「洗練された技術」など、“シチズンらしさ”の基準となる12のカテゴリを定めました。その後もプロジェクトメンバーによる対話を重ね、新たに規定されたカテゴリを基準に、創業から現在まで発表された6,000点にも及ぶ過去モデルを代表する「100のモデル」を選定しました。

選定した12のカテゴリと100のモデルは、2018年12月に開催された「CITIZEN “We Celebrate Time” 100周年展」内で展示されたほか、その後制作された図録「CITIZEN DESIGN SOURCE 100」に収録されています。同図録はシチズン社内のクリエーションに関わる全ての人が、これまで伝統的に大事にされてきたデザイン・ソース（秘伝のタレのようなもの）を学び、活用していくことを目的に編纂され、カテゴリ別に並べられた100のモデルの一つひとつを社内のデザイナーが手書きでスケッチし、内包されている“シチズンらしさ”を詳細に解説する内容となっています。

1） デジタル大辞泉，小学館

3.3. データの収集方法とそれぞれのポイント

ここからは、実際にどのようにデータを集めるのかについて見ていきましょう。データの種類が多種多様に存在するということは、データの集め方もまた多様に存在します。その分類について見ていきながら、調査ごとに代表的なソリューションの紹介もしていきたいと思います。

デスクリサーチ

デスクリサーチは、誰しもが一度は行ったことがある方法でしょう。しかしながら単に書籍やインターネットにある情報を持ってくることではありません。調査は推論のプロセス、調べたものを読み解くことが大切であり、そのまま検索した内容をもって結論を記述しているだけでは調査とは呼べません。様々な情報を集め、その情報を俯瞰して捉えることで、様々な解釈を重ねていくことが重要です。

また、データリソースにも気をつかう必要があります。誤ったリソースの情報を用いることは、用いた側にも責任が伴うことを忘れてはなりません。比較的取り組みやすい方法であることから、調査の設計にはより注意を払う必要があるでしょう。

効果的なデスクリサーチの設計には、**調査の目的に合わせた「トピック」の設定が重要**になります。トピックは、議論に関係した事柄や話題を発見すべき場所（論点、観点）[1]を意味するギリシャ語の「トポス」を語源に持つ言葉です。例えば、検索するときにキーワードを入力すると思いますが、あれはまさに調査する場所、つまりトピックを定めている行為なのです。

検索のトピックの定め方で重要なのは、自分が知らない／気がついていない場所を調べることはできない、ということです。いかに自分が知らないということさえ知らないところに踏み込めるかどうかは、調査の質を大きく左右します。そのため、**ただキーワードを設定するのではなく、自分自身が意識できていないような目的に通じるキーワードはないかを考えることが大切**になります。

第2章のコラムでも紹介したSHIBUYA QWSの「QWS Cultivation Program」の１つ、「問いとリサーチ」というプログラムでは、似たような目的を持った複数の人で調査にまつわるキーワードを挙げながら、その言葉と言葉の間に潜む新たな言葉を探るという方法をとっています。普段違ったまなざしを持つ人によって新たなトピックにたどり着くというアプローチは、よりコラボレーティブに調査の価値を高めることを可能にします。

デスクリサーチのポイント

- **調査の前に、より良いトピックを探ることが重要。自分自身がまだ気がついていない、目的に即したトピックにたどり着くことが、調査の質を大きく左右する。**
- **調査によって得られたデータから直接解を出そうとするのではなく、得られたデータを俯瞰して捉えることで、様々な解釈が可能な状態をつくることが大切。**

インタビュー調査

インタビュー調査は定性調査の代表的手法の 1 つで、**グループ形式や 1 対 1 形式、オンラインでのリモート形式など**、いくつかの形式があります。

インタビュー調査においても、まずどのような目的でデータを集めようとするのかを設計することが重要になります。またインタビューは用意された質問をただ投げかけて回答を得るような形ではなく、より臨機応変に質問や投げかけを変化させていく必要があります。そのためインタビュアーやグループインタビューのモデレーターには、傾聴の姿勢と問いのデザイン力が求められることになります。

グループ形式のインタビューでは、インタビュアーが回答者 1 人ずつに話を聞いていくような形にならないように注意を払う必要があります。回答者間同士が意見をやりとりする中で、回答者の中に気づきや発見が広がるように心がけると、グループで行うことの意味が増します。**誰かの回答に対して、別の人が刺激を受けて新しい考えを語り始めるような場や問いを、いかにデザインするかが大切**です。

1 対 1 形式では、**回答者自身がすぐには思いつかなかったり、言葉にできていなかったりするような深い部分の認識にまで迫っていくプロセスを形作れるかが重要**になります。だからと言って、答えにくいような深く考えさせる問いをいきなり投げかけたりしてはいけません。回答者の状態に合わせて、だんだんと潜るように深い問いを投げかけていく「足場かけ」が考慮された設計を行う必要があります。

リモート形式では、グループ形式や1対1形式と比べて、**回答者自身が慣れた環境で参加でき、リアリティのある回答が引き出しやすいことが1つの特徴**として挙げられます（これは後述のエスノグラフィ調査にも通じます）。また、なかなか直接赴くのが難しい人にもアプローチできることも、注目すべきポイントです。北海道と東京、大阪と福岡の人をつないでみると、よりそれぞれの特徴を際立たせて読み解くことが可能になるでしょう。

インタビュー調査をさらに効果的なものにするためには、その調査をまとめた報告資料だけを確認するのではなく、**実際に回答しているときに、どんな表情やどんな声色をしているのか、といったことにも意識を向ける**ことがポイントになってきます。その定性的なデータを活かすことで、より深い共通理解や多様な解釈を形成することができるようになります。

インタビュー調査のポイント

- グループ形式のときは参加者間のインタラクションにも目を向ける。
- いきなり深い質問を投げかけない。だんだんと深掘りしていく足場かけを行うことが重要。
- リモート形式では、参加者の置かれた状況をうまく活用する。
- 発話内容だけではなく、声色や表情といったデータにも目を向ける。

アンケート調査

アンケート調査は、質問を策定し、対象となる回答者にそれぞれ回答してもらう、質問紙法とも呼ばれる調査方法です。定量的なデータとしても定性的なデータとしても、調査の設計次第でいかようにもデータを取得できます。また実施のハードルが比較的低く、インターネットを介した大規模な調査も可能になります。

量的な回答方法としては、**「はい」と「いいえ」、「賛成」と「反対」、「好き」と「嫌い」で回答させるような二件法や、「全くあてはまらない」から「非常にあてはまる」など複数段階に応じた選択肢の中から回答させるリッカート尺度、バラバラな複数の選択肢から回答させる多肢選択法など**があります。

質的な回答方法としては、**キーワードや文章等での記述による方法や、近年では画像等のアップロードといった方法**も見られるようになってきました。主に、回答者が抱く印象や感情・認識といった観点について、設問をベースにして回答を促します。

質問紙法での注意点としては、回答者が回答時に抱えてしまう**先入観や思い込みといった「バイアス」に注意を払う必要**があります。バイアスを考慮しない設計は、前節でも述べたように、事実を歪めるような回答を促すことにもつながってしまいます。

回答に関するバイアスの例

(1) 黙認のバイアス
様々な要因によって、違和感を持っていても肯定的に回答してしまう傾向のこと。回答者にストレスがかかるような状況などで生じやすい。設問数を絞ったり、リラックスして回答できる状況をつくったりするなどの工夫が必要になる。

(2) 社会的望ましさのバイアス
社会的に見て好ましいとされる方向に回答が偏ってしまう傾向のこと。回答者の置かれた状況や社会的なコンテクストに配慮し、回答項目を設定することが必要になる(回答者が抱える葛藤を引き出すような設問の設定も重要になる)。

(3) キャリーオーバー効果
前に答えた設問の影響を受け、後ろの設問の回答が偏ること。大規模な調査では、順序性が特に問われないような内容の設問については、その順序をランダムに設定することで、その影響を極力抑えるように工夫することが多い。

(4) 中心化傾向
リッカート尺度などで特に見られるもので、中央に設定された選択肢に回答が偏る傾向。5段階評価だと、よほど強い考えがない限り、両端の回答は選択されないことが多いため、7段階にしたり、6段階にして中央値をなくしたりするようなアプローチをとることが多い。

アンケート調査の応用として、量的な回答と質的な回答を組み合わせた「**ミックス法**」と呼ばれるアプローチも存在します。ミックス法の代表的な調査として挙げられるのが、「**PAC(Personal Attitude Construct:個人別態度構造)分析**」と呼ばれる方法です。キーワードや文章を自由連想で回答させる点で定性調査の特徴を持っている一方で、回答に基づいてクラスター分析(データのまとまりを分析する方法)を実施する点で定量調査の特徴も包含していることから、「ミックス法」と呼ばれています。

インテージ社の「デ・サインリサーチ」というソリューション[2)]で活用されている、マインドディスカバリーマップ(生活者意識マップ)を生成するためのPAC分析を応用したアプローチは、第1章で出てきたトイレのプロジェクトでも活用されたミックス法による調査方法です。数百人規模のサンプルを対象に、創発を促す問いを設け、連想されるキーワードを 12 個回答し（質的なデータ）、回答したキーワード同士の意味的な距離を「近い」～「遠い」の 7 段階で評価してもらう（量的なデータ）ことで、テーマや設問に対して生活者が抱く価値観の様相の把握に役立てることができます。

> **アンケート調査のポイント**
>
> - **量的調査では、二件法やリッカート尺度、多肢選択法など、適切な回答方式を選択する。**
> - **質的調査では、回答者の認識や感情等を引き出すことを心がけ、設問を用意する。**
> - **回答者が抱えるバイアスの影響を十分考慮して設計を行う。**
> - **量的／質的な回答を組み合わせ、データを導き出すアプローチも効果的。**

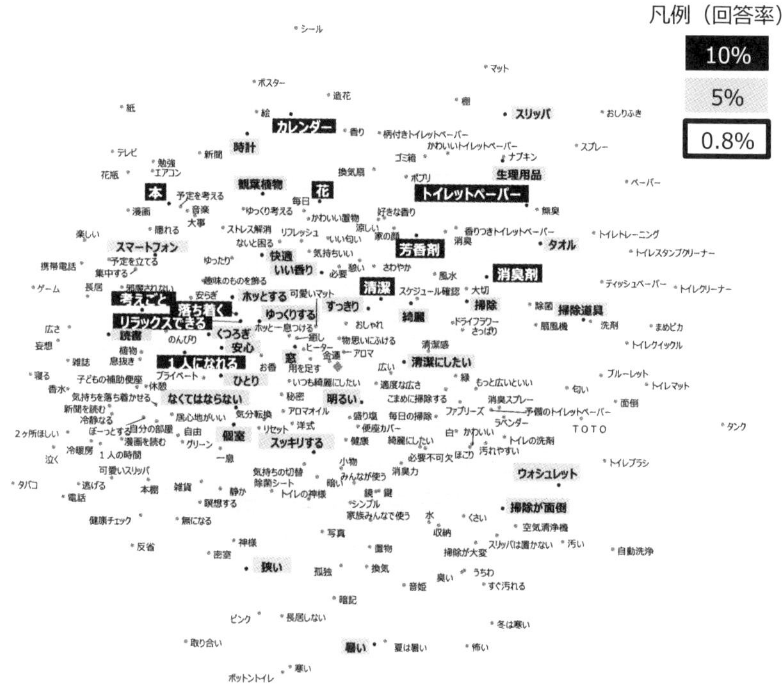

図 3-8　第 1 章でも紹介したトイレのプロジェクトに関するマインドディスカバリーマップ

エスノグラフィ調査

エスノグラフィ（Ethnography）とは、第1章でも触れた通り、民俗学や文化人類学で行われる観察調査のアプローチです。**調査の対象となる状況に対して、間接的にインタビュー調査などで理解を深めようとするのではなく、直接その状況に触れ、自らの目で見たことや感じたことを記録する**ことに大きな特徴があります。

エスノグラフィ調査がより注目を集めるようになったのは、生活者がまだ自分では気づけていない、あるいは言語化できていないような、「潜在的な欲求（インサイト）」がより重視されていることや、「厄介な問題」は間接的に捉えることが難しく、直接その中に入ってどのような関係性の中で問題が起きているのかを捉える必要が増していることが背景として挙げられます。

そうしたことから、エスノグラフィ調査は、**結論を見出すことよりも、仮説を得ることに重点**が置かれています。生活者の日常に没入していくことで、これまで持てていなかった見方を獲得することが重要です。そのため、エスノグラフィ調査を行う際は、そこにある「ありのままの姿」をまずそのまま受け入れることが大切になります。

「ありのままの姿」に着目するためには、**そこにある情報や、そこに没入する中で生まれてきた自分の感情と、観察者としての解釈を分けて捉える**必要があります。なぜなら人間はより理解しやすいものや見たいと考えているものに目を向け解釈してしまう傾向があるからです。

その傾向を示す事例として挙げられるのが、クリストファー・チャブリスとダニエル・シモンズによる有名な実験[3)]です。白いシャツと黒いシャツを着た2つのチームがそれぞれのボールをパスしている様子が動画で流されます。被験者には白いチームが何回パスしたかを数えるように指示が与えられます。そして実際に回数を数えてみると……この結果を知らない方は、ぜひ被験者と同じように実験の動画[4)]を見て確かめてみてください。

すぐに解釈を得ようとするのではなく、徹底的にその状況の「ありのままの姿」に浸ることで、これまで獲得できていなかった見方を得ることが可能になります。そうした見方を獲得してこそ、初めてユーザーや顧客、生活者が置かれた状況を深く理解し、彼ら自身さえも気がついていない「潜在的な欲求（インサイト）」を探り当てることができるのです。

エスノグラフィ調査のポイント

- 結論ではなく、仮説を導き出す調査であることを意識する。
- 第三者的な目線で解釈するのではなく、状況に没入し主観的な目線で「ありのままの姿」を捉えようとする。
- 調査の対象となる当事者の見方を獲得することで、「潜在的な欲求」を探り当てることができるようになる。

パネル調査

パネル調査とは、**ある枠組みの中で同じ項目のデータを継続的に収集する調査**です。いくつかの種類がありますが、**同じ人がいつどこでどんな商品を購入したかを記録し続ける消費者パネル調査や、同じ店でいつどんな商品がどれくらい売れたのかを記録し続ける小売店パネル調査**がその代表例です。

購買データ以外にも、メディアの視聴データや、行動記録データなど、様々なパネル調査が存在しますが、継続的にデータを収集することが重要になります。それによってデータの中に潜むパターンや、変化の傾向や兆候を掴むことができるようになるからです。

比較的大規模なサンプルサイズで調査が行われることが多く、より大きなサンプルサイズはより安定感のある傾向を示していると考えることができます。またいくつかの属性別のサンプルをそれぞれ一定量確保することで、属性間の傾向差を比較することができるようになります。

パネル調査は、他のデータと組み合わせて活用することも少なくありません。例えば購買者の購入履歴のパネルデータと、メディアとの接触データを組み合わせることで、広告の効果を測定したりすることができます。他にもインテージ社と日本気象協会が提供する需要予測情報[5)]は、長期間かつ大規模な小売店パネル調査と、気象データとを組み合わせることで、どんな天候のときにどんな商品が売れやすいかを予測することを可能にします。こうして目的に応じて様々なデータと組み合わせることで、その価値はさらに増します。

サンプルサイズの小さなパネル調査も意味がないわけではありません。ある１人の生活者のレシートによる購買データの推移を見るだけでも、そこに特徴的な行動を見出すことで、生活者の中に潜む矛盾や葛藤をイメージすることが可能になります（第６章でその具体的な事例を紹介します）。

パネル調査のポイント

- より確からしい解釈を得るために、大規模なサンプルサイズの確保、極力偏りのない抽出を目指して設計する。
- 小さなサンプルサイズのデータからも、よりリアルで多様な解釈を得ることができる。
- 複数の調査と組み合わせて活用することで、様々な目的への対応や、多面的な調査を実現することが可能になる。

方向性を定めていく上で、有効な調査とは？

さて、ここまでいくつかの代表的なデータや調査方法について紹介してきました。自分たちが進むべき、あるいは進みたくなるような方向性を探索し、定めていく上では、各フェーズでどのような調査方法を活用するべきなのでしょうか。これまで挙げた調査を例に紹介していきたいと思います。

方向性の探索フェーズ

進むべき方向性のイメージを膨らませていくフェーズでは、多様な解釈が可能な「つくるためのデータ」を集めることが大切です。これまで紹介してきたデータの例の中で効果的な調査方法は、大きく４つ挙げられます。

(1) エスノグラフィ調査

- まず実際に足を運んでみる、状況に浸ってみることは全ての基本。
- そこで生まれたつながりや、獲得された新しい見方は、直接仮説を生み出す材料になる。

(2) デスクリサーチ

- トピックを広げ、調べ方、調べた情報のまとめ方に気をつければ、様々なデータを効果的に活用することができる。
- 3.2. で紹介した「歴史データ」を組み合わせると、トピックの糸口を広げることができる。

(3) パネル調査

- 特にちょっと変わった傾向を持つサンプルサイズの小さなデータを対象にすると、エスノグラフィ調査のようにイメージを膨らませつつ、自分たちにはなかった様々な見方を獲得することができる可能性がある。

(4) アンケート調査

- 「ミックス法」のアプローチを用いることで、確度の高い「わからなさ」と出合える。
- 第２章で紹介した問いの立て方を活用しながら、質的な回答を得ることで、より良い探究の起点が導き出せる。

他にもいくつかの調査方法があるでしょうが、いずれにも共通しているのは、調査結果から直接何が見えてくるかを、最初から判断しないようにすることです。そこに多少の曖昧さを許容することができれば、多様な読み解きが行えるデータが集まってくるでしょう。**基本のスタンスとして、新しい「わからなさ」と出合うために、調査を進めているという前提に立っておくこと**が重要です。

方向性の探索フェーズにおけるデータの目的
曖昧さをある程度許容し、新たな「わからなさ」との出合いのきっかけを生み出すこと。

方向性の定義フェーズ

自分たちが進みたい方向性、あるいは進むべき方向性を定めていくフェーズにおいては、自分たちを後押ししてくれるような「わかるためのデータ」が必要になります。これまで紹介してきたデータの例の中で効果的な調査方法は、大きく3つ挙げられます。

(1) インタビュー調査

- すでに見えてきている方向性の仮説をベースに問いを立て、インタビューの中で確かめていくことで、そこに生まれる反応を読み解くことができる。
- インタビュイーには、できるだけ新しい物事に敏感だったり、何かしらのこだわりを持っていたりするような人を選ぶとよい。

(2) アンケート調査

- 上記のインタビュー調査と同様に、仮説を問いに変換して投げかけることが重要。ただし、二件法のように定量的に回答を得るよりも、問いに対してどのように考えるかを問うような、定性的な回答を得るようにしたほうがよい(定量的に回答を得ようとすると、どうしても良い結果が出るような問いを投げがちになってしまう)。

(3) パネル調査

- 自分たちの仮説を念頭に置きながら、より大規模なサンプルサイズのデータを集める。ただし、自分たちの仮説を立証する証拠を集めるようなスタンスでデータを集めるのではなく、仮説の解像度をさらに高めることを目的にデータを集めようとすることが重要。

方向性を定めていくフェーズで気をつけるべきなのは、これまでにも存在したような方向性に落ち着いてしまったり、自分たちが進みたい方向よりも、より安全な方向を優先することにつながってしまったりすることです。気をつけないと、自分たちを安心させるための調査を行いがちになってしまいます。新しい方向に進むわけですから、不安がなくなることはまずありません（そして不安がないような方向性は、新しくない可能性があります）。**期待が膨らむような、自分たちを後押ししてくれるようなデータを集めようとする姿勢が大切**になります。

方向性の定義フェーズにおけるデータの目的
進んでもよいかを確かめるのではなく、一歩踏み出すことへの確かな期待を膨らませること。

ここまで第３章では、データの重要性やその種類、そしてそれを集めるための調査方法について紹介してきました。方向性を探索していくフェーズでは興味や好奇心を膨らませることが重要であり、方向性を定義していくフェーズでは、チームの期待を揃えていくようなイメージを持つことが大切です。皆さんが「データ」に対して持っていたイメージとは、どのような違いがあったでしょうか？　その違いを改めて振り返ってみると、これまでリサーチやデータに対して持っていた、自分たちのバイアスに気がつけるかもしれません。

Column »

注目を集める、ビッグデータと一人称データ

リサーチデータの種類は、紹介しきれないほど様々なものがありますが、近年注目を集める「ビッグデータ」についても触れておく必要があるでしょう。日常の様々な場面からリアルタイムに集められた、量・質ともに桁外れなビッグデータは、その傾向からパターンを抽出、法則化し、あらゆるタスクを自動化する「機械学習」や、着目すべき特徴の抽出自体を自動で行う「ディープラーニング」といった、いわゆる人工知能と掛け合わせることでより価値を発揮します。今日すでに様々な状況でビッグデータの活用は進んでおり、各社がその演算速度や特徴推定のクオリティ向上にしのぎを削っています。テクノロジーの発展と共に、さらなる活用が広がることは間違いないでしょう。

確かに、ビッグデータや人工知能を活用すれば、何かしら新しい答えが提示されそうな気がします。しかし、全てをビッグデータや人工知能任せにしてしまっては、果たしてオリジナリティのある答えにたどり着けるのでしょうか。むしろ徐々に思考することを放棄してしまうことにもなりかねません。

こうした側面から、ビッグデータをよりうまく活用するためには、データが指し示すものを絶対的な解として捉えるのではなく、示された情報を１つのきっかけとして対話を広げることが重要になります。第３章で紹介した「わかるためのデータ」としてだけではなく、示された結果に見えてくる“わからなさ”に目を向けた「つくるためのデータ」として活用したり、あるいは第４章で紹介する６つの観点をそれぞれ意識して読み解いてみたりするなど、対話を広げてさらに豊かな解釈を目指そうとすることが大切です。

もう１つ、ビッグデータの対極として注目を集めているのが「一人称データ」です。一人称データとは、「一人称研究」と呼ばれる研究領域に根づくもので、「ひとが現場で出合ったモノゴトを、その個別具体的状況を捨て置かずに、一人称視点で観察・記述し、そのデータを基に智の姿についての新しい仮説を立てようとする研究」であるとされています[6)]。つまり何かに取り組む状況における主観を何かしらの形で記録したデータとして見ることが

できます。

例えば、買い物をしている主婦を対象としているとしましょう。現場に行ってその状況に浸りながら、その主婦がどんな感情を抱き思考を行っているかを観察するエスノグラフィのアプローチに対して、一人称のアプローチでは、その主婦の身体知を重視します。もう少し詳しく言えば、外から観察しているとき、観察者は主婦の目線には見えていない様々な情報を俯瞰的に見ることができますが、当の本人は目の前にある情報しか受け取ることができず、またそうした知覚の中で常に思考を生み出し続けています。これをできる限りその場で情報として形にしてもらうことを試みるのが「一人称」のアプローチです。

非常に主観的な情報ではある一方で、とても人間味に溢れるデータです。人間は常に同じ行動や思考をしているわけではなく、似たような状況、同じ行動であっても微妙な違いが常に生じています。こうした微妙な違いを「マイクロスリップ」と呼び、マイクロスリップが生じない俳優には、わざとらしさを感じてしまうと言われています[7]。

商品やサービスの開発においては、「体験」に目を向けることが重要であると言われていますが、より良い体験を実現するためには、こうした質的な差にこだわることがとても重要になります。こうしたこだわりがあってこそ、“らしさ”のある商品やサービスを発想できるはずです。

このように、ビッグデータと一人称データは、客観的なデータから導かれるパターンというマクロな視点に立つデータと、主観的に立ち上がる質的でミクロな視点に立つデータという、非常に対極的な位置づけを持つデータです。豊かな解釈を生み出すためには、こうしたデータを柔軟に用い、状況を立体的に読み解いていくことが重要になります。

1) 世界大百科事典第２版，平凡社
2) インテージ「デ・サインリサーチ」：インテージ社が提供する，調査と発想を行き来する創発ソリューション https://www.intage.co.jp/solution/process/concept-development/design/（最終アクセス日 2020/11/30）
3) クリストファー・チャブリス，ダニエル・シモンズ 著／木村博江 訳『錯覚の科学』（文藝春秋，2014）
4) 実験の動画：ロンドン交通局による，この実験を真似た啓発広告の動画のほうが，より驚きを得やすいのでそちらをお勧めします． https://youtu.be/Ahg6qcgoay4（最終アクセス日 2020/11/30）
5) 「気象データによる商品需要予測」https://www.intage.co.jp/service/platform/sri/jwa/（最終アクセス日 2020/11/30）
6) 諏訪正樹，堀浩一 編著／伊藤毅志，松原仁，阿部明典，大武美保子，松尾豊，藤井晴行，中島秀之 著／人工知能学会 監修『一人称研究のすすめ―知能研究の新しい潮流』（近代科学社，2015）
7) 佐々木正人 著『知覚はおわらない―アフォーダンスへの招待』（青土社，2000）

第4章 STEP3：データを解釈する

4.1. データの解釈において重要なこと

事実と解釈は何が異なるのか

リサーチの「問い」に基づいて「データ」を集めたら、次はデータに「解釈」を加えることで、問いに対する思考を深めていきます。

学術研究においては、収集したデータを「分析」することで、リサーチクエスチョンの結論を導きます。リサーチ・ドリブン・イノベーションにおいても同様ですが、統計的な解析をすることで、数量的な分析結果を出すというよりは、**主観的かつ定性的にデータに解釈を加えることで、問いに対する「考察を前進させること」を目的**とします。

データを定性的に分析する際には、「事実と解釈を区別せよ」とよく言われます。客観的な事実と、事実に対して人間が考えたことは明確に異なるものとして整理しようというのです。確かに、「データが示していること」と「データを通して自分が考えたこと」を無闇に混在させないことは重要です。

けれども前章で述べた通り、データにおける「客観性」とは実に曖昧で、STEP2で収集したデータが必ずしも絶対的な「事実」であるとは限りません。例えば、前章で紹介したトイレのプロジェクトに関するインテージ社のマインドディスカバリーマップを思い出してください。数千人の生活者による「私にとってトイレ空間とは？」という問いに対する回答の集計は、多くの生活者の価値観をおしなべて見るとどのような傾向にあるのかについて、ある意味では「事実」を示しています。けれどもそれは、実際にトイレ空間がどのようなものであるのかについて、客観的に存在を定義づける事実ではありません。あくまで、生活者一人ひとりの「解釈」の集合体でもあるわけです。

有識者データやトレンドデータ、歴史データなども同様です。社会とは人々の思考や行為の蓄積によって成立し、前進するものです。それらは「解釈」

が何重にも折り重なることで、成立していると言ってもよいでしょう。

データそのものと自分の解釈を区別することは重要です。なぜならば、同じデータでも、人によってその解釈は異なるからです。けれどもリサーチ・ドリブン・イノベーションでは、「何が客観的な事実か」ということは、実はあまり価値を持ちません。それよりも、**ある人の解釈に、別のある人の解釈を重ねていくことによって、プロジェクトチームの考察に深みを持たせる**こと。それによって人間と社会の本質を探究するプロセスが、何より重要です。

リサーチ・ドリブン・イノベーションにおける解釈
探究のプロセスにおける考察を進めるために、解釈を重ねていく。

現実はコミュニケーションによって構成される

データの取り扱いにおいて「何が事実なのか」よりも「データに解釈を重ねること」が重要である理由を理解する上で、第2章でも紹介した「**社会構成主義**」と呼ばれる考え方[1)]が参考になります。本章の重要な考え方であるため、改めて解説しておきましょう。

社会構成主義とは、世の中のメカニズムについて理解を深めるための、ある1つの「ものの見方」です。社会構成主義においては、私たちが「これは現実だ」と実感を伴って感じていることは、そもそも客観的に定義したり、測定したりできるものではないと考えます。それよりも、現実は人々の主観と、コミュニケーションによって形成されると考えます。**私たちが日々のやりとりの中で「これが現実だ」と意味づけし、合意したものだけが現実である**、というふうに考えるのです。

例えば、2020年、私たちは新型コロナウイルスの脅威にさらされ、様々なパニック、不安、社会の変化にさらされました。結局のところ、新型コロナウイルスとは、どのようなウイルスだったのでしょうか。社会構成主義では、これに対する「客観的な現実」は存在しないと考えます。

もちろん、様々な科学的な調査結果に基づいてウイルスの性質や特性について示すことはできるでしょう。けれども2020年を振り返ると、私たちにとっての“新型コロナウイルス”の意味は、メディアとのコミュニケーション、周囲の知人や友人とのコミュニケーションを通して、何度も書き換わっていったように思います。そこでつくられていた現実は「人類を滅ぼす恐怖のウイルス」「経済を破綻させるウイルス」「ただの風邪」「社会のつながりとコミュニケーションのあり方を変えたもの」「現代の潜在的な課題をあぶり出してくれたもの」など様々で、それは時期や地域、また所属するコミュニティにおいても異なるものだったのではないでしょうか。

2020 年の初夏にメディアを賑わせていた“夜の街”を巡る騒動などを見ていると、政府、メディア、飲食店の経営者や利用者、それを批判する人たちでは、客観的に同じ性質のウイルスに対峙しているようには、到底思えませんでした。周囲とどのようなコミュニケーションをとって、どのような意味づけに納得をしているかによって、“新型コロナウイルス”という現実は、全く異なるものになるのです。

物事の「本質」はどこにあるのか

このような考え方は、人間と社会の「本質」を探究するリサーチ・ドリブン・イノベーションにおいて、とても重要です。

近代哲学に大きな影響を与えた「現象学」においては、物事の本質を探り当てることを「本質観取（ほんしつかんしゅ）」と言います[2)]。本質観取においては、人間や社会の本質について、客観的に実証可能な「唯一の真理」が存在するとは考えません。自分たちの生々しい経験に基づいて、物事の本質について問い、同じ問いを共有する人たちと対話し、その過程で「それが確かに物事の本質かもしれない」と納得できる共通理解に到達することを、「本質を捉える」ことだとしたのです。

「私たちにとってトイレとはどのような空間か？」「美しい“お酒の飲み方”とは何か？」という問いについて考えることは、トイレやお酒に対する「本質観取」のプロセスに他なりません。その「答え」にたどり着くために、生活者データ、有識者データ、トレンドデータ、歴史データなどを活用しながらも、**どこかにある唯一の真理を探すのではなく、自分たちの様々な過去の経験や感覚にも想いを巡らせながら、納得がいくまで「何が本質なのか」について話し合う**こと。それが、「外から内（アウトサイド・イン）」と「内から外（インサイド・アウト）」の絶えざる相互作用によって進むリサーチ・

ドリブン・イノベーションの探究のプロセスなのです。

データの解釈における対話の2つの意味

第1章で述べた通り、リサーチにおけるデータは、イノベーションの“大海”に漕ぎ出す上で必要な“錨(いかり)”のようなものです。何が正解かわからない不確実な状況の中で、新たな方向性を探り当て、そこに向かって高く跳ぶための「足場」が、データの役割です。したがって、せっかく収集したデータの中から「答え」を探し出そうとしてはいけません。まずはデータに対峙し、粘り強く解釈を加え、それをチーム内でぶつけ合い、コミュニケーションを通して新たな現実を社会的に構成すること。そこでつくられた「現実」こそが、イノベーションにつながるアイデアの種となるのです。

データを解釈する上で重要になるのは、やはり「**対話**」というキーワードです。これには2つの意味があります。

第一に、ご想像の通り、**データをチームメンバーで解釈する際、お互いの意味づけを共有する対話的なコミュニケーションが重要**であるという意味です。第2章で述べた通り、1人でデータに向き合っているとどんな人でも固定観念が生まれ、視点が固着化します。お互いの解釈をチームで共有することで、視点が揺さぶられ、異なる視点が創発し、新たな意味が生まれます。

第二に、**データそのものと対話する、という感覚も非常に重要**です。筆者(安斎)は大学院生の頃、指導教員から繰り返し「データと対話せよ」「まだデータとの対話が足りない」と指導されました。データの読み込みが甘いうちは、データを解釈できたつもりになっていても、まだまだ解釈が浅いことが大半です。データにはどんな意味があるだろうか。見落としている視点はないだろうか。データの背後に、どんな手がかりが隠れているだろうか。そこにはどんなメッセージがあるだろうか。他の解釈の可能性は考えられないか。収集したデータの“向こう側”にいる人々の声に耳を傾け、それらの声と“対話”することで、まずは自分自身がとことん解釈を深めることが重要です。

リサーチ・ドリブン・イノベーションにおける対話

データそのものや他者との対話によって、解釈を深める。

Column》

議論と対話の違い

たびたび本文中でも登場している「対話」という言葉ですが、「議論」と「対話」の違いを皆さんはどのように捉えているでしょうか？ 研究的に紐解くと、様々な整理のされ方がありますが、ここではエドガー・シャイン[3)]やウィリアム・アイザックス[4)]といった研究者の整理をベースにした捉え方を紹介したいと思います。

まず「議論」は、具体的なアイデアや施策といった、決めるべき事柄について目に見える結論を出すためのアプローチとして捉えることができます。もう少し具体的に言えば、それぞれの意見を場に出しその違いを明らかにした上で、互いにどの考えが良いかをロジカルに説明し合い、意思決定を行うプロセスを「議論」と呼んでもよいでしょう。ただ、それだけでは意思決定できない場合があり、その場合は「弁証法」あるいは「討論」といったプロ

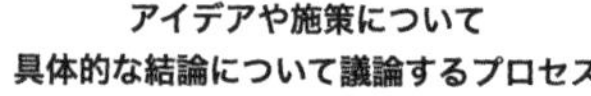

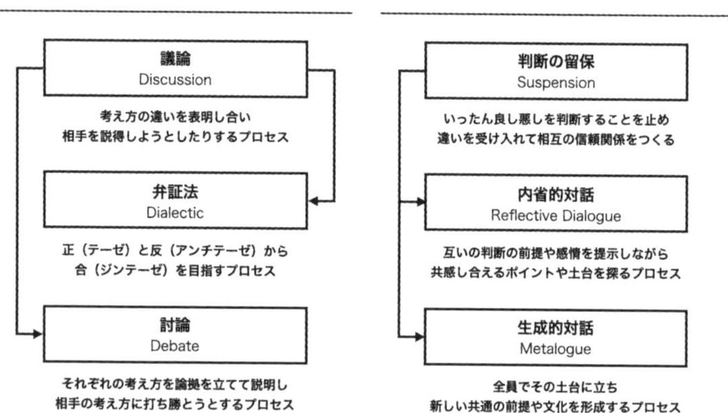

図4-1　議論と対話の違い

セスが行われることになります。「弁証法」とは、2つの意見（図では片方を正、もう片方を反と表現）の共通点から、第３の結論を導く（図では合と表現）アプローチです。一方で「討論」は、アメリカの大統領選挙などでもたびたび行われますが、自分の考えを論拠立てて説明し、相手を打ちまかそうとするアプローチであると言えます。いずれにしても、目に見える形の結論を出すことに重きを置いたプロセスであると言えます。

一方で「対話」は、意思決定の前提にある、目に見えない「価値観」に焦点を当てたアプローチです。主に紛争地域において重視されてきたアプローチであることからもわかるように、結論に目を向けていても、相互に主張を譲らず、どちらが正しいとも言えないような状況において力を発揮するアプローチであり、正解の見えない現代社会の様々な場面において取り入れられるプロセスです。「対話」は相互の中に新しい「価値観」の形成を実現することを目指し、完全な一致を目的としないところに特徴があります。

具体的には、まず「判断の留保」を行うことが求められます。それぞれ自分の考えが存在する中で、相手の考えを自分の価値観で否定してしまっては、新たな価値観の形成は望めません。まず相手の考えに対して判断することを止め、受け止めることから始めていく必要があります。これは相手の考えに同意するということではなく、そういった考えが存在することを認める姿勢を意味しています。こうすることで、徐々に自分の考えやその背後にある価値観を発露しやすい関係が生まれてきます。

次に「内省的対話」というプロセスを立ち上げていきます。ここでは自分の考えの背後にどんな価値観が潜んでいたのかを自身の内に内省し、それを広げながら実は共通していた部分や、共感し合える部分を探していくプロセスになります。

その上で「生成的対話」という、これから共に考えを深めていく上での共通の前提となる新たな価値観を協力しながら形作っていきます。ただ単に共通点を確かめるだけではなく、共に構築していく作業をすることで、より力強い協力関係が構築され、またちょっとした違いは互いに認め合えるようになります。

こうした「対話」と「議論」の違いを認識して場づくりを行うことが、これまでにない新たな関係性やアイデアを生み出す上では欠かせません。

解釈を通じて対話する「6つの観点」

では、実際にリサーチを通じて新たな方向性を探索するためには、どんな解釈を行い、どんな対話を広げればよいのでしょうか？　まず大切になるのは、どんな視座に立って解釈を行おうとするかの「**観点**」です。ここでは「外から内（アウトサイド・イン）」と「内から外（インサイド・アウト）」の2つのアプローチに合わせて、以下の6つの観点を紹介したいと思います。

(1)「内から外（インサイド・アウト）」の観点

①今あるいは過去の自分たちの認識や価値観を探る

まず1つ目の観点として挙げられるのが、「今あるいは過去の自分たちの認識や価値観」についてです。**データを読み解く自分、あるいはチームや組織の中に、どんな認識や価値観が存在しているか、あるいは存在していたか**を探っていきます。

自分たちの認識や価値観は一致していると言い切れるという組織は、さほど存在しないでしょう。むしろ一致している状況のほうが危うさを抱えているようにも思えます。そもそも自分自身の認識や価値観でさえ、言語化できていないことが多いのではないでしょうか？

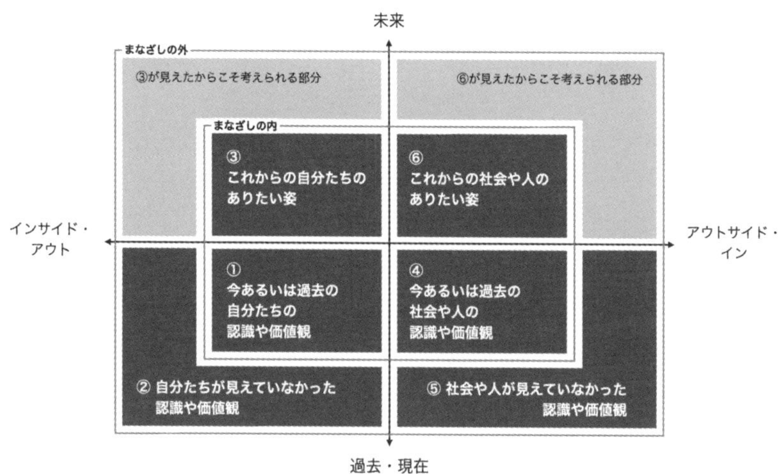

図4-2　データを読み解くための6つの観点

それにもかかわらず、いざ商品開発をしよう、いざマーケティング施策を考えようとするときに、自分たちの中にある認識や価値観を捉え直そうとすることは、あまり多くありません。日本人は「暗黙の了解」によるコミュニケーションが得意な、いわゆるハイコンテクストカルチャーな民族であるとされています[5)]。もちろん、それは息の合ったチームワークを引き出すという意味でポジティブな側面もありますが、考えが一致しているはずだという安易な姿勢は、最も大きな失敗の原因の１つかもしれません。

②自分たちが見えていなかった認識や価値観を探る

２つ目に挙げられるのが、今あるいは過去に捉えられていなかった認識や価値観を探ろうとすることです。

この観点には大きく２つのアプローチが存在しています。１つは**自分たちの中に今ある認識や価値観を明らかにした上で、見えていなかった認識や価値観を探ろうとする**もの。そしてもう１つは、**一人ひとりが見えていなかった認識や価値観を言語化していくことで、チームの中に共通して存在している認識や価値観、あるいは共通して見えていなかった認識や価値観を浮き彫りにしようとする**アプローチです。

前者の場合は、①の観点で解釈を進めた上で行い、後者の場合は②の観点から始めていくことになります。「自分たちが見えていないことは何か？」というのは、日常ではなかなか問わない観点なので、最初は①のアプローチから始めていくことをお勧めします。

③これからの自分たちのありたい姿を探る

３つ目に挙がるのが、未来における自分たちのありたい姿を探ろうとする観点です。

ここにも、「自分たちは社会にどうあって欲しいのか」を探るパターンと、「自分たち自身がどうありたいのか」を探るパターンの、２つのアプローチが存在します。自分たちは社会にどうあって欲しいのかという観点は、自分たちのお客さんがどのような変化を望んでいるかとは違うことに注意する必要があります。あくまで**自分たちがお客さんにどうあって欲しいか、自分たちがお客さんにどんな未来を届けたいか**を考えることです。これは第１章で紹介した「意味のイノベーション」にも通じる観点です。

もう1つのアプローチでは、自分たちが未来にどうありたいのかについて、データをきっかけに対話を重ね、考えを深めていきます。**今の社会や未来の社会に対して、自分たちはどのような姿勢を有していたいのか**を考えていくことは、これまでにないイノベーションを実現する上で、未来を予測すること以上に重要です。

(2)「外から内（アウトサイド・イン）」の観点

④今あるいは過去の社会や人の認識や価値観を探る

4つ目の観点として挙げられるのは、「今の社会にどのような認識や価値観が存在しているのか」についてです。**新たな方向性を探るためには、今何を見ているのか、見ようとしているのかを確かめておかなければなりません。**いくら新しい方向を提案していったとしても、提案する相手が今見ている世界からあまりにもかけ離れたものであれば、受け入れてもらえるものになることはないでしょう。

一方で、1つの正解を探すようなスタンスでデータを読み解こうとしすぎると、似たような解釈しか生まれず、データの指し示す様々な可能性を打ち消してしまう可能性もあります。いきなり答えを探ろうとするのではなく、様々な見方を探り、仮説を描いていこうとする姿勢が重要です。

⑤社会や人が見えていなかった認識や価値観を探る

5つ目の観点は、今社会に存在していない、あるいは当事者たちが感知できていない認識や価値観について探ることです。

②でも述べたように、今存在していないもの、認識の外にあるものを探ろうとすることは、日常ではあまり意識しない観点です。一方で意外と気づいていなかった捉え方が普通に存在しているものでもあります。例えば、新型コロナウイルスによって「健康」や「衛生」を重視する人は非常に多くなったと考えられますが、通勤や通学など、時間通りに通うことに関しては、あまり重視されなくなっているように思えます。

見えていないもの、意識されていないものを探るというアプローチは、より答えがない分、多様な解釈を引き出しやすいアプローチであるとも言えます。**人々は何を求めているのかを探るのと同じように、何が見えていないのか、見えなくなったのかを探ろうと試みてみることが大切**です。

⑥これからの社会や人のありたい姿を探る

最後に挙げられるのが、**社会全体や、そこに存在する当事者たちがこれから先の未来に、どんなありたい姿を描いているか**を探るという観点です。

自分たちがどうなりたいのかを考えるのも難しいのに、自分ではない誰かがどうなりたいかを探ることは相当に困難です。だからこそ、データを手がかりにしながら、そこに潜む願望を読み解いていくことが大切になります。

また、たとえありたい姿を読み解くことができたとしても、それを叶えることが正解でない場合もあることは頭に入れておく必要があります。③で読み解いたように、自分たちは彼らにどうあって欲しいかという観点も踏まえて、どんなビジョンを届けるべきかを探ることが大切になります。子どもが望むもの全てを与えることが、必ずしも愛に溢れた行為であるとは言えない、というように考えてみると、そのスタンスを理解することができるのではないでしょうか？

このように、データを読み解いていく上では、そもそも何を目的に解釈を行うのか、対話によって何を見出そうとするのかについて、事前に目線を合わせておくことが大切になります。また、同じデータであっても観点を変えることで、さらに対話を展開していくことが可能になったりもします。

組織によって、観点が偏りがちになってしまっているケースも非常に多く、それに気がつくことができれば、まだ立ったことのない観点に立って思考を深めるポテンシャルがある、というように捉えることもできます。観点を変えてデータを読み解いてみることで、リサーチデータの価値はさらに広がりを見せていくはずです。

1） ケネス・J・ガーゲン 著／東村知子 訳『あなたへの社会構成主義』（ナカニシヤ出版，2004）
2） 苫野一徳 著『はじめての哲学的思考』（筑摩書房，2017）
3） Schein, Edgar H. “The Process of Dialogue: Creating Effective Communication” The Systems Thinker https://thesystemsthinker.com/the-process-of-dialogue-creating-effective-communication/（最終アクセス日 2020/11/30）
4） Isaacs, William（2008）. *Dialogue: The Art Of Thinking Together.* Currency.
5） エドワード・T・ホール 著／岩田慶治，谷泰 訳『文化を超えて』（阪急コミュニケーションズ，1993）

4.2. データを読み解く上で着目すべき「5つの視点」

さて、ここまで解釈するということはどういうことか、新たな方向性を探索するために、解釈する中でどんな観点に立って対話を広げていけばよいのかについて触れてきました。第3章の最後でも述べたように、新たな方向性を探索していくためには、様々な解釈が立ち上がり、自分たちに新しい見方が生まれたり、進みたいと考える方向性を後押しするような解釈が生まれたりしていくことが大切です。

ここからは実際にそうした解釈や対話を広げるために、データのどんなところに着目すればよいのかについて、考えていきたいと思います。データを成り立たせている「対象者」と「期間」など重要な要素は多くありますが、ここでは**「量」「頻度」「推移」「関係」「矛盾」**という代表的な5つの視点を紹介していきたいと思います。

(1) 量に着目する

まず挙げるのは、データの「量」についてです。例えば棒グラフや折れ線グラフ、円グラフなど、その名の通りデータの数値の量について着目することであり、最もわかりやすく、誰しもが着目したことがあるでしょう。**他の項目と比べて、どれくらいの量の差があるのか、極端に量が大きかったり、小さかったりするところはないか**に着目し、データを読み解いていきます。

アンケート調査で最も多かった回答は何かというような非常にシンプルな着眼点から、全く売れていない商品はどれかという点に目を向けてみるなど、5つの中で最も一般的に着目される視点であると言ってもいいでしょう。

例えば、2020年に行われた、アメリカの大統領選挙の投票数などは、最も量に注目が集まったシーンだったかもしれません。都市部と郊外から農村部にかけてでは、投票数にはっきりとした違いが見られました。そこから読み解けることは少なくないでしょう。

このように、量の違いというのは、非常に読み解きやすい着眼点の1つです。しかしその一方で、わかりやすさばかりに目が行きやすいと捉えることもできます。そこからわかることばかりに目を向けようとしてはいけません。すぐには読み解けないような、わからないことの中にこそ、新たな示唆を与えてくれるヒントが存在していることがあるのです。

例えば同じ都市部でも、得票数が大きく分かれたところと、僅差だったところが存在しています。普通にデータを見ていては、さほど意識しない違いかもしれません。しかしながら、今の価値観を読み解こうとする④の観点に立ち、そういった違いはなぜ生まれるのか、都市部で暮らす人々の間に生まれる価値観の違いは何かを探ろうとすれば、そこに何かしらの仮説が見えてくることでしょう。

(2) 頻度に着目する

次に取り上げるのは、データの「頻度」です。例えば**ある時間軸の中での出現回数の変化といった、定量的なデータの中に見られる頻度**や、**インタビュー調査などでの発話で頻出するキーワードといったような、定性的なデータの中に見られる頻度**など、様々なものがあります。

頻度に着目する場合は、**着目したデータとデータの出現する間の時間やリズムに目を向ける**ことが大切です。例えば、インタビューの中で、ぽつりぽつりと現れていたキーワードが、ある問いに対して急に頻出するようになれば、そこから何かしら解釈できる可能性が潜んでいると考えられます。

あるいは曜日に関係なく、しかしながらある一定の日数を置いた頻度で同じ商品を購入していることに気がつくことができれば、そこに何かしらの生活習慣を見つけることができるかもしれません。

もう１つの視点として必ず意識しておく必要があるのが、**頻度の低いデータ、あるいは現れてきそうなのに現れていないデータ**についてです。特に後者は、そこに事実としてデータはないので、なかなか気がつけないポイントになります。

昔はたびたび意識していたのに、気がつけば意識しなくなったことや習慣はないかを探ってみることも１つのアプローチです。歴史データの中に、そうした現れては消えるパターンを探ってみるのも面白いでしょう。

(3) 推移に着目する

３つ目は、データの「推移」についてです。推移とは、**ある程度の時間軸を持った中で、傾向としてデータがどのように変化しているのか**を指しています。第３章でも取り上げた、トレンドデータなどは、推移に着目すべきデータの代表例です。

「量」や「頻度」は、データそのものの大きさや違いに目を向けるのに対して、「推移」はより長いスパンでデータの指し示す傾向を掴もうとすることが大切です。例えば、新型コロナウイルスの感染者数のデータを見てみると、感染者数が極端に多い日や少ない日に目を向けるのが「量」への着目、日曜日になると決まって数が減るといったパターンを探るような視点が「頻度」への着目になるのに対して、１日単位での数の上下はあれど、傾向として増加傾向にある、あるいはピークを迎えて減少に向かっているといったような点に目を向けることが「推移」への着目としてみることができます。

推移に着目する際は、その傾向を掴もうとする上での**「尺度」の設定が重要**になります。人口の増減の推移を探るのに１週間や１ヶ月単位の尺度で傾向を読み解こうとするのか、あるいは１年単位や10年単位の尺度で読み解こうとするのかでは、解釈される内容は大きく変わってきます。何を読み解こうとするかを踏まえて、適切な尺度で読み解くことが大切です。

（4）関係に着目する

４つ目に取り上げるのは、**データの間に立ち上がってくる「関係」**についてです。データ同士の関係と言っても、様々な種類があります。インタビュー調査で言えば、同じような内容について話していたとしても、発話される順序が変われば、そこに潜む価値観には違いが存在する可能性があります。あるいは土曜日に購入するビールと水曜日に購入するビールでは、そこに求める晩酌の時間の意味が大きく変わってくるでしょう。

関係に着目してデータを読み解く上では、データの表現の仕方によっても様々な関係を立ち上がらせることができます。内閣府と経済産業省が提供する地域経済分析システム（RESAS：リーサス）は、様々なデータを地図上に重ね合わせることで、地域とデータの間に潜む様々な関係を読み解くために活用されています。また筆者（小田）も留学時代に、メールや通話などのデバイスを用いたコミュニケーションデータを音とビジュアルで表現し、描き出されるビジュアルと音のリズムに着目することで、その特徴を掴むことができないかを探るプロジェクト「E-Rhythms」に参画していました。

他にも第３章でもすでに取り上げた「マインドディスカバリーマップ」も、データ同士の関係に着目して解釈を行う代表的なアプローチです。こちらについては後ほど詳しく記述します。

(5) 矛盾に着目する

５つ目に挙げられるのが、**データの中に潜む「矛盾」**という視点です。ここまでの４つの視点同様、データの中に立ち上がる「差」に着目するという観点では同じなのですが、これだけは、その差の質について特段取り上げ、着目すべき視点として紹介しています。

人間の行動には多くの「矛盾」が溢れています。例えば新型コロナウイルスから身を守りたい気持ちがある一方で、誰かと遊びにいきたいという気持ちも持っているというのは、コロナ禍にある状況において、誰しもが抱えた心の矛盾（あるいは葛藤）ですし、コンビニでスイーツを買いつつ、トクホのお茶を併せて買うというのも一見矛盾した行為です（本人の中では辻褄が合っていると思いますが）。

矛盾というのはどこにでもあるのにもかかわらず、データを読み解く上では見落としがちな観点でもあったりします。どうしてもわかりやすい、読み解きやすい観点に目が行ってしまうあまり、矛盾した状況を指し示すデータの差には目が向きにくいのです。そのため、そこに矛盾はないかという視点は、常に意識しておくことが重要です。

５つの視点を組み合わせ、データを読み解く

データに着目する上では、これらの視点を組み合わせて解釈を重ねていくことが大切になります。例えば、「量」と「頻度」を組み合わせれば、極端な量の違いがどのくらいの頻度で見られるかから解釈を立ち上げていくことになるし、「推移」と「関係」でいけば、データの推移を比較し、その関係に着目して解釈を行っていくことになります。

また「関係」と「矛盾」に着目すると、データの間の様々な関係の中に潜む矛盾に着目していくことになります。この視点に着目する上で代表的なものとして挙げられるのが、第３章でも紹介した「マインドディスカバリーマップ」を読み解こうとする活動でもあります。ここからは、実際にこの視点か

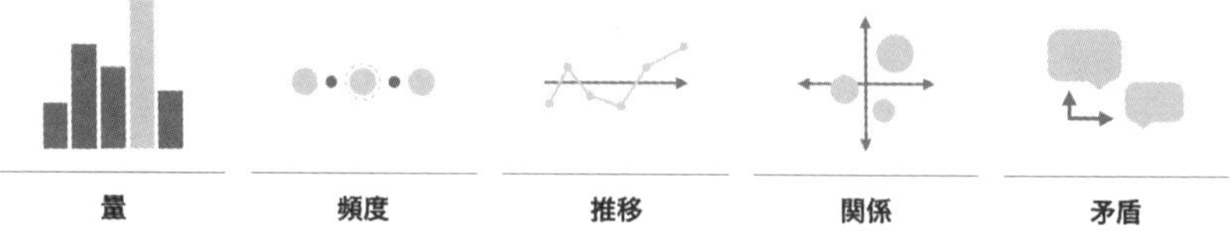

▶ 図 4-3　着目すべき 5 つの視点 ◀

らどのように解釈を重ねていくかについて、実例をもとにさらに理解を深めていきましょう。

複数の視点からデータを解釈する

ここからは、インテージ社が 2015 年に自主企画として作成していた、生活者が夜の時間にどのようなものを口にしているのかについて探ったマインドディスカバリーマップを活用し、実際にいくつかの視点に着目しながら、データを読み解いていきましょう。ここでは、20 代〜30 代の男女のマップを比較して、データを読み解いていきます（図 4-4、4-5）。

（1）2 つのマップの中に現れている言葉の違いに着目する

マインドディスカバリーマップ全体を俯瞰してみたとき、**そこに存在している言葉の違いにどんな傾向が見られるか、片方にしか存在していない言葉がないか**といった点を比較していきます。

頻出ワードに注目してみると、おおよそ似たような言葉が並んでいる印象を受けます。出てくる言葉の違いがあるとすれば、女性のほうに「夫婦の時間」あるいは「自分の時間」といったような言葉があることがわかります。男性にはそのような言葉はなく、女性のほうが夜の時間の中にいくつかの過ごし方を意識的に持っているのではないかという仮説が浮かび上がってきます。

（2）マップ同士の中央付近に来る言葉の違いに着目する

マップの中央には、どの言葉とも近い位置づけとして認識している、中心的な概念や言葉が来ることになります。今度はその**中心近辺に焦点を当てて、マップ同士を比較**してみます。

男性側では、「疲れが取れる」「気分転換になる」「すっきりする」「まったり」といったような、口にすることで目指したい状態が挙げられています。一方で、女性のほうには「太りたくない」「むくむ」というキーワードが中心に来ていることがわかります。何を摂取するにしても、基本的に体形を維持することなどを意識しているのがわかります。

(3) マップの各所に存在する言葉やまとまりに着目する

今度は**言葉のまとまり**に注目してみます。例えば、男性のマップの上のほうには「アイスクリーム」や「チョコレート」といった甘いものがまとまってあり、下のほうには「ビール」や「ワイン」の合間に「おつまみ」や「ラーメン」といったように、晩酌やシメの食べ物といったようなキーワードが挙げられています。こうしたもののカテゴリだけでなく、例えば女性の左上には「安眠」や「快眠」を中心に、眠りに関連がありそうな「フレーバーティー」や「牛乳」「温まる」というようなキーワードが置かれており、夜の飲食と眠りに向けた行動には関連性が見られることがわかります。

(4) それぞれのまとまりの位置関係に着目する

まとまりが少しずつ見えてきたら、その**まとまりの相対的な位置関係**を踏まえて、解釈を深めていきます。

例えば、女性のマップの上半分を少し詳しく見ていくと、右側には「口寂しい」という言葉があり、左に行くにつれて「満足できる」「気分転換になる」「癒される」といったようにシフトしていっているように捉えられます。右側のエリアは「やめられない」という言葉があるように、ついつい食べてしまいがちな甘えや、あるいは反省が感じ取れます。

一方で中心の「太りたくない」というキーワードを起点に、左下に向けて「ダイエット」や「サプリメント」というキーワードが広がっており、その周囲に「習慣」や「水分補給」といったキーワードが見受けられます。自分を律したり、意識を向けようとする姿勢が感じられます。

相対的に見てみると、左側は理想の自分につながるようなエリアが広がっており、左上はあこがれの夜の時間のイメージのエリア、左下は理想に近づくために意識しているエリアになっていることが見えてきます。

(5)「矛盾」や解釈の難しい言葉の関係に着目する

ここまでは理解しやすいポイントに目を向けてきましたが、そのままでは理解しにくいような、**「矛盾」やわからなさが潜んでいるポイント**を探ることも大切です。

例えば男性のマップの左下には、「サプリメント」と「おにぎり」という言葉が近くに置かれています。あるいは右上中心付近には「ご褒美」「口寂しい」「スマホ」といった言葉が挙げられています。いずれも一見するとなぜ近くに置かれているのか理解しにくいポイントです。なぜこの言葉が近くに置かれているのかについて、このデータだけで誰もが納得できる解釈を導くのは難しいでしょう。ただ、だからと言ってわかりやすいところだけに目を向けていては、より深い気づきにはたどり着けないでしょう。

第3章でも紹介したように、より新しい発見を得るためには、わからないことに目を向け、多様な解釈を生み出すことが重要になります。もしかすると「おにぎり」は夜食であり、「サプリメント」はそうした寝不足で不健

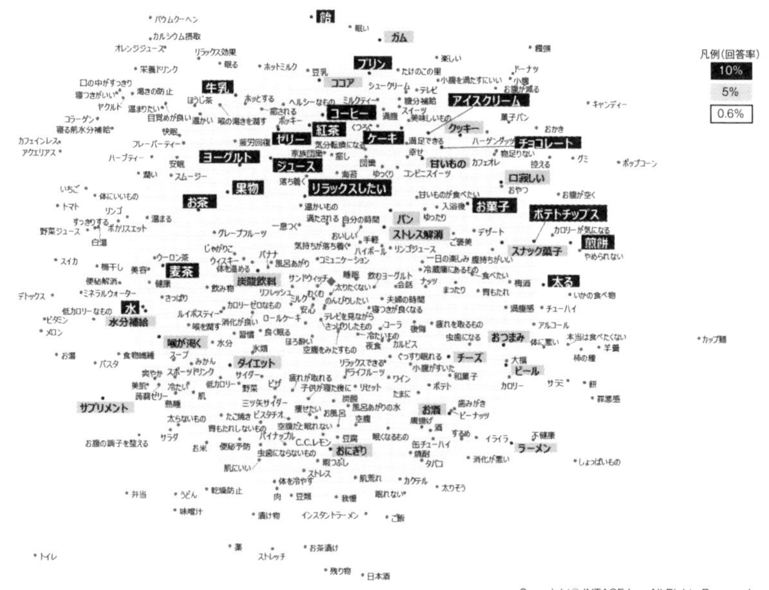

図 4-4　20 代〜30 代女性のマップ

康な状態を補おうとしているのかもしれません。とすれば、やや上に「栄養ドリンク」があることも納得できるし、「安眠」や「眠る」といったキーワードは、睡眠不足であることを示している言葉のようにも見えてきます。

また「ご褒美」というキーワードの周りに具体的なご褒美らしい食品が挙げられていないのは、食にご褒美感を感じているというよりも、過ごす時間の体験にご褒美のニュアンスを感じているというように仮説を立ててみることもできます。「スマホ」で何かコンテンツを楽しんでいるのかもしれませんし、そんなひとときの「口寂しさ」を埋めてくれる食を欲していると読み解くこともできるでしょう。

こうした解釈は必ずしも正しいわけではありませんが、仮説をもとにさらに考えを深めてみると、夜の時間に潜む生活者の価値観をさらに深い次元で読み解くことができるようになってきます。

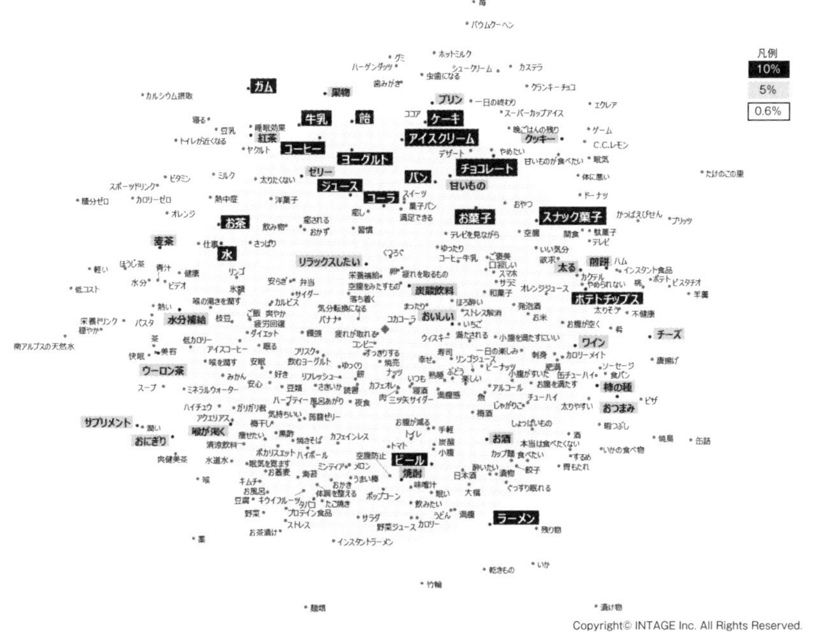

図 4-5　20 代～30 代男性のマップ

　このように、**どういった視点に着目してデータを読み解くかを意識的に設定していくことで、解釈はより深いところに向かうことができます**。今読み解こうとするデータに、どんな着目すべき視点が存在しているのかを探り出すことは、実際に解釈を行う前提として欠かせないアプローチになります。複数の視点を組み合わせ、多様な読み解き方を自らデザインしていけるようになれば、同じデータからでも様々な発見を導くことができるようになるでしょう。

4.3. データを解釈するワークショップの進め方

誤解されがちなワークショップの本質

リサーチ・ドリブン・イノベーションのプロジェクトにおいてデータに解釈を加える際には「**ワークショップ**」と呼ばれる手法が有効です。ワークショップの具体的なデザインとファシリテーションの方法については前著『問いのデザイン』[1)]をご覧いただければと思いますが、本書ではワークショップのエッセンスと、リサーチ・ドリブン・イノベーションにおける活用法について簡単に解説しておきます。

ワークショップと言うと、アイデアを発想するグループワーク、カラフルな付箋を使った話し合いなど、様々な活動形式を想像するかもしれません。実はワークショップは世界中で100年を超える歴史があり、深い思想と理論に基づく方法です。

その背景理論の1つが、まさに「社会構成主義」です。ワークショップは、権威を持つ主催者から一方的に情報を伝達するのではなく、参加者が主体的に参加し、手や体を動かしながらコミュニケーションを重ねることで、新しい意味を生み出すための方法として発展してきました。データに解釈を加え、新たな意味を導くための手段として、最適な方法なのです。

ワークショップの本質的な特徴は**「非日常性」「民主性」「協同性」「実験性」**という4つのキーワードで説明されます。データを解釈するワークショップに引きつけると、以下のように特徴づけられます。

(1) 非日常性

参加者が日常では経験しないような、普段とは異なる視点や方法で取り組むテーマや活動を設定します。データの解釈を深める上では、**普段の業務では接しないメンバーで参加者を構成したり、外部ゲストを招聘したりすることで、非日常性を高めることが効果的**です。また、データを深く読み込むために、**視点を変える「問い」を新たに設定することも有効**です。

(2) 民主性

公的な権力を排除し、関係者（ステークホルダー）や、場の参加者一人ひとりの意見を尊重します。ここで言う民主性とは、単にみんなの意見を拾い上げるという意味ではありません。ワークショップは本来的に、トップダウン型で上意下達に意思決定が下される近代的な方法に対する「対抗文化」として、ボトムアップ型に話し合いを進める方法として普及してきました。データを解釈する上でも、**上司やプロジェクトリーダーなど権威あるメンバーが“正しい意見”を持っていると規定せずに、誰もが“良い意見”を持っている可能性を信じて、全員参加の場をつくる**ことが重要です。

(3) 協同性

専門知識や能力の高い個人に頼ろうとするのではなく、多様な集団のコラボレーションから生まれる創造性を重視します。データを捉える意見がAとBで対立したときに、**AかBかを選ぼうとするのではなく、AでもBでもない「C」という新たな可能性を信じて、ファシリテートする**ことが重要です。

(4) 実験性

あらかじめ設計図や正解を用意するのではなく、場のプロセスを通して答えを探る姿勢を重視します。イノベーションに正解はありません。他の全てのエッセンスに通じますが、事前に落としどころを用意したり、安易な答えに流れたりするのではなく、うまくいかないプロセスも楽しみながら、納得解を探り当てる試行錯誤を重ねます。その意味で、ワークショップとは本質的に「学ぶ」ための方法論なのです。

以上のエッセンスを踏まえて、本書ではワークショップを以下のように定義します。

ワークショップの定義

普段とは異なる視点から発想する、対話による学びと創造の方法。

Factory
工場的なものづくり

トップダウン
設計図に従って作る
効率重視
ミスは大罪
退屈な作業に耐える

Workshop
工房的なものづくり

ボトムアップ
作りながら探る
実験重視
失敗から学ぶ
作る過程を楽しむ

図4-6　工場（Factory）と工房（Workshop）の違い

ワークショップとは、「工房」を意味する場のメタファーです。4つのエッセンスの特徴を考えると、ワークショップは、トップダウン型にものづくりを進める「ファクトリー（工場）」的な場ではない、と考えるとわかりやすいかもしれません。単なるグループワークや会議の形式ではなく、ボトムアップ型のものづくりの方法なのです。

リサーチのためのワークショップの基本型

データを解釈するワークショップには、多様なバリエーションが考えられます。リサーチ・ドリブン・イノベーションのプロジェクトは、短くても数ヶ月から半年間はかけて行います。したがって、たった数時間のセッションだけで完結するものではありません。データを解釈するフェーズだけでも、1～2時間の会議の枠を使った短めのワークショップを複数回繰り返すケースもあれば、半日から終日のまとまった時間をかけたワークショップを1～2回、あるいはそれ以上に実施するケースもあります。データの解釈には思った以上に時間がかかるため、できれば1回あたりの長さを3時間以上は確保できると望ましいでしょう。

時間の長さによってプログラムの展開は様々ですが、基本的には**「導入」「知る活動」「つくる活動」「まとめ」の4段階**で進行されるのが一般的です。

導入

ファシリテーターがワークショップの趣旨と概要について説明し、活動に対するモチベーションを高める。アイスブレイクと呼ばれる参加者同士の自己紹介の活動を通して、緊張を緩和したり、関係構築をしたりする。

知る活動

データについて理解を深め、話し合いを通して洞察を得る。データに対する個人の解釈を深める時間は、事前に宿題として実施する場合も多い。単にデータを読み込むだけでなく、問いやデータに関連して、参加者自身の過去の経験や意見、多様な事例を共有し合うことで、"種を蒔く"時間とする。

つくる活動

4～5人のグループによる対話を通して、新しい意味をつくり出す。手や体を動かして、何かを制作する場合も多い。ワークショップにおけるメイン活動にあたる。知る活動で蒔いた種を"発芽させる"ための時間とする。

まとめ

つくり出した成果物について発表し、共有する。また、ワークショップの活動を振り返り、経験に意味づけを行い、次に向けたアクションについて検討する。

ワークショップと言えばグループワークやアイデア発想を想像されがちですが、必ずしもずっとグループでアイデアを考え続けるわけではありません。ファシリテーターからデータについて丁寧にインプットする時間もあれば、グループで会話せずに個人でじっくり考える時間、思考を付箋やワークシートにまとめる時間、人の話を聴く時間など、様々なアクティビティの連続でプログラムが構成されるのです。活動の具体的なイメージが湧かない場合は、第6章の事例を先にご覧ください。

ワークショップデザイン（1）インプットの定義

ワークショップをデザインするためには、シンプルにまとめると、**インプット、アウトプット、プロセスの3つ**を定義する必要があります。

インプットとは、情報の入力です。つまり、**ワークショップにおいて「何のデータを、どのような形式で取り扱うか」について決める**ことです。

せっかく収集したデータなのだから、全てをプロジェクトメンバーにインプットすべきではないかと思われるかもしれません。もちろん、最終的にはそうしたほうがよいでしょう。しかし、人間は一度に多くの情報は処理できませんから、一度のワークショップで扱える適切な分量に調整する必要があ

図4-7　ワークショップのインプット、プロセス、アウトプット

ります。またデータの形式も、**取得した生の情報をそのままプロジェクトメンバー全員に展開するのか、あるいは解釈しやすいように資料やカードなどに整理して展開するのか、整理の仕方も重要**です。

可能であれば、データはワークショップの当日が初見にならないように、事前にブリーフィングを済ませておき、各自に「宿題」として読み込んできてもらい、個人の解釈が進められていると効率的です。ただし、チームメンバーのモチベーションの高さが様々な場合には、各自の宿題に任せてしまうと個々人の思考の深さがバラバラになってしまうリスクもあります。そのときには、プロジェクトの初回のワークショップで丁寧に「導入」の趣旨説明やアイスブレイクを行い、メンバーのモチベーションが高まった段階でデータの読み込みを開始したほうが、効果的な場合もあります。

チームに、どのタイミングで、どのようなデータ情報をインプットするのかを戦略的に決定しましょう。

ワークショップデザイン（2）アウトプットの定義

インプットと同時に、アウトプットの定義も必要です。アウトプットとは、情報の出力のこと。すなわち、**ワークショップの「つくる活動」を通して何を生み出すことを目標にするのか、ワークショップの成果物を定義する**ことです。

プロジェクト全体のアウトプットは、もちろんイノベーションにつながる商品のコンセプトや具体的なアイデアであるはずです。しかしデータを解釈するワークショップ単体のアウトプットは、必ずしも商品の直接的なアイデアとは限りません。以下がその例です。

問いに対する仮説

リサーチの問いに対して、データから考えられる「仮説」を出すことをアウトプットとするパターンです。プロジェクトの方向性が見えていないうちは、まず問いを深めることが先決ですから、具体的な商品やサービスのアイデアを出そうとせずに、問いに対する仮説を考えることに注力するのも重要です。

新たな問い

前章で述べた通り、リサーチの問いの思考プロセスにおいては、最初に立てた問いに気づきや仮説を生み出しているうちに、新たな「問い」が生み出されることが頻繁にあります。逆に言えば、プロジェクトが進行する過程で、「問い」そのものが進化していくことが、リサーチ・ドリブン・イノベーションの前進でもあるのです。そこで、ワークショップの成果物を「新たな問い」に定めて、**データの解釈を経て自分たちが本当に考えたい「問い」を再設定することを、アウトプットにする**ことも有効です。

生活者のストーリー

トレンドデータや生活者データを手がかりに、現在の人間や社会の「実態」について理解を深めたい場合、あるいは歴史データや有識者データを手がかりにしながら人間と社会の「未来」について想像を膨らませたい場合、成果物を抽象的な“社会ビジョン”のようなものにしてしまうと、議論に具体性がなくなり、地に足のつかないプロジェクトになりがちです。そのようなときには、**生活者が、どのような場面で、何を感じ、何を思い、どのように生きているのか、文脈が伝わるようなストーリーを作成する**ことを成果物にするのもよいでしょう。いわゆる「ペルソナ」と呼ばれる架空の生活者像を作り上げ、リアリティのあるストーリーが生み出せると、プロジェクトの解像度が高まります。

事業のアイデア

前述した通り、データの解釈の段階で、焦って商品やサービスの具体的なアイデアを出そうとする必要はありません。まずはリサーチの問いを深めて、進むべきプロジェクトの方向性を見出すことが先決だからです。しかしながら、ワークショップにおいて仮の事業アイデアを出してみることは、プロジェクトの方向性を探索する手段として、効果があります。データを解釈しながら見えてきた洞察をもとに、リサーチの問いを深め、**架空の新規事業のアイデアをコンセプトレベルでよいから出してみる**のです。この段階で、技術やビジネスの制約をあまり考える必要はありません。人間と社会のアップデートに貢献する事業アイデアを、仮に提案してみることで、「問いに答えられているか」「自社事業としてしっくりくるか」「どんなところに違和感を抱くか」を確認し、それをプロジェクトの手がかりとするのです。

このようにして、データの解釈の成果として、ワークショップで何をアウトプットするのかを戦略的に定義します。

ワークショップデザイン（3）プロセスの定義

ワークショップのインプット（入力するデータ）とアウトプット（出力する成果物）を定義したら、**インプットからアウトプットまでをつなぐ、ワークショップの具体的な「プロセス」**を定義します。

プロセスとは、ワークショップで参加者が経験する活動の順序のことです。レストランのフルコースと同様に、参加者が充実した経験を得るためには、ファシリテートされる体験の「順番」が重要です。メインディッシュやデザートがいきなり最初から登場すればよいというものではありません。

例えば会社のビジョンについて話し合う会議において、いきなり「10年後、会社にどうなっていて欲しいか？」と尋ねられたら、面食らってしまうかもしれません。けれども「この会社に入社してから、あなたが誇りに感じていることは？」と尋ねられたら、個人的な過去の経験を遡ることで、何か答えられることがあるかもしれません。その次に「あなたは10年後、この会社で何を実現していたい？」と尋ねられたら、その前に答えた「誇りを感じる経験」を参考にしながらも、未来の自分像の妄想を語ることができるでしょう。それをチームで共有した上で「10年後、会社にどうなっていて欲しいか？」と尋ねられたら、未来の会社のビジョンに対して、自分ごととして想像できる可能性が高まります。

問いかけによるプロセスのデザイン

「この会社に入社してから、あなたが誇りに感じていることは？」
↓
「あなたは 10 年後、この会社で何を実現していたい？」
↓
「10 年後、会社にどうなっていて欲しいか？」

ワークショップのプロセスは、基本的には先述した「導入」「知る活動」「つくる活動」「まとめ」のプログラム構造に準拠して設計します。しかし一つひとつのワークを有機的に接続させるためには、**参加者の心理と感情を想像し、ワークショップにおいて投げかける問いのコンビネーションを工夫する**ことで、プロセスを練り込む必要があるのです。

データの解釈を「わからなかったこと」から始めてみる

それでは、データ解釈のワークショップの“前菜”は、何から始めるべきでしょうか。おそらく多くの人が、インプットによって読み込んだデータについて、個々人の解釈を共有するところから始めたくなるのではないでしょうか。筆者らも、それが最適なプロセスだと考えていました。まず一人ひとりがデータを読み込んで「気づいたこと」や「わかったこと」を述べ合い、それについてお互いに疑問があれば共有し、その上で、グループで対話をして、データの解釈を深めていくプロセスです。

効果的だと思われたプロセスの仮説

データに対する個人の「わかったこと」の共有。
↓
お互いの「わかったこと」に対する疑問の共有。
↓
グループの対話によるデータの再解釈。

しかし実は、それはリサーチ・ドリブン・イノベーションのワークショップにおいては有効な一手ではありませんでした。筆者らは、効果的なワークショップのプロセスを検証すべく、データを解釈するためのワークショップの様々なバリエーションの問いかけのセットを用意し、どのような手順のときにデータの解釈が深まるのか、テストを繰り返しました。実際にワークショップにおいて話される参加者の発話データを分析し、プロセスの設計によるデータの解釈の深まり方について、認知科学的な手法に基づいて調査したのです。

その結果、驚くべきことに、効率的だと思われていた上記のプロセスでは、かえってデータの解釈が阻害されることがわかりました。一人ひとりが「データを読み込んで、自分はこんなことがわかった」「私はこんなふうに読み解いた」といった具合に、自分が発見した洞察についてのショートプレゼンテーションは飛び交うものの、その後の対話のプロセスが、思いのほか深まらなかったのです。事前に読み込んだ"自分の解釈"の枠から抜け出すことができず、他の人の意見に触れるも「なるほど、そういう意見もあるのですね」と参考にすることはできても、自身の解釈の枠組みが揺さぶられることはなく、チームによる新たな意味が生まれるには至らなかったのです。

一方で、データの解釈が深まったプロセスの型は、一人ひとりがデータを読み込んで**「わからなかったこと」を共有するところから始めたケース**でした。事前に個人で読み込んだデータについて、わかったこともある一方で、わからなかったことや、疑問に感じたことも誰しもあります。つまりデータに対して浮かんだ「問い」を中心に、共有するところから始めたのです。その結果、お互いに「それは確かに疑問に思った」「自分はこう思ったけど、どうだろう？」と、共感的なコミュニケーションが誘発され、その過程で「自分がわかったこと」も共有されつつ、自然とデータの解釈を深めるための対話が展開されたのです。

実際に効果的だったワークショップのプロセス

データに対する個人の「わからなかったこと」の共有。

↓

共感に基づくお互いの「わかったこと」の共有。

↓

グループの対話によるデータの再解釈。

同じ時間をかけるにしても、ワークショップのインプット、プロセス、アウトプットのデザインによってその効果は何倍にも変わります。戦略的にワークショップを組み立て、収集したデータのポテンシャルを最大限に活かしましょう。

複数の観点と視点を組み合わせ、プロセスを形作る

先ほども紹介した、夜の時間に口にするものに関して、改めて着目してみます。第４章でここまで見てきたように、データを読み解く上では、**6 つの観点で何のためにデータを読み解くのかを定め、5 つの視点の組み合わせでどのようにデータを読み解くのかを整理し、そしてワークショップのような場とプロセスをデザインすることで、データを読み解いていきます**。

図 4-4 と図 4-5 のマップは、実際に MIMIGURI とサッポロビール社、インテージ社 3 社合同で取り組んだ、新しいアルコール飲料のコンセプト開発ワークショップにも用いられたマップです。コンセプトの新たな切り口を探るために、まずマップを読み解いた上でいくつかのコンセプトの方向性を導き、さらにデプスインタビュー[2)]を行ってより解像度の高いコンセプトを考えるという形で、プロジェクトが行われました。

まず最初に行われたマップを読み解くワークショップでは、6 つの観点のうち、「④今あるいは過去の社会や人の認識や価値観を探る」にあたる部分を中心に解釈を重ねています。また、5 つの視点のうち、データの「関係」や「矛盾」といった視点に着目してデータを読み解き、生活者は夜の時間にどのような意味を抱いているのかを探ることで、さらに考えを深めたくなるお酒のあり方を探っていくことを目的として置いていました。この段階ではまだお酒のコンセプトを考えることはせず、あくまでより詳しく話を聞いてみたくなる生活者の姿を描き出すことを活動の目標として掲げ、データを読み解いていきました。

続いてデータを読み解く中で見えてきた、仮説の方向性に対して、近い価値観を持った人たちを対象にデプスインタビューを行い、その上でデプスインタビューで得られた発話や、その様子を見た上で浮かんできた思考をもとに、改めて実現したいコンセプトのあり方について考えるワークショップを行いました。ここでは主に「②自分たちが見えていなかった認識や価値観を探る」の観点で、改めて浮かんできた疑問や気づきを共有し、そこに立ち上がる言葉の「頻度」や「矛盾」に視点を向けて対話を重ね、仮説から４つ

▶ ワークショップの様子 ◀

のコンセプト軸を整理しました。

そして最後に、そのコンセプト軸の中で生活者はどのような夜の時間の体験を得たいと考えているのかを「⑥これからの社会や人のありたい姿を探る」の観点で挙げていきました。具体的にはそれぞれのコンセプト軸ごとに、理想の感情の推移をグラフで描き、その推移を支援するためにお酒はどのようなあり方が求められるのかを具体的に形にしていきました。

このように複数の観点や視点を組み合わせて、思考のプロセスを形作っていくことで、より深い理解や洞察を導き、新たなアイデアを生み出すためのプロジェクトを設計することができます。

1) 安斎勇樹，塩瀬隆之 著『問いのデザイン―創造的対話のファシリテーション』（学芸出版社，2020）

2) デプスインタビュー（in-depth interview，深層面接法）：対象者とインタビュアーが1対1で対話するインタビュー手法で，定性調査の代表的な手法の1つです．グループで行うインタビューなどと比較して，対象者の生活・行動実態を深く，詳細に掘り下げて聴取することができ，生活・行動実態の裏側にある理由・動機・願望・不満・価値観など，対象者の深層に深く入り込んで質問し，明らかにすることができます．

第５章　STEP4：合意を形成する

5.1. 何について合意すべきなのか

合意はゴールではなく、新たなスタート地点

問いを立ててデータを集め、解釈を重ねてきたことで、そのプロセスを歩んできたチームの中には、様々な発見や気づき、こんな方向に向かってみたいという、新しい方向性のイメージが湧き始めてきているはずです。徐々にそのイメージをすり合わせ、**チームの中での「合意」を形成する**ことが必要になります。

そうは言ってみたものの、そもそも「合意」とはいったい何のことを指すのでしょうか？「合意」という言葉を和英辞書で調べると、consensus、common consent、mutual agreementといった言葉が挙げられています。いずれの言葉も、複数の人たちの間で、何かしらについて一致をするということを意味しています。

一致と言うと、どうしても「答え」で一致しようとしてしまいがちです。しかしながら、**「答え」で合意しようとすることによっていくつかの問題が生じてしまう**と考えています。

（1）安易な結論に陥りやすい

問いは自分たちで納得する答えを導き出すために用いるものであると第２章の中でも取り上げましたが、いかにチームの中で納得感のある一致を目指せるかがとても重要になります。しかしながら、チームで検討を進めているのは、より良い状況に近づくための「仮説」に過ぎません。実際にそれが「答え」として正しいかどうかは、実現してみないとわからないものです。

つまり**納得感のある「答え」で一致するのは、非常に難しい**ことなのです。往々にして、意見は割れることでしょう。むしろ意見の割れない「答え」に

は、実現が難しかったり、さほどイノベーティブな結果をもたらさなかったりと、罠が潜んでいることが多いのです。

すると人々は、気になることはあるけれど、それだと意見もまとまらないし……と、「妥協」することを始めます。さらには、妥協したのだから、あとはそれを推した人ががんばってくれよと、他責的な状況が生まれることも少なくありません。

(2) 決めたあとに主体的な活動が生まれにくい

そうして合意された「答え」のあとには、当然次のプロセスがやってきます。方向性を定めたのであればアイデアを考えるフェーズに入りますし、まだそこに至らないのであれば、さらにリサーチを進めることが必要です。具体的なアイデアで合意したとしても、それを実際に形にするための活動が待っています。

しかしながら、**「答え」で合意すると、そのあとに誰がボールを持つのかが曖昧になる**ことが多々あります。その「答え」は誰かが推し進めてくれるはず、と待ちの姿勢になりやすいのです。

もちろん、誰かが最終的なジャッジを下して意思決定した場合は、その人が次の活動への責任を持つことになるでしょう。しかしながら「上長承認」という言葉があるように、上長が承認したので、その「答え」を実現するための活動を部下が展開するというような構造にどうしてもなってしまいます。実現したいという想いや衝動に基づいて進む活動にはなりにくいのです。結果、「答え」で一致したあとには、主体的な活動が生まれにくくなってしまいます。

(3) 決めたあとに後戻りしにくくなる

さらに挙げられる問題として、**一度合意した「答え」は問い直しにくい**、というものがあります。上長の承認を得た「答え」は、うまくいかないという状況が見えてきたとしても、そこに異を唱えるのが難しくなってしまいます。「答え」に責任を持って推し進めた当事者も、自らの考えが間違っていたことを否定しにくくなってしまい、結果として明確な「失敗」が立ち上がるまで、その「答え」を形にしようとする活動が続いてしまうのです。

ほとんどの場合、イノベーションにつながるアイデアとは、きれいな流れのプロセスででき上がることは非常に少ないと考えられています。2019 年に採択された国際規格 ISO56002 では、イノベーションのプロセスは「非線形的な順序を取り」「反復的である」としています。つまり、合意された内容が再び問い直されることは、あって然るべきことなのです。

「答え」というのは、それだけ思考の「固着化」を招いてしまいます。「答え」で一致するというのは、イノベーションとは非常に相性の悪いアプローチなのです。

では、いったい何に納得し、一致を図ればよいのでしょうか？　リサーチ・ドリブン・イノベーションでは、**「前提」で一致するという捉え方が大切**になると考えています。

納得できる前提で合意しようという捉え方には、**その前提の上で様々な活動を広げていこうという「余白」が含まれています**。この「余白」があることで、合意した先にさらに考えるべきことが自然と立ち上がります。また、「余白」があることで安易な妥協を避けることもできるでしょう。納得していない部分は、これから考えるべきこととして、包含することが可能です。もっと言えば、一人ひとりが主体的に考える余白を残すことにもつながります。

また「前提」で合意しておくと、**たとえその後の活動がうまくいかなかったとしても、前提が間違っていたのではないか？　と後戻りしやすくなります**。「答え」を問い直すと、どうしてもその「答え」全てを否定してしまいがちですが、「前提」であればどこが間違っていたのかを確かめやすくなり、問い直す活動がしっかりと「学習」と紐づくことになるのです。

また商品やサービスのアイデアが形作られても、今度はそれをプロモーションしていくことになりますし、実際にアイデアが形になることで、向かいたい方向に進めているのかを確かめることも必要になります。合意は終わりではなく、次の活動の始まりを意味しています。

こうした理由から、リサーチ・ドリブン・イノベーションにおいては、次の活動やプロセスに進み、さらに考えを進めていくための「前提」で合意することが大切なのです。

リサーチ・ドリブン・イノベーションにおける合意のポイント（1）
次の活動やプロセスのための「前提」で一致すること。

探究的ダブルダイヤモンドモデルにおける5つの合意すべき前提

実際のプロセスの中では、どのような「前提」で合意すべきなのでしょうか？　第1章で紹介した探究的ダブルダイヤモンドモデルをベースに整理すると、大きく5つの合意が必要になると考えています。

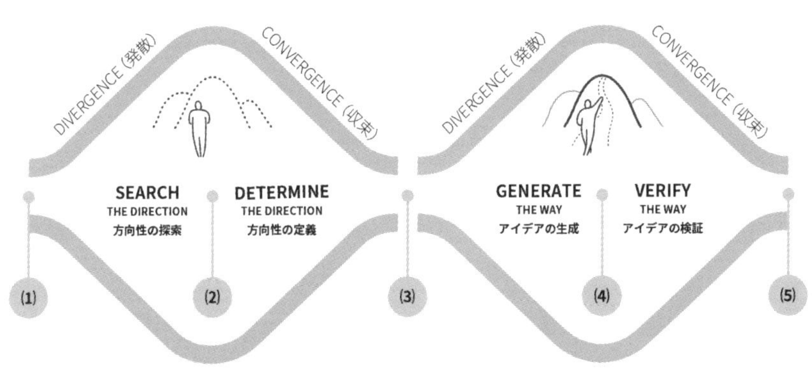

	次の活動やプロセス	その前提として合意すべきこと
(1)	方向性を問い直し始める	その背景や必要性
(2)	方向性を絞り込んでいく	見えてきている状況や世界観
(3)	具体的なアイデアを広げる	向かいたいと考える方向性
(4)	アイデアの検証を行う	いくつかの筋の良さそうなアイデア
(5)	アイデアを実現させていく	実現させるアイデア

図5-1　探究的ダブルダイヤモンドモデルにおける、5つの合意すべき前提

(1) 方向性を問い直し始める前提となる、その背景や必要性

最初に合意を形成しておく必要がある前提として挙げられるのが、なぜそもそも方向性を問い直そうとするのかについてです。実は、この前提が合意されないまま、あるいは明確に言語化されていないまま、新たなプロジェクトを立ち上げようとしてしまっているケースが最も多いようにも思えます。

第１章でも挙げたように、新たな方向性を探索するという活動は、既存の方向性を深化させていくことと対比的な活動となります。つまり**既存の方向性となぜ違う方向性を模索するのか、どういった違いを生み出したいのかといった点を整理しておく**必要があるのです。

この合意を疎かにすると、プロジェクトはとたんに「やらされているもの」になりかねません。ましてや正解がないようなことにアプローチしていくことが求められるわけですから、当然プロジェクトには失敗がつきまといます。粘り強く主体的にプロジェクトを進めていくためには、なぜこの活動が重要なのかを確かめておかなければならないのです。

「イノベーションを起こす必要がある」「新しい価値を生み出す必要がある」といったような前提でプロジェクトを立ち上げているケースは非常に多く見られます。なぜこのプロジェクトを進めていく必要があるのか、その前提にはどんな考えがチームの中に存在しているのか、しっかりと互いの考えを共有し合い、確かめ合っておくことが重要です。

(2) 方向性を絞り込んでいく前提となる、見えてきている状況や世界観

進みたい方向性のイメージを広げていく発散の活動がなされたあとには、いくつかの方向性のイメージやそれを取り巻く状況が見えてきているはずです。ここにズレが存在していると、進みたい方向を絞り込んでいくポイントにズレが生じてくることにつながります。そのため、**絞り込む活動に移る前提として、今世界がどう見えているのかをチームの中で確かめておく**ことが必要になります。

例えば、ある特定の誰かを念頭に置いて、その人がどんな姿に近づければよいのか、自分たちはどんな姿を目指せばよいのかを考えているとしましょう。その誰かのイメージや、その人が置かれた状況に関しての認識にズレが存在していれば、当然その後定めていく方向性についても、イメージがずれ

たまま対話のプロセスが進んでいくことになります。

例えば、アイデアを届けるためのペルソナを取り巻く現状について合意しておくことなどが挙げられます。この前提をベースにおいてペルソナはどうなりたいのか、あるいはどうなって欲しいのかを考えていくことになります。

(3) 具体的なアイデアを広げる前提となる、向かいたいと考える方向性

探究的ダブルダイヤモンドプロセスの中間地点にあたるこの部分では、どの方向性を目指すのかについて合意することを目指します。ここでの合意を前提として、その方向に向かうための具体的なアイデアを考えていきます。

合意すべき前提を表現する際、「How Might We」という構文[1)]を用いると、より明確にその前提を表現することができるようになります。これは「私たちはどうすれば～～することができるのだろうか？」というような意味で、進みたいと考えている方向性を「～～」の部分に記述することで、実際にアイデアを考えるための前提を形成することができるようになります。

ポイントは、「問い」の形で表現されていることです。**この前提はあくまで仮説**であり、実際にそれでより良い方向に向かっているとは限りません。しかしながら、歩みを進めてみなければわからないこともあります。問いの形で表現することで、いったんこの方向を目指してみようというニュアンスを生み出すことができているのです。これを問いではなく、答えのような形で表現してしまうと、うまくいかなかったときに、方向性を改めて問い直そうという力が働きにくくなってしまいます。

問いと答えの表現による違い

問い：私たちはどうすればより深い内省に浸るお酒の時間を実現することができるのだろうか？
答え：私たちが目指すのは、深い内省に浸るお酒の時間を実現することである。

(4) アイデアの検証を行う前提となる、いくつかの筋の良さそうなアイデア

アイデアを広げたら、今度はそれが実際に受け入れられるものか、実現可能なものかどうかを検証活動を通じて確かめていきます。そのとき大切なの

が、検証活動を行う「前提」となる複数のアイデアで合意しておくことです。

1つのアイデアではなく、複数のアイデアとしているのには理由があります。複数のアイデアを常に持っておくことで、その違いを意識して検証活動から発見を得ることができるようになるからです。アイデアを1つしか持っていないと、それがうまくいくかいかないかに目線が行きがちになってしまいます。**検証活動においては、なぜうまくいかないのか、実際にどこがうまくいかないのかを確かめ、新たなアイデアにつなげるヒントを得ることが重要**なのです。複数のアイデアを持っておくことは、それぞれを相対的に捉えることにつながり、結果としてアイデアがうまくいかなくても、適切な学びを得ることができるようになります。

(5) アイデアを実現させていく前提となる、実現させるアイデア

最後に挙げられるのが、実際にアイデアを実現させる上で、どのアイデアを実現させるのかの前提について合意しておくことです。

ここでは、**実際にどのアイデアを形にするのか結論づけているというよりも、実現させる方法やプロセスを考えるための前提となるアイデアで合意していると捉えるのが大切**ではないかと考えています。これも微妙な違いではあるのですが、後者のような形で表現しておけば、すぐに次にとるべき活動のイメージを考え始めることにつなげやすくなります。また結論づけたかのようになってしまうと、その結論を出した人に成否の責任感を印象づけてしまうことにもつながります。結果、そのアイデアがうまくいっているように見せる方法を考え始めてしまうなど、アイデア自体に固執してしまいかねないのです。

アイデアの良し悪しというのは、アイデアそのものに要因があることもあれば、そのアイデアの届け方によって評価が変わってくることもあるような、なんともつかみどころがないものです。アイデアを定めるのは「前提」や「仮説」を形成することである、というニュアンスをチームで共有しておくと、どのような活動を行うべきかをフラットな目線で考えやすくなるのです。

このように、それぞれのポイントで、次の活動につながる「前提」で合意しておくことが、新たな創造性につながる「余白」をもたらし、次の活動を

考えたくなる状態を生み出します。一致させた合意の一つひとつを「答え」としてではなく「問い」で表現しておくと、その問いを起点に新たな探究の活動が広がり、活動を広げていく上での協力関係を築くこともできます。

リサーチ・ドリブン・イノベーションにおける合意のポイント（2）
問いの形で合意を表現することで、新たな探究活動につなげやすくなる。

目指すべき方向性の解像度を高める、4つの要素

本書では、主に2つのダイヤモンドの中央部分まで、つまり（3）のHow Might Weの形で表現する問いまでを主な対象領域としています。進むべき新たな方向性が定まった状況をこの問いの形で表現するためには、その「状況」の解像度を高めていくことが求められます。この解像度が高ければ高いほど、チームとしての共通認識もより強固なものになり、またアイデアを展開する際にも、より具体的に検討が行えるようになります。

このように解像度を高めるためのヒントとして、図5-2のような4つの要素を紹介したいと思います。

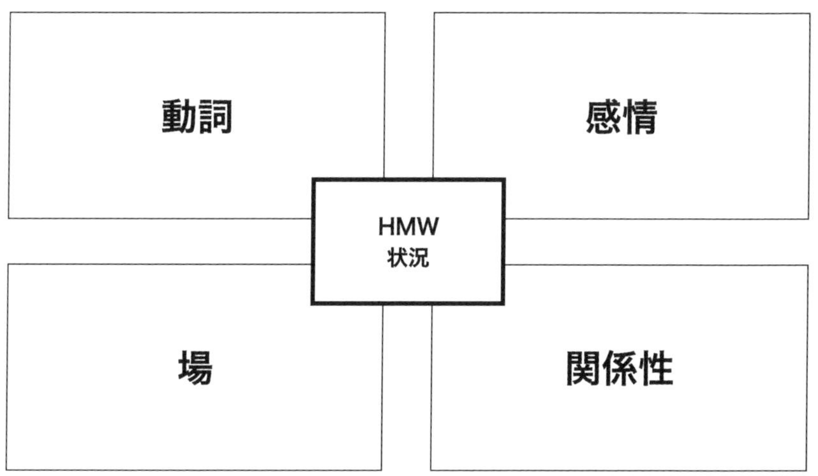

図5-2　How Might Weの解像度を高めるための4つの要素

（1）動詞

1つ目は、その状況に存在する「動詞」です。これは第2章でも紹介した「行為」と同様、**その状況の中にどんな営みが存在しているのか**に着目します。

例えば、第2章で出た「ビール」の例のように、ビールというプロダクトが存在する状況には、様々な動詞が存在します。どの動詞に着目し、どんな新しい営みを実現するのかを、How Might We の形で表現します。

それは「飲む」に関わることなのか、それとも「労う」ことなのか、はたまた「集まる」ことなのか。動詞に着目することで、そのプロダクトと共に存在する人間の具体的な行動やシーンが浮かんできます。

How Might We で表現した例

- **「飲む」に焦点を当てると……**
  私たちはどうすれば、これまでにない印象的な一口目を実現できるのだろうか？
- **「労う」に焦点を当てると……**
  私たちはどうすれば、自分を労うひとときを、よりホッとできる瞬間にできるのだろうか？
- **「集まる」に焦点を当てると……**
  私たちはどうすれば、再び人々が集まる状況を、これまで以上に活気溢れる状況にできるのだろうか？

（2）感情

2つ目に挙げるのは、**その状況の中に潜む、人々の「感情」**についてです。特に感情の揺れ動きが重要なプロダクトなどでは欠かせない要素です。

例えば、新しい料理教室のコンセプトを考えていたとしましょう。料理教室について考えるとき、そこに来る人々の「感情」に目を向けることは、あまり多くないのではないでしょうか？　しかし、確実にそこに「感情」は存在しています。そもそもなぜ通いたくなったのか、通った結果を披露してどんな気分になりたいのか。しっかりとそこに目を向けることが大切です。

もっと言えば、その「感情」に対して、これまでにないあり方を考えるのも大切になるでしょう。「楽しい」とは具体的にどんな楽しさなのか、「悲しい」気持ちを抱える人に向けた料理教室はないか、料理教室が「驚き」で満ち溢れていたらどうか。考える切り口は多様に存在します。

How Might We で表現した例

- 「楽しい」に焦点を当てると……
  私たちはどうすれば、素材を感じる楽しさを実感できる料理教室を実現できるのだろうか？
- 「悲しい」に焦点を当てると……
  私たちはどうすれば、悲しい気分をリフレッシュできる料理教室を実現できるのだろうか？
- 「驚き」に焦点を当てると……
  私たちはどうすれば、プロセスに驚きのある料理教室を実現できるのだろうか？

（3）場

3つ目に挙げるのが、**状況の具体的な舞台となる「場」**についてです。具体的なプロダクトを考えようとするとき、それが存在する「場」自体があまり問い直せていないことは非常に多く見受けられます。

例えば、「タバコ」の新しい企画を考えていたとしましょう。これだけ吸える場所が限られてきているのにもかかわらず、新しい「喫煙所」のあり方というのは、さほど考えられていないように思えます。もし害がなければこんな場所で吸いたいのに……といったように、今は実現できるはずもない場所をイメージしてもいいかもしれません。

もし「寝室」でタバコが吸えたなら、もし「散歩道」でタバコを吸うのが当たり前になっているとしたら、あるいは「レストラン」にとってタバコが歓迎すべきものになっているとしたら——。普通なら除外する場をあえて想定してみることで、新しいものが生まれるかもしれません。

How Might We で表現した例

- 「寝室」に焦点を当てると……
  私たちはどうすれば、ベッドの上での至福の一服を実現できるのだろうか？
- 「散歩道」に焦点を当てると……
  私たちはどうすれば、散歩道でもふとタバコを吸うことが許される社会をつくれるのだろうか？
- 「レストラン」に焦点を当てると……
  私たちはどうすれば、タバコと料理のコラボレーションを楽しめるレストランを実現できるのだろうか？

(4) 関係性

最後に挙げるのが、状況の中に存在している「関係性」についてです。**人と人の「関係性」はもちろん、モノと人や、組織と組織など、その状況の中にどんな「関係性」がどのように潜んでいるか、どのような「関係性」を目指したいのか**を探っていきます。

例えば、組織の新しいミッションやビジョンを考えているとしましょう。皆さんの組織にも、ミッションやビジョンが定義されていることは多いかもしれませんが、それによって組織内外に潜む「関係性」をどのように変えたいのかについては、ありきたりなイメージしか持っていないことが多いように思えます。

より「コラボレーション」の生まれる関係性を実現したいのか、「家族」のような組織でありたいのか、社会に対してどんな「期待」を持たれる企業でありたいのか。様々な関係性に目を向け、その一つひとつに自分たちならではの方向性を見出そうとすることが大切になります。

How Might We で表現した例

- **「コラボレーション」に焦点を当てると……**
  私たちはどうすれば、毎日コラボレーションが生まれるような組織を実現できるのだろうか？
- **「家族」に焦点を当てると……**
  私たちはどうすれば、距離感はありつつも信頼し合える遠距離の家族関係のような組織を実現できるのだろうか？
- **「期待」に焦点を当てると……**
  私たちはどうすれば、社会の予想を裏切ることを期待される組織を実現できるのだろうか？

1） How Might We：アメリカのデザインコンサルティングファーム「IDEO」が提唱したフレーズ．https://qz.com/work/1022054/the-secret-to-better-brainstorming-sessions-lies-in-the-phrase-how-might-we/（最終アクセス日 2020/11/30）

5.2. 合意のためのアプローチ

合意を形成する対話に必要な「違和感」への着目

では、実際に合意を形成するためには、どのような対話を展開していけばよいのでしょうか？

合意と言うと、どうしても「一致させる」ことばかりに意識が行ってしまい、一人ひとりの考え方の中に共通する部分はないかを探ろうとしがちです。しかしながら、**共通点を安易に見出すことは、結果としてその後のプロセスでのズレを生むことにつながったり、さほど新しさのない合意が形成されてしまったりする原因**となります。

そもそも対話には、考え方の違いがあることが大切です。自分たちの価値観や考え方を共有し受け止め合い、そこに存在する違いを明らかにしながら、なぜそうした違いが生まれるのかを語り合っていくことで、新しい価値観や考え方が生まれてくるもの。そういった意味で、一致させることに拙速に意識を向けるのではなく、まずは今ある違いに目を向けることが重要です。

さらに言えば、ここで言う違いは、互いの間に存在している「違和感」とも言えるものです。Aさんが表現している考え方は、基本的には理解できるが、妙に腹落ちしない違和感を覚える、といったように、ロジカルに整理できる違いではなく、**非常に曖昧で主観的な違いに目を向け、その違いについて対話することで、より強固な共通の前提で合意できる**ようになります。

> **合意を形成する対話で着目するポイント**
> **チームの中に存在する違和感に着目することで、より強固な共通の前提を形成する。**

この違和感の立ち上げ方には、大きく3つのアプローチが存在しています。

(1) 違和感を確かめ合う

まず最もシンプルな方法は、チームの中に今存在している「違和感」を確かめ合うことです。データの解釈を重ねるにつれて、チームの中には共通の理解が生まれていきます。しかし同時に、抱いた違和感を表明しにくい状態へと推移もしています。全体がある方向に向かおうとしていることに対して、違和感を覚えたとしても、空気を読んでそのままのみ込んでしまうことは少なくありません。

こうしたことから、**今抱いている違和感はないかをシンプルに確かめ合う**ことが大切です。その際、対話の原則にもあるように、表明された違和感を拒絶してはいけません。その違和感は、さらに強固な共通の前提を形成するための力になるもの。違和感を挙げてくれたことを好意的に受け止め、その違和感がどこから来ているのかを語ってもらいます。傾聴の姿勢を持ち、違和感を言葉にしてもらうと、自分たちの中にまだ見えていなかった視点が見えてきたり、それぞれが大切にしている価値観に触れたりすることができます。

(2) 違和感を立ち上げやすい環境をつくる

明確な違和感が存在していなかったり、なかなか違和感が言語化できない場合は、違和感をより立ち上げやすい状態をつくることが重要になります。自分が感じていることを直接言語化するのは非常に難しい行為です。しかしながら、何かしら考えを目に見える形にしてみると、違和感を言葉にしやすくなります。

例えば、**今自分たちが想定しているビジョンを絵に描いてみたり、大切にしたいキーワードを数に限りをつけて挙げてもらい、その違いを語り合ったり、あるいは一度描いている方向性のビジョンを実現するアイデアを考えてみて、それぞれのアイデアを批評したりする**など、様々なアプローチがあります。

(3) あえて批判してみる

もう一歩踏み込んだアプローチとして挙げられるのが、あえて批判的な目を向けてみるというものです。これまで対話されてきた内容や解釈に対して、**チームの外にいる人になったつもりになって、あえて批判をしてみます**。外の目を意識してみると、自分たちでは見えていなかった違和感に気がつくことができます。

具体的には、今回の取り組みを評価する人になったつもりで考えてみたり、的確な批判をくれそうな知識人や経営者になったつもりで捉えようとしてみたりするなど、より良い批判のまなざしを向けてくれる人のイメージを、自分たちの中にあらかじめつくっておくと、より批判を広げやすくなるでしょう。

違和感がないからと言って、こうした活動をせずに合意を形成してしまうと、後々のプロセスでより致命的な違和感を生んでしまうことにつながったり、安易な結果に落ち着いてしまったりしがちです。しっかりと時間をかけて向かい合う姿勢が欠かせません。

違和感に着目するためのアプローチ

素直に違和感を共有しやすい状況をつくり出すと共に、違和感を立ち上げるための取り組みを行ったり、あえて批判を行ってみたりするなどの活動で、潜在的に存在している違和感にも目を向ける。

違和感を立ち上げるための多様決のアプローチ

違和感を立ち上げるための手法として、よく実践する「**多“様”決**」と呼ばれる手法をご紹介します。この方法は、システム・アーティストであり、筆者（安斎）の父親でもある安斎利洋が提唱している実験的な投票方法です[1)]。

多様決では、**多数派が賛同する意見を採用するのではなく、参加者の解釈や賛否が多様に分かれるアイデアに着目**します。具体的には、いいなと感じるアイデアや意見に貼りつける赤いシールと、違和感を覚えるものに貼りつける青いシールを参加者が同票持ち、お互いの案に投票し合います。

多数決であれば、赤いシールが最も多い案を採用することになりますが、多様決においては、**赤いシールと青いシールの掛け算で、数が多いものに着目**していきます。投票結果をもとにして、違和感に着目していくのです。

- なぜ意見が分かれたのか？　なぜその票を入れたのか？
- 多数決で票を集めたアイデアと、多様決で票を集めたアイデア、どちらを育てたい？

▶ 多様決が行われている様子 ◀

・多数派のアイデアに、少数の反対投票が入っているけど、それはなぜ？

などと、投票結果に対する解釈を尋ねる「問い」を立て、チームメンバーの意見を述べ合いながら、対話をします。「青いシール」をきっかけとして抑圧されがちな少数派の違和感を引き出しやすくするのです。

合意に至らないときは

違和感を出し合いながら対話を進めてみても、違和感がなかなか解消できなかったり、このまま次のステップに進んでいくことに拒否感を覚えてしまったりするなど、なかなか共通の前提で合意できない場合もあります。

その場合は、その違和感を踏まえながら、改めて問いを立て直して対話を展開してみたり、データを解釈し直してみたり、あるいはデータの集め方を変えてみたりするなど、これまでのプロセスに立ち返り、改めて歩み直してみることも必要です。あるいは、その前に合意していた前提に立ち返り、その観点について対話し直す必要がある場合もあるでしょう。過去に一度読み解いた解釈や合意した前提であっても、プロセスが進んだことで違った見え方をしてくることもあるのです。

多くのイノベーションプロジェクトには、こうした「戻る」プロセスが非常に多く存在していると思われます。何が正解かさえもわからないプロジェクトが、シンプルな一本道を進んでいくだけで成功するとは到底思えません。

しかしながら、こうした**一見前に進めていないような遠回りの道のりを進んでいくことが、結果として生み出されるものの力強さや魅力につながっていることは少なくありません**。それだけ考えを深めてきたことは、簡単には折れず、容易に真似できないものになっているのです。

イノベーションのプロジェクトを評価する人たちも、**プロジェクトが前の段階に戻ることを許容する姿勢を持つことが重要**でしょう。多くの場合、評価者は前の段階に戻ることを、プロジェクトの「後退」と捉えがちです。しかしながら「戻る」ことでさらに深い文脈が形成されているのであれば、それは「前進」と捉えるべきなのです。チームが戻りやすい状況をしっかりと支えてあげられるかどうかは、評価者の力量が問われるところであると言っても過言ではないでしょう。

> **合意が形成できない場合**
> **問いを立て直したり、データを集め直したり、解釈し直したり、あるいは１つ前の合意された前提に立ち返ったりと、「戻る」ことが大切になる。**

豊かな合意を形成するために必要な姿勢

合意を形成するためにもう１つ大切なのが、合意にあたっての姿勢です。まず大前提として、**合意を形成するということはチームの中で互いにその前提に立つことを意味**しており、誰かに責任を担わせることではありません。もちろんプロジェクトの責任を誰かが担うことは重要ではありますが、人任せにするようなスタンスで合意を形成していては、決してプロジェクトはうまくいかないでしょう。

また、**合意した前提は仮説であることが多く、必ずしも正しいとは限らない**ということも頭に入れておく必要があります。もっと言えば、正しさばかりを求めていると、いつまでたっても合意できないまま、前に進めなくなってしまうこともあるのです。

いったん前に進んでみて、うまくいかなければ、また戻ってくればいいのです。前に進んでみないとわからないこともある場合も少なくありません。十分に違和感を共有し合った上で、前に進んでみてもいいかもね、と思えるようであれば、前に進んでみてから改めて解消しきれていない違和感と向き合ってみてもよいでしょう。

第１章でも述べたように、イノベーションには「創造的自信」や「勇気」が必要です。データを解釈する中で見えてきた「安心感」を１つの頼りにしつつ、「跳躍」することが欠かせないのです。ここまでのプロセスをしっかりと歩んできていれば、おそらく前に進む準備はできていることでしょう。まずは一歩踏み出してみては？　とチームに問いかけてみてはいかがでしょうか？

Column »

力強い共通言語がイノベーションを生み出す

イノベーションを起こすには、豊かな組織が欠かせません。組織とイノベーションの関係は、様々な書籍で言及されており、トヨタの「カイゼン」やホンダの「ワイガヤ」など、様々な組織文化が形成されてきています。そして、そうした力強い組織文化を持つ企業には、そのカルチャーを表現する「共通言語」が存在します。では、この「共通言語」とはいったい何なのでしょうか？

筆者（小田）は、共通言語とは、組織の中で用いられる単語ではなく、組織の中に広がる一致した認識だけを指しているものでもなく、コラボレーティブに新たな価値や知識を生み出し続けるための「言語体系」あるいは「言説（Discourse）」として捉えています。

「言説」とは、「ある社会的アイデンティティを提示しまたは認識するために、ある場面、ある時点で、どう話し、聞き、読み、書き、行動し、交流し、考え、評価し、ツールやモノを使うかということ」であるとされています[2)]。こうした様式に共通性が存在することで、いわゆる「SECI モデル」[3)]における循環が生まれていきます。

「SECI モデル」とは、一橋大学大学院の野中郁次郎教授らが提唱した、企業における知識創造活動におけるナレッジマネジメントの体系で、「暗黙知」と「形式知」を「共同化」「表出化」「連結化」「内面化」のプロセスを通じて相互に変換しながら、高速に回転させていく（「SECI スパイラル」と表現される）ことで、創造性と効率性をダイナミックに両立できるというモデルです。

このスパイラルを回していくと、組織の中に共通の「言説」が形成されていきます。そしてそれは、このスパイラルをさらに加速させることにもつながります。スパイラルという表現が用いられているのは、こうした背景もあるのでしょう。

このスパイラルを生み出していく、あるいはここからイノベーションを実現させていくためには、人と人とがコンテクスト（文脈）を共有する「場」と知的創造のコミュニティを発展させていく「知創リーダーシップ」、そし

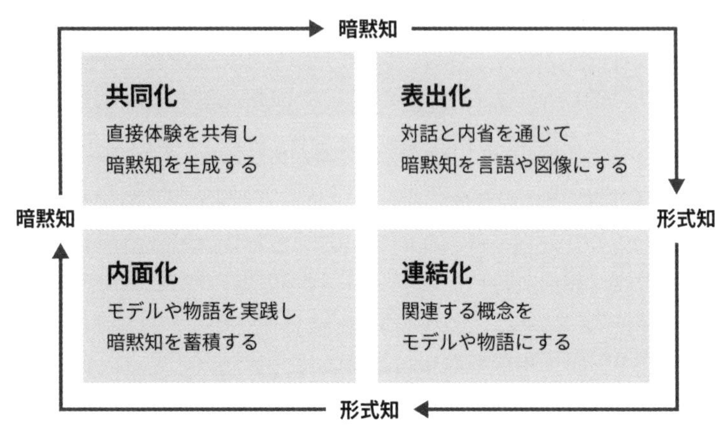

図 5-3　SECI モデル

てこの SECI モデルをベースとした共創の場づくりと実践が必要であるとされています。こうした取り組みなくして、イノベーションは実現しないと言えるでしょう。

　このように、組織の中で共通の言語体系が生まれ、またそれ自体が書き換えられ続ける状態こそが、力強い共通言語が存在している状態であると言えます。言葉だけを一致させようとしても、それは力強い共通言語とは言えないのです。

1）多様決コンペ http://renga.com/anzai/lab/%E5%A4%9A%E6%A7%98%E6%B1%BA%E3%82%B3%E3%83%B3%E3%83%9A/（最終アクセス日 2020/11/30）

2）Gee, J. P.（2014）. *An introduction to discourse analysis: Theory and method*. Routledge.

3）野中郁次郎，西原文乃 著『イノベーションを起こす組織―革新的サービス成功の本質』（日経 BP, 2017）

5.3. 合意に基づきアイデアを生み出し検証する

本書では、リサーチ・ドリブン・イノベーションのプロセスとして、主に方向性を定めるフェーズについて紹介してきました。5.1. でも紹介したように、その終わりに来るのは、前提としての向かおうとする方向性、具体的には How Might We の問いで表現された前提で合意した状態です。

このあとには、実際にその方向へと歩みを進めていくための、道を築いていくフェーズが続いていきます。**具体的にアイデアを広げ、その中から実際に目指すところにたどり着けそうなものをいくつか選び、たどり着けるか検証を重ねて確かめていく**ことが必要になります。

最後にその進め方について、要点を絞ってお伝えしたいと思います。

アイデアの生成フェーズ

まず取り組むのは、アイデアを生み出し広げていくフェーズです。ここではアイデアそのものを発散していくことはもちろん、歩みを進める道をつくる上で、どんな要素が求められるのかを広げていくことも重要になります。

必要な要素を分解して、そこからアイデアを広げる方法や、アイデアを強制的に発散させる方法など、様々な方法があります。ここでは最もベーシックな方法として、エンジニアリングデザインの考え方の中にある、**機能解析法**と**形態チャート法**にヒントを得たアプローチを紹介したいと思います。

(1) ブラックボックスとホワイトボックスを活用し、アイデアに求められる構成要素を分解する

まずは、機能解析法と呼ばれる方法にヒントを得たアプローチです。**いきなりアイデアそのものを考えるのではなく、アイデアの中に必要な「機能」、つまりアイデアが実行されていく中で、何が達成されなければならないのかを明らかにする**ことに取り組みます。

そもそもほとんど全てのソリューションというのは、何かしらの入力があり、それが処理されたことで必要な出力が得られるという構造になっています。もう少し図的に表現すると、**アイデアあるいはソリューションというブラックボックスがあり、そこに何かしらが入力されると必要な出力が出てく**

るという構造になっています。このブラックボックスの中に必要な機能が含まれているという考え方です。

例えば、すっきりとした心地良い朝の時間を実現したいのであれば、寝起きの人が入力され、ブラックボックスを通過するとすっきりと心地良い感覚を得ている人が出力されてくるという構造になります。このブラックボックスを明らかにした上で、その中がどうなっているかをさらに探っていくのです。

このブラックボックスをまず描くところから始めていくのですが、最初はその**ブラックボックスの範囲を「大きく描いておく」ことがポイント**です。例えば心地良い目覚めを実現するためのアイデアを考えていたとしましょう。最初から目覚める瞬間にだけ着目して描いてしまうと、アイデアの幅が目覚まし時計の新しい提案などにとどまってしまいます。寝る前の時間から起きて朝の最初のアクションをとるまでをまずブラックボックスとして描いてみると、生み出されるアイデアの幅も自ずと広がってきます。

ブラックボックスを描いたら、今度はその中がどのように構成されているかを分解して捉えていくことになります。この構成要素は、「目を覚ます」「布団から出る」といった形で、**目的語＋動詞の同じ形で表現**していくと整理がしやすくなります。そしてそれらをつなぎ合わせることで、先ほどの入力と

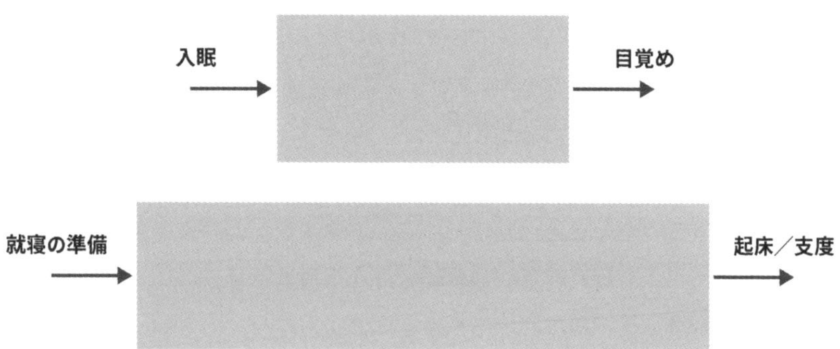

ブラックボックスを広げておくことで、アイデアの幅も広がる

図 5-4　ブラックボックス

出力をつなぐ、一連の流れができ上がります。**この様子を描いたものをホワイトボックス（あるいは透明ボックス）と言います。**

このとき、どのようにそれらの構成要素をつなぎ合わせるのかが、１つのアイデアを形作る要因になります。方向性を定めるフェーズで描いてきた目指したい姿に照らし合わせ、つなぐ順序を考えてみるのがよいでしょう。

また**具体的に組み合わせ、アイデアとして形にする構成要素の境界をどこに設定するかも重要なポイント**になります。その境界の括り方で、アイデアの形は大きく変わってくるからです。

(2) マトリクスを活用し、組み合わせでアイデアを生み出す

ホワイトボックスを描き、実現するアイデアの境界を敷き直したら、今度はそのアイデアを実現する方法について考えていくことになります。ここでは、形態チャート法という方法を紹介します。**アイデアに含まれる構成要素の一つひとつに対して、それを実現する手段を考え、それらの組み合わせでアイデアを広げてみる**という方法です。

先ほどのホワイトボックスの中で描いたようなアイデアの境界で捉えてみると、「起きる時間を決める」「起きる時刻を知らせる」「起きたことを知らせる」「次の行動に移ったことがわかる」というような構成要素でアイデア

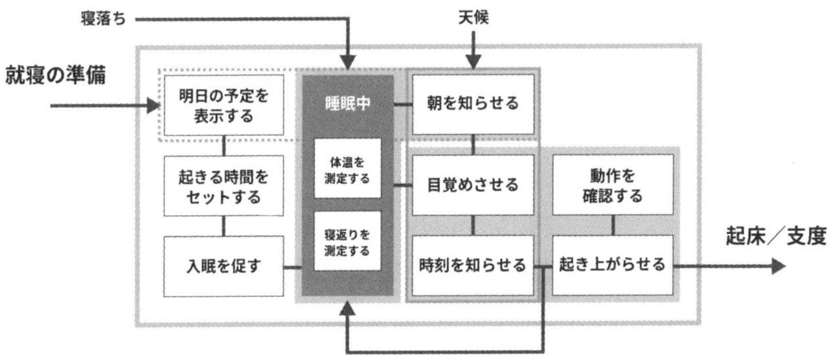

ホワイトボックスの中に、構成要素を整理し、アイデアの境界案を探る

図 5-5　ホワイトボックス

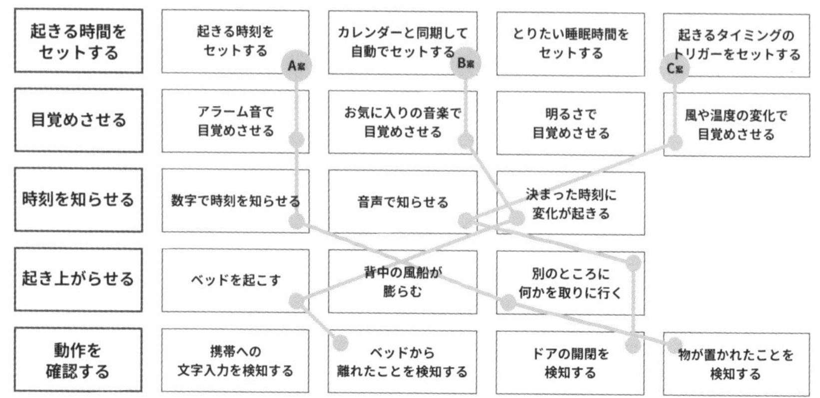

図 5-6　形態チャート法によるアイデア創出

を形にしていくことになります。それぞれの要素に対して、実現の方法を発散させ、それらの組み合わせでアイデアを形にするのです。

他にもアイデアの生み出し方というのは数多くありますが、それらの方法は様々な書籍ですでに紹介されているので、ここでは割愛します。ただ、アイデアは組み合わせによって形作るという意識は数多くの方法に共通しています。結局のところ、組み合わせた絵の素材をどのように生み出すかと、組み合わせたイメージを描く力、そして生まれたアイデアをどのように捉えるかという点が重要になってきます。

また生まれたアイデアを活用して、自分たちが目指す方向性の解像度を高めることも大切になってきます。例えば、**アイデアに対して多様決を行えば、賛成反対が立ち上がり、その考えについて対話することで、目指す方向性の解像度が高まる**のです。アイデア出しとは、単に実現の手段を考えるだけに過ぎず、そうした目的も有した活動であると考えておくことで、全てのアイデアが「学習」のきっかけへと変わるのです。

アイデアの発散フェーズのポイント

- **目指す方向性を実現するための構成要素を明らかにする。**
- **構成要素の中から、アイデアとして形作る範囲を特定する。**
- **範囲の中に含まれる構成要素の実現方法をそれぞれ複数挙げる。**
- **それらを組み合わせてアイデアとして形作る。**

アイデアの検証フェーズ

収束の段階では、向かいたい方向に歩みを実際に進められるのかを検証していくことになります。このときに大切になってくるのが「**リーン**」[1]や「**プロトタイピング**」[2]と呼ばれる、学びを得ながら検証を重ねていく考え方です。

いずれのアプローチもできるだけコストが低い試作を作り、それをユーザーに試してもらうことで、アイデアや目指す方向性が受け入れられるか、あるいは実際にアイデアが機能するかなどを確かめ、失敗から学びを得て、より良いアイデアを目指していくというものです。

当然ながら、いきなりアイデアを市場に出せる形にすることはできません。決め打ちで市場に出しても、失敗してしまうことがほとんどでしょう。一方で、じっくり検証を重ねていっても、実際に市場に出す頃には社会の価値観が変化してしまっているかもしれません。社内の説得材料を集めることにほとんどの時間を費やし、気がつけばチームが疲弊してしまうことも少なくありません。

さらに言えば、**イノベーティブなアイデアは、受け入れられる土壌を社会につくり出すための活動も必要**です。今日クラウドファンディング[3]の活動がより注目を集める背景には、単に資金を集めるだけではなく、アイデアへの共感を見える形にしていくことで、社会の中に新たなアイデアが受け入れられる状態を生み出すという側面があると筆者は考えています。

「向かいたい方向に歩みを進めるための道をつくってみて、そこを一緒に歩いてみることで、どんどんその方向に向かいたい人を増やしていく」と表現してもいいかもしれません。いきなり完璧に舗装された道をつくる必要はなく、まずは畦道からでよいのです。

また、**学習を進めやすい活動の環境を組織の中につくれるか**も、重要な鍵を握ります。第1章でも紹介したように、イノベーションのプロセスは、「探索」の方向に向かうアプローチでもあります。しかしながら、「深化」と同じような評価プロセスで、アイデアを評価してしまっているケースは非常に多く見受けられます。新しい評価の枠組みを組織の中にしっかりと構築することも、イノベーションには欠かせない行為と言ってもいいでしょう。

アイデアの検証フェーズのポイント

- **いきなりコストをかけすぎず、「畦道」でもアイデアを形にして試してみる。**
- **アイデアがうまくいくかどうかを、形にせずに確かめる時間を削る。**
- **アイデアが受け入れられる土壌をつくる活動を行う。**
- **探索の活動としてのアイデアの評価の枠組みを組織の中に構築する。**

新しい探索を広げるということは、ある意味粗さが目立ちます。しかしながら、**その粗さの中にこそ、今までにない可能性がある**ということを、組織やチームは信じて歩みを進めなければなりません。

うまくいかない場合は、また戻って方向性を問い直せばよいのです。そこには確実に新しい「学び」が生まれています。実際に歩みを進めてみたことで新しく見えてくるものが必ずあるはずです。その経験を踏まえてまた対話を重ねれば、きっと前には見えていなかった新たな方向が見えてくることでしょう。

1） リーン：最低限の機能を持った試作品を低コスト／短期間で作り，顧客の反応を反映して，より満足できる製品・サービスを開発していく方法．エリック・リース 著／井口耕二 訳『リーン・スタートアップ―ムダのない起業プロセスでイノベーションを生みだす』（日経 BP，2012）が有名．

2） プロトタイピング：試作品を数多く作りながら，その製品やサービスが受け入れられるかを確かめたり，実際にどのように機能するかを確かめたりすることで，新たな設計要件を形作っていく方法．ダイソン社は，初のサイクロンクリーナーを発売するまでに 5,127 台ものプロトタイプを作製したと言われている．

3） クラウドファンディング：まだ完成していない商品やアイデアをインターネット上に公開し，それに共感した不特定多数の人々から必要な資金を調達する方法．

》 Part 3

Research Driven Innovation

リサーチ・ドリブン・イノベーションのケーススタディ

Part3では、4つの手順を踏まえた想定ケースと、筆者らが関わったリサーチ・ドリブン・イノベーションの事例を紹介します。

第6章 事例を読み解く

第6章 事例を読み解く

6.1. ケース1：新たな世代の「保険」の意味を問い直す

第6章では、これまで整理してきたリサーチ・ドリブン・イノベーションのプロセスを踏まえながら、ケーススタディとしていくつかの事例を紹介します。どのようにプロセスを編んでいけばよいか、より具体的にイメージを膨らませてもらいたいと思います。

まずはリサーチ・ドリブン・イノベーションのプロセスをわかりやすく反映した、仮想のケーススタディから見ていきましょう。

プロジェクトの前提を整理する

今回のケースでは、以下の設定をベースに考えていきたいと思います。皆さんも自分が担当者になりきったつもりでイメージしてみてください。

仮想ケースの背景設定

大手保険会社 新規事業開発部
これから保険に入る20代の若者を対象とした新しい事業・商品の開発を担当している。
半年後に具体的な事業プランを上層部に上申することになっている。
さとり世代の考えていることが掴めず、どこから起点に考え始めればよいか悩んでいる。

今回の仮想事例では、「さとり世代」をテーマに置いてみました。ゆとり世代、ミレニアル世代、Z世代など、若者のカテゴリを表す言葉は複数ありますが、それぞれの関係性を整理すると図6-1のような関係性にあります（さとり世代はゆとり世代の後期を指すなど、様々な説があります）。

それぞれの世代について明確な定義は定まっていないものの、ここでは1996年以降に生まれ、2020年時点で24歳以下の世代を対象に考えることとします。社会人というステージにまさにこれから上がってくる世代であ

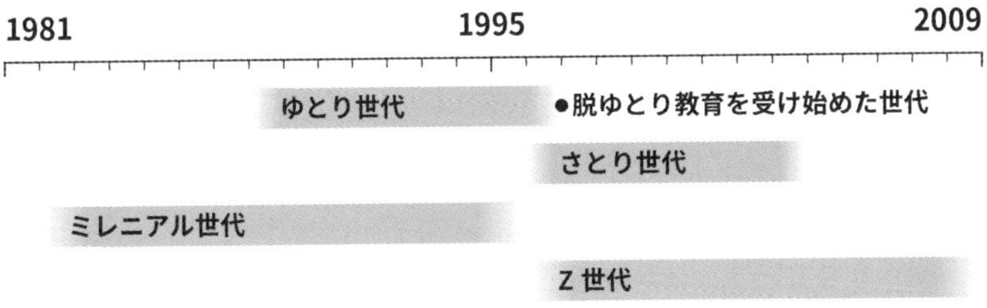

図6-1　各世代と生まれ年の関係性[1)]

り、保険会社にとっては数年後の顧客ターゲットになる世代であるとも言えるでしょう。

さとり世代はよく、「欲がない世代」と評されます。物欲も自己顕示欲もさほど高くはなく、恋愛についても控えめな姿勢を示し、将来のイメージについても高望みはしておらず、合理的な考え方を持っている、と言われています。

同時に「この世代はこういう価値観を持っている」という世代としての代表的な傾向を掴みづらいという特徴があるともされています。生まれた頃からインターネットが存在し、技術の革新と共に加速度的に変化のスピードが上がる社会に身を置いてきただけに、一定の考え方に固定化されずに、常に考え方を変化させ続けている世代であるとも言えるでしょう。

そんな世代に対して新たな施策を考えていくわけですが、リサーチ・ドリブン・イノベーションでは、いきなり具体的なアイデアを発想することはしません。**まず行うべきは、自分たちの「進むべき方向性」の探索**です。すなわち、自分たちが抱えている顧客像や、顧客にとってのありたい姿、顧客にこうなって欲しいという企業側の想いを検討し、自分たちが“どの山を目指すのか”を改めて定義するところから始めていく必要があります。

言い換えれば、そもそも令和の時代における「保険」とは何か、保険会社は一人ひとりの顧客とどのような関係を描いていくのか、といったように、新しい時代に向けて企業の根本の価値観や姿勢を問い直し、新たな可能性を探っていくことが求められているのです。

それでは、早速リサーチ・ドリブン・イノベーションの歩みを実際に進めていきましょう。まずは、ダブルダイヤモンドの「方向性の探索」のフェーズを推進するための「STEP1：問いを立てる」から見ていきます。

方向性の探索フェーズ（1）問いを立てる

リサーチ・ドリブン・イノベーションのプロセスは、まず「問いを立てる」ことから始まります。第2章で見てきたように、新たな方向性を探索するために、問いの探索のマトリクス（図6-4）をベースに置きながら、問いを広げていきます。

（1）問いの軸足を設定する

問いを立てるにあたっては、**まず問いの軸足を設定する**ことから始めます。さとり世代に向けた新しい保険関連のサービスを考えるために、「保険」を包含する事業の関連領域を捉えて、問いの探究範囲を特定します。

例えば、住宅や自動車、あるいは旅行などは、保険に触れ始めるきっかけになるでしょう。他にも結婚や出産、子育てなど、ライフステージに関する事柄も影響してくるかもしれません。物欲がない世代と言われることも多いさとり世代ですが、買い物を全くしないわけではありません。このように、保険というものに直接関わり得るカテゴリを挙げていきます。

次に、**取り上げたカテゴリに対して関連する行為として動詞を挙げていきます**。住むや移動する、旅をするというように、行為から連想される動詞を

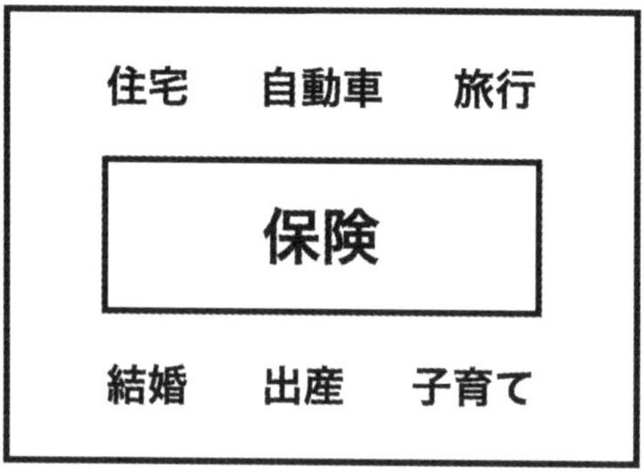

住宅　自動車　旅行

保険

結婚　出産　子育て

図6-2　保険を包含する事業の関連領域の例

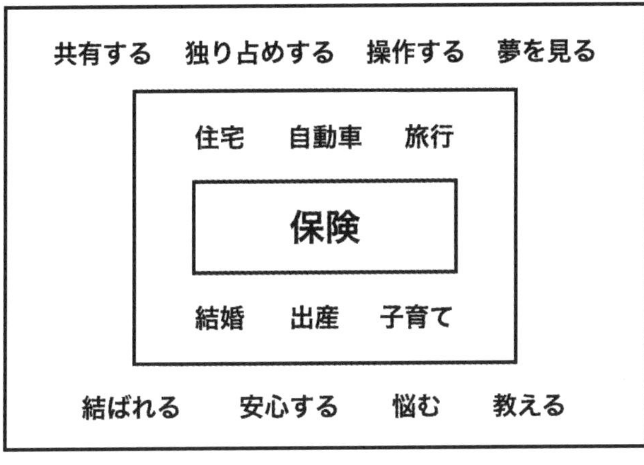

▶ 図 6-3　連想される動詞の例 ◀

挙げていくことはもちろん、結婚に対して「共有する」という動詞を連想してみたり、シェアリングエコノミーが広がる状況を念頭に買い物に対して「独り占めする」というような動詞を出してみたりと、様々な捉え方で動詞を挙げていくことが大切です。

(2) 問いの探索のマトリクスを活用して問いを広げる

そして今度は、**問いの探索のマトリクスの 4 つの観点を踏まえ、挙げた動詞をベースにして問いを考えていきます**。

・内から問いを探る：実用的関心

内側の実用的関心から問いを探る上では、この課題に取り組んでいる人が、どんな世代の人かによって少しずつアプローチが変わってきます。ある程度同世代の人であれば、自分自身の中に浮かび上がってくる問いを直接考えてみてもよいでしょう。

例えば、「共有する」という動詞をベースに、「誰とどんな時間を共有することに価値を感じるだろうか？」という問いを立ててみたり、「独り占めする」という動詞をベースに、「自分が誰かとシェアしたくないものは何か？」と考えてみたりするような形です。

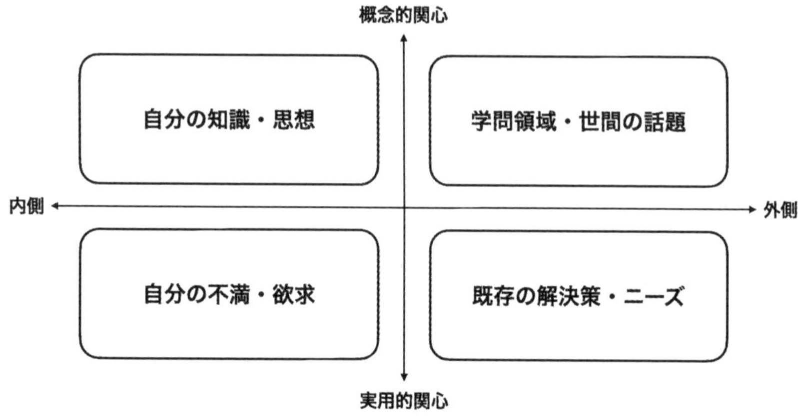

図 6-4　問いの探索のマトリクス

最近の経験から問いを立ててみるのも、解釈の切り口を見出しやすい問いになります。「安心する」という動詞から、「最近抱いた『安心感』は、どこからやってきたのだろうか？」という問いを立てて考えてみるとどうでしょうか？

一方で少し世代が離れているのであれば、自分から見てさとり世代と呼ばれる人たちに対して浮かんでくる、実際の行動や習慣などに対する問いを考えてみてもよいかもしれません。

例えば「私たちでは理解できない、さとり世代の時間の過ごし方は？」といったような問いを立ててもいいかもしれません。自身の子どもたちがさとり世代なのであれば、「私の子どもは、親に対してどのような感情を抱いているのだろうか？」というような問いを考えてみるのも面白そうです。あるいは「私たちが今さとり世代だったら、どんな悩みを抱えているだろうか？」というような、少し妄想を広げるような問いにも、新しい発見がありそうです。

内側に潜む実用的関心に基づく問い

- 誰とどんな時間を共有することに価値を感じるだろうか？
- 自分が誰かとシェアしたくないものは何か？
- 最近抱いた「安心感」は、どこからやってきたのだろうか？
- 私たちでは理解できない、さとり世代の時間の過ごし方は？
- 私の子どもは、親に対してどのような感情を抱いているのだろうか？
- 私たちが今さとり世代だったら、どんな悩みを抱えているだろうか？

・内から問いを探る：概念的関心

今度はもう少し概念的な領域の、自分の中に潜んでいる関心を探っていきます。概念的と言われるとややイメージが湧きづらいかもしれませんが、一つひとつの行為が、もう少し長期的にどんな意味をなしているか、というような視点で捉えてみるとわかりやすいかもしれません。

例えば、「安心する」という動詞をベースに捉えたとき、「私たちはどのような安心を求めているのだろうか？」というのは、具体的な状況というよりも、「安心」に対する価値観や意味を探る問いになっていきます。「共有する」という動詞であれば、「令和の時代に求めたくなる“つながり”とは何か？」という問いも概念的関心に基づく問いになるでしょう。

また大きな社会変化を前提にして問いを立ててみるのも一つの手です。新型コロナウイルスによって、人々の様々な価値観の変化が引き起こされましたが、あなたの中に生まれた変化に目を向けてみると、「誰かと過ごすことの意味は、コロナ禍によってどう変化しただろうか？」といったように、新たな問いが立ち上がってくるかもしれません。

内側に潜む概念的関心に基づく問い

- 私たちはどのような安心を求めているのだろうか？
- 令和の時代に求めたくなる“つながり”とは何か？
- 誰かと過ごすことの意味は、コロナ禍によってどう変化しただろうか？

・外から問いを探る：実用的関心

自分の外にある実用的関心を探るために、今どんな事業やサービスが流行っているのかを探ってみることにしましょう。ゆとり世代である筆者（小田）から見ても、その下の世代に顕著に広がっているなと感じるのは、TikTok をはじめとする動画関連の SNS です。

TikTok が流行する理由については、すでに様々な考察記事が存在しています。いくつかの記事を見てみると、概ね以下のようなことが書かれていました。

- お題に合わせて手軽に楽しい動画を撮影できる
- 発信を通じて有名になれるかもしれないという期待がある
- いいねが増えていくことで、自信が持てるようになる
- 合間時間に楽しめる、ちょっと笑えるようなコンテンツが多く存在している

こうした考察を 1 つの起点にして問いを考えてみるとどうでしょうか？例えば、手軽さやコンテンツの短さは、1 つのポイントとして挙げられている特徴です。「1 日の時間の流れ方は、他の世代とどのように違うのだろうか？」という問いを立ててもいいかもしれません。また「手軽さ」に関しても、他の世代とは捉え方が大きく変わっているようにも思えます。「さとり世代が求める手軽さの特徴は？」という問いを立ててみると、保険の手続きの煩雑さを解消するヒントが見えてきそうな気もします。

また、実際にいくつかの動画を見てみると、1 人ではなく友人と一緒に動画を撮っているシーンが多く見受けられます。こうした状況からは、「さとり世代が友人と過ごす時間に求めることは？」といった問いや、「一緒に何かをすることに、どんな意味を感じているのだろうか？」というような問いを立てることができるでしょう。

外側にある実用的関心に基づく問い

- ▶ 1 日の時間の流れ方は、他の世代とどのように違うのだろうか？
- ▶ さとり世代が求める手軽さの特徴は？
- ▶ さとり世代が友人と過ごす時間に求めることは？
- ▶ 一緒に何かをすることに、どんな意味を感じているのだろうか？

・外から問いを探る：概念的関心

自分の中に、あまり概念的な関心に基づく問いが立ち上がらないなと感じるのであれば、外にそのきっかけを求めてもよいかもしれません。1つのアプローチとしてお勧めしたいのが、Twitterで検索してみることです。「さとり世代」と試しに検索してみると、あるテレビ番組に対する書き込みがありました。若者と年長者との対談イベントで、最初の議題では「今の若者は夢を追わない。さとり世代。リスクをとらないからダメ」と年長者が言っていたのに、新しく立ち上げたコスプレを中心とする事業の話になったら「こんな夢ばっかり追っていてはダメ。バカな大人が増えるだけ」と発言していた、という内容です。

普通に捉えてしまえば、年長者が言っていることは矛盾しているな、と考えるところです。ただ、概念的な関心を探ってみると、「今の若者にとって“リスク”をとってでも追いかけたくなる“夢”とは何か？」という問いを立ち上げることもできるでしょう。

イメージする動詞を1つ決めて、本やそこに記されているキーワードを眺めに出かけてみてもよいかもしれません。特にさとり世代に着目するのであれば、さとり世代が多く集まりそうな場所の本屋さんに出向いてみるとよいでしょう。表参道の青山ブックセンターや、六本木にある「文喫」、あるいはカフェが併設された書店などには、若い人も多く出向いている印象があります。

試しに「共有する」という動詞を頭に浮かべて、本を眺めに出かけてみたところ「サステイナブル」や「秘密にしておきたい」といったようなキーワードが目に留まり、「さとり世代が大切にしたいサステイナブルな要素の特徴は？」や「現代における新たな“秘密”の意味とは？」といったような問いが浮かんできました。

外側にある概念的関心に基づく問い

- 今の若者にとって“リスク”をとってでも追いかけたくなる“夢”とは何か？
- さとり世代が大切にしたいサステイナブルな要素の特徴は？
- 現代における新たな“秘密”の意味とは？

このように、問いの探索のマトリクスを活用して挙げてみると、非常に多くの問いが立ち上がってきます。またそれぞれの問いの中で、特に気になる問いがあったり、実際に調べたくなるようなことが生まれていたりするかもしれません。いきなりさとり世代に向けた保険のサービスのアイデアを考えようとするよりは、広い視点から考えられるようになっていることは明らかでしょう。

(3) 問いを絞り込む

今度は、2.3. で紹介した問いのチェックリストを踏まえながら、生まれたたくさんの問いからまずどの問いに焦点を当てていくかを考えていきます。以下のチェックリストを踏まえて、問いを絞り込んでいきます。

問いのチェックリスト

(1) 明らかにする価値があるか。
(2) ステークホルダーの視点に立てているか。
(3) 探究的衝動がかき立てられるか。

生まれた問いを俯瞰してみると、誰かとのつながり方に関する問いが多いことがわかります。保険にとって、つながりというのは重要そうであるのにもかかわらず、あまり普段考えられていないテーマであり、(1) のポイントとも合致します。インターネットでつながれることが前提の社会で、どのようなつながりが大切になるかは、まさにライフステージがこれから変化していくさとり世代にも響きそうなテーマであり、(2) の観点で見ても問題なさそうです。(3) についても、コロナ禍によって人と人の距離感が大きく変わってきたような実感もあり、自分自身でも探究してみたいと感じたことから、アプローチする問いは、「さとり世代が求める“つながり”とは何か？」と定めてみることにしました。

方向性の探索フェーズ (2) データを集める

問いが定まったら、その問いをベースにさらに思考を広げていくフェーズに入っていきます。方向性を探索していくフェーズですから、問いを起点にもっと興味や関心、好奇心を広げていき、自分自身の中に多様な「見方」を獲得していくことが大切になります。

とは言っても、さとり世代の専門家であるわけでもなく、彼らが求める「つながり」のあり方を考えようにも、どこから考えようか、まだ曖昧な状態です。これはつまり、何がわかっていないかもわからない「未知の未知（3.1. 参照）」へアプローチしていくことが必要な状態でもあります。

そのため、曖昧で解釈の分かれるような、「**つくるためのデータ**」を集めていきます（「つくるためのデータ」と「わかるためのデータ」については 3.1. を参照）。ここでは、その 1 つとして、インテージ社が提供するソリューションである、「**生活者 360° Viewer**」を用いることにしました。なお、今回は仮想のケースですが、さとり世代についての生活者 360° Viewer を用いたデータの抽出とその解釈は実際に行っています。

生活者 360° Viewer は、3.2. でも紹介した、生活者を取り巻く状況や価値観を探るときに有効な、生活者データの 1 つです。消費行動、メディア接触、生活意識・価値観といった様々なデータを包括的に捉え、属性、パネル調査結果、アンケート聴取項目など 1 万 5,000 項目に及ぶデータからターゲットを多角的に理解することが可能なソリューションです。

対象とする生活者の特徴を解釈していく上では、**比較を通じてデータを読み解けるように設計しておくと効果的**です。今回の場合で言うと、いくつかの比較のパターンが考えられます。1 つ目は、ゆとり世代とさとり世代といった、世代間の比較です。これは、さとり世代全体の特徴が読み解ける反面、おそらく一般的に言われているさとり世代の特徴に近い結果が出てくることが予測されます。知っていることを確かめるような形になってしまい、「未知の未知」へはアプローチしきれない可能性があります。

2 つ目のパターンは、さとり世代の中での差に着目するという比較の仕方です。「つながり」に関連する項目からいくつかを抽出して比較を行い、ある程度まとまったサンプルサイズが集められる 2 つのセグメントを対象に、様々な項目の比較を行うことで、解釈を広げるアプローチです。生活者 360° Viewer は、すでに集められたパネルデータや価値観に関するアンケートデータをベースに構築されているため、どの項目で抽出するとどれくらいのサンプルサイズが現れるかをすぐに確認することができます。また多様な項目からサンプルの条件を定義することが可能であり、新たに考えたくなるようなわからないことを発見しようとする今回のフェーズでは、こちらのパターンを採用することにしました。

「つながり」に関連しそうな項目をいくつか選定し、サンプルサイズの比較を行った上で、今回はその中でも、「恋人や配偶者との時間を大切にしたい」という価値観と、「1 人の時間を大切にしたい」という価値観で比較を行うことにしました[2)]。特に「1 人の時間を大切にしたい」というのはさとり世代に強く見られる傾向で、さとり世代として設定した 15～24 歳のサンプルのうち、「1 人の時間を大切にしたい」と答えた人は約 87%、「恋人・配偶者との時間を大切にしたい」は選ばず「1 人の時間を大切にしたい」だけを選択した人は約 62% に及びました。「恋人や配偶者との時間を大切にしたい」と答えた人が、全体の約 29% にしか及んでいないのも驚きです。

今回は、抽出された生活者 360° Viewer の定型としてアウトプットされるレポートを活用します。1 万 5,000 項目の中から、特に特徴的な差が生まれている 100 項目をピックアップし、ターゲットのアウトラインをグラ

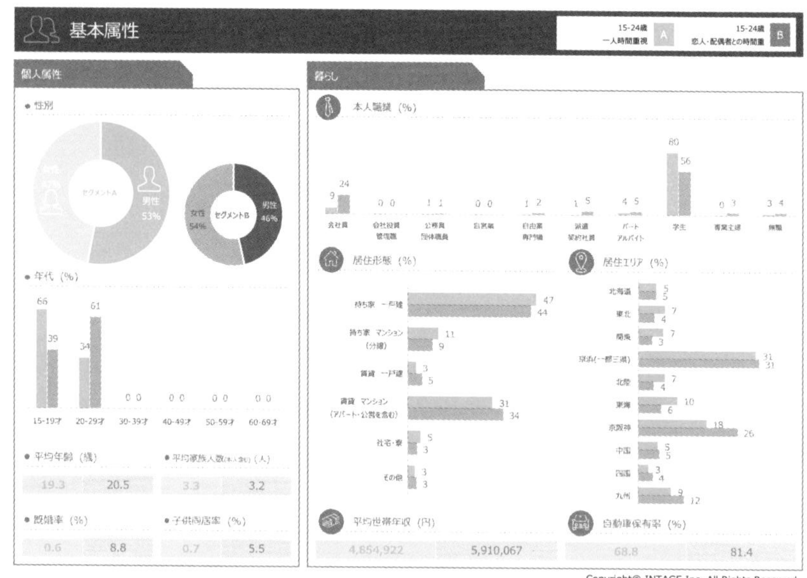

図 6-5　生活者 360° Viewer から生成したレポートの一部

フィカルに表現してくれます。

方向性の探索フェーズ（3）データを解釈する

続いて、アウトプットされたデータを解釈していきます。まずチームのメンバー数名にデータを共有して、6つの観点と5つの視点に基づいて読み解いていきます。

6つの観点

▶「内から外（インサイド・アウト）」の観点
（1）今あるいは過去の自分たちの認識や価値観を探る
（2）自分たちが見えていなかった認識や価値観を探る
（3）これからの自分たちのありたい姿を探る

▶「外から内（アウトサイド・イン）」の観点
（4）今あるいは過去の社会や人の認識や価値観を探る
（5）社会や人が見えていなかった認識や価値観を探る
（6）これからの社会や人のありたい姿を探る

5つの視点

（1）「量」に着目する
（2）「頻度」に着目する
（3）「推移」に着目する
（4）「関係」に着目する
（5）「矛盾」に着目する

まず**どのようなスタンスでデータを読み解くか**を確かめていきます。6つの観点のうち、「内から外（インサイド・アウト）」の観点に立てば、データに対して自分の中に浮かんでくる感情や想いに目を向けることになり、「外から内（アウトサイド・イン）」の観点に立てば、さとり世代はどんな人たちなのかを具体的に探っていくことになります。今回の場合は、データを見てもまだ一人ひとりの中に立ち上がる想いはさほどなさそうと考えられることから、**「外から内（アウトサイド・イン）」の「今あるいは過去の社会や人の認識や価値観を探る観点」**でデータを読み解くことにします。

まずは2つのサンプルのそれぞれの特徴的な項目を比較しながら、「1人の時間を大切にしたい」と考えている人はどんな価値観や行動で特徴づけられるのかを探っていくことにしました。今回のデータは、それぞれの項目について対象者の回答率の差が直接数値として可視化されているため、5つの視点のうち、データの「量」に着目する視点で、特徴的な違いを探っていきます。

以下は4名の人がそれぞれデータを読み解き、「1人の時間を大切にする人」の特徴をまとめたものになります（今回はインテージ社の4名の方にご協力いただき、それぞれ特徴をまとめてきていただきました）。

Aさんが読み解いた「1人の時間を大切にする人」

■一言で表現すると？

▶ 鮮魚の皮をかぶった干物（外ではイキイキ、家ではぬくぬく）。

■データから解釈した人物像

▶ こだわりは人一倍。自分が好きなものがそばにあるだけで心地良い。
▶ 普段仕事がんばってるから家では好きなことさせて！　好きなものと趣味の溢れるマイ空間は誰にも邪魔させないぞ。
▶ ただの自由人と思われたくないし、どうせなら仕事も自分の好きなことにして夢中になりたい。

《内面的特性》
・自分が好きなモノに囲まれて過ごすこと（普段の生活で大切にしていること）。
・夢中になれる（普段の生活で感じていたい気持ち）。
・自由であり続けること（普段の生活で大切にしていること）。
・私は、好きなときに好きなことをするタイプだ（自己認識）。
・友達であっても、プライベートには深入りしたくない（友人関係価値観）。
・自分の内面に踏み込まれないように気をつける（友人関係価値観）。
・自分の目標や夢を仕事で実現できること（仕事価値観）。
・やりがいがあること（仕事価値観）。
・自分の趣味優先の生活を送りたい（生活についての考え方）。
・オードリー若林（好きなタレント）。
・ブランドにかかわらず、自分が気に入ったモノが最高（消費価値観）。
・良いものを、自分自身で発見したい（消費価値観）。

《行動特性：消費・情報の受発信》
・生活するのに問題ない程度に片づいていれば十分だ（掃除価値観）。
・他人から「部屋が汚い」と言われない程度に掃除をすれば十分だ（掃除価値観）。
・食事は1人ですることが多い（食価値観）。
・調理済み惣菜や冷凍食品をよく食べる（食価値観）。
・ほぼ決まった時間に食事をしている（食価値観）。
・商品を買う前・サービスを利用する前にいろいろ調べる（情報収集）。
・気になったものはすぐにインターネットや携帯で検索（情報収集）。
・大塚製薬のカロリーメイトブロック（特徴的な購入商品）。
・赤城乳業のガリガリ君（特徴的な購入商品）。

Bさんが読み解いた「1人の時間を大切にする人」

■一言で表現すると？

▶ギークにあこがれ。他人に興味のない態度はただのポーズ。

■データから解釈した人物像

▶知識に裏づけられた自分の世界がある。ネットやガジェットに詳しくていつでも教えてあげられる。そんな俺ちょっと格好いい……という自分が理想形。

▶自分の時間やこだわりを邪魔されてまで友達をつくる必要はない。と言いつつ、友達がなかなかできないから趣味にのめり込んでいる側面も。

▶自由でクールに見られたいが、実はただの人見知りだったり。仲間内ではテンション高く盛り上がったりバラエティを見て爆笑したりしてるけど、そういう自分は隠したい。

《内面的特性》

・自分を表現したい、好きなものに囲まれたい、自分らしさを表現したい、個性的でありたい。
・自由でありたい、自由な人だと思われたい。
・1人のほうがリラックスできる、自分を優先したい、好きなときに好きなことをする、没頭する。
・初対面の人と話すのは苦手、大勢の遊びや飲みは苦手。
・内面に踏み込まない、踏み込まれない。
・悪いことは悪いと言い合える関係がいい、叱るときは叱るべき。
・ドキドキワクワクすることが好き、現実を忘れてパーっと騒ぐことが好き。
・なんとなく自信が持てない。
・何事にも好奇心が旺盛なほうだ。
・目標や夢を仕事で実現したい、給与待遇の良さややりがいを求める。

《行動特性：消費・情報の受発信》

・好きなブランドはユニクロ、無印良品。トーンはモノクロが好き。
・技術の進歩で世の中はより良くなっていく。最新の技術がわかる先進的な人と思われたい。
・自分が最も良いと思う商品・サービスを自分で選びたい。良いものを自分自身で発信したい。強いこだわりを持って選んでいる商品やサービスが多い。購入からアフターフォローまでネットを活用して自分でやりたい。
・自分が使うものはなるべく買って所有したい。本当に気に入ったものを長く使っていきたい。
・デザインより機能重視。
・欲しいものはお金を貯めてから買う。
・「恋人・配偶者との時間重視」層と比べて、日用品の購入金額が8割弱。化粧品1本の購入金額が約6割。
・調理済み惣菜や冷凍食品が多い。
・リスクテイクは必要。
・学んで目標や夢を実現したい、新しい世界に触れたい、知識を高めたい。
・つみたてNISA、株をやっている。
・ワイドショーをよく見る。様々なメディアを頻繁に利用し、使い分けている。

C さんが読み解いた「1 人の時間を大切にする人」

■一言で表現すると？

▷私の出番待ち。“らしさ” の呪縛にさまよう、サーチする MIKE 猫たち。

■データから解釈した人物像

▷自分らしさにこだわりたい。その心理の裏には、キョーレツな承認欲求心アリ。自分の強みや武器を探している隠れ認められたがり屋。

▷鋼じゃないメンタル。

▷1 人でいたい＆自分らしさへのこだわりとは、自分のハートがブレイクしないための防御。自信がないことを周囲に悟られたくない。

▷機能重視で安心感が欲しい。それが得られれば、お金をかけてもハズさなかったと言える。チャレンジはしたいがリスクは回避したい、基本的にパッシブ。

参考：三毛猫性格

賢くて、プライドが高く、マイペース。人とも程よい距離感を保つが、甘えたいときは自分から寄ってくるなど、気ままな性格。日本特有で英語で MIKE になっている。

《内面的特性》

・自由、個性的、冷静、クールな、自分らしさ。

・1 人でリラックスできる、自分のことを優先したい、好きなときに好きなことをする。

・自分の内面に踏み込んで欲しくない。

・互いを傷つけない。

⇔本当は人や社会の役に立ち、尊敬される人間になりたいと思っている。

→メンタルは鋼ではない。その逆。そのためストレスを溜めやすく、疲れやすい。
たぶん、外出すると疲れるタイプ。

・世の中の風習に合わせないですむ「自分ルール」でいいや。

《行動特性：消費・情報の受発信》

・1 人でいるときがリラックス、解放感。

・面倒くさいことはやりたくない（部屋の掃除もとりあえずはやるけれど、掃除はキライ）。

・しかし、今の生活を変えねばと思っている。

・自分の目標や夢の実現。

・やりがい。

・待遇の良さを求める。

・利益や安心が欲しい。

→自分の力だけで成し遂げられない不安もあり。誰かから背中を押してもらえるのを待っている？

・消費行動は、機能重視、SNS 検索チェッカー、吟味して選ぶフォロワー体質。本心は、間違った選択をしたくないから。

Dさんが読み解いた「1人の時間を大切にする人」

■一言で表現すると？
▶シールドの向こうから世界を眺めるさなぎっ子。

■データから解釈した人物像
▶自分自身の形成期におり、理想はあるが内実はこれから。いつも周囲の人の表情や環境を見渡しながら、感度良く状況をキャッチしてバランス良く生きようとしている。
▶個性的でありたいけど、異端ではいたくない。実際、そんなに強くもないし……。友人（リアル、バーチャル共に）との付き合いや学校や勉強など、それなりにうまくできてるけど、本当は疲れ気味。特に人との関係は遠からず近からず、で。
▶ホッとできる瞬間は、1人で自分の部屋でスマホでゲームをやりながら、イッテQを観ているとき。あ、ガリガリ君アイスがあったら最高。

《内面的特性》
・趣味優先／インドア派、ネットやゲーム
・自分らしさ／自分らしく／自由／一人好き／周りよりも自分優先
・自然体、心地良さ、リラックス⇔刺激が得られる
・精神的な豊かさ⇔その一方でモノやお金も欲しい
・好奇心／心ときめかせ感動を／ドキドキワクワク好き
・文化や教養／知性
・知識を高めたい／自己学習への投資／資格取得
・健康への関心が高い／睡眠や食事などにも気を配っている
・周囲からきれいに見られたい／いつも人の目を気にする／プライド高い
・外見だけでなく内側からのケア
・「歯」のケアは少し無頓着
・周囲への愛情が低い／「優しい」という自己イメージが低い
・人とは一定の距離を保つ（内面には踏み込まれないように）
・社会的信用／人に認められたい
・暮らしへの防衛本能高い（貯蓄／株・投資など）

《行動特性：消費・情報の受発信》
・アーリーアダプター／イメージ先行／衝動買い／マイチョイス⇔安物買い
・気に入ったものを長く／慣れ親しんだものは安心／こだわり強い⇔新しいものを積極的に／移り気
・同じものなら安いところで／欲しいものはお金を貯めて
・個性的になれるものが好き／人があまり持っていないものが欲しくなる⇔一方で、人が持っているものも欲しくなる
・ユニクロ／無印良品／GU
・TV好き／バラエティ番組／アニメ
・動画／SNS／ゲーム／SNSで知り合った人多い／Twitter・Instagram
・話題になりそうなことを広めたい／先進技術は人に先駆けて手に入れたい
・気になったらネットで検索／購入前にはいろいろ調べる／急上昇ワードでネタを仕入れる
・カロリーメイト／コーラ／ファンタ／デカビタC
・カクテル
・自宅でご飯／満足／規則正しい⇔一人ご飯／会話しない
・ご飯食べながら勉強

4人の解釈を踏まえて、そこにさらに解釈を重ねていきます。解釈された結果もデータの1つです。4つのデータの中にある違いを読み解き、さらに解釈を広げていきます。ここでは5つの視点のうち、このデータの中に潜んでいる「**矛盾**」に焦点を当てていきます。

このデータには、2つの「矛盾」が存在しています。1つは、読み解いた解釈の中に潜む、**対象の人物像が抱えている「矛盾」**です。例えば、1人でいることに関して、自分らしさを表現したいであるとか、自由であるとかそうした言葉が多く見られる反面、誰かにどう見られるかということを気にしていないわけではなさそうなことが、共通して見受けられます。基本的に好奇心はあるものの、それをあまり外に出したがらないというのも、矛盾しているように思える点です。

また1人でいたい、自分らしさを大事にしたいと言っている割には、消費行動に極端なこだわりが見られないことも印象的な矛盾です。"らしさ"を追い求めている割には、"らしさ"が形に表れてこないようなところが共通して見受けられます。実際データを見てみると、ユニクロや無印良品といったような、チェーン店のリーズナブルで機能的なものを求める傾向が強く出ており、表面的にはとても自分らしさを大事にしているようには思えません。

こうした矛盾に着目すると、表面的ではない、より深い解釈を導くことができます。「自分らしくありたい」という言葉を見ると、どうしても個性的な外見の人ばかりをイメージしてしまいがちですが、必ずしもそうではなく、内側にある"らしさ"を大事にしたいという側面もあることが読み解けます。新しく「わかったこと」の仮説を見つけることができたと言えるでしょう。

しかしながら、ここでさらに重要になるのは、**新たな「わからないこと」と出合う**ことです。そうした「わからなさ」を引き出す上で大切になるのが、**同じデータを読んでいるのにもかかわらず、人によって違った解釈が生まれてくるような「矛盾」**です。

4人それぞれの解釈を見てみると、一見同じようなことを言っているようで、少しずつ違う人物像を描いているのがわかります。Aさんは外見的には生き生きしている人物を描いている一方で、Dさんは比較的閉じこもりがちな人物像を描いています。またCさんの描く人物像は比較的ツンとした感じの雰囲気を漂わせており、一方でBさんには自分の世界が好きではあるものの、どことなく自信のなさそうな空気感があります。

こうして違いを立ち上げていくと、どれが正しい解釈なのか、と考えたくなってしまいます。しかしそもそもの目的は、新しい「わからなさ」と出合うこと。違いは違いとして、まずはそのまま静観することが重要です。

その上でそれぞれの違いを踏まえて、以下のように整理してみました。まずAさんとCさんが描いた人物像には、共通して自分らしさを追い求めようとする意思が感じられます。一方で、BさんとDさんの人物像には、いずれも自分そのものはそのまま受け入れようというような姿勢が見受けられます。

またAさんとDさんは、他人との距離を自らキープしようとする、アクティブな距離のとり方が感じられる一方で、BさんとCさんの人物像には、本当はちょっと近づきたいけれども、他者との関係性から受動的に距離を置いているという、パッシブな距離のとり方を読み解くことができます。

このように、**人によって違った解釈が生まれた先には、それを整理するための軸を立てることができるようになる**ケースが多く存在します。軸が設定されることで、新たに探究したくなる方向性が立ち上がってきます。その軸を発見したことで、新たに何を考えたくなるでしょうか？　あるいは、どんな領域の人について、より調べてみたくなるでしょうか？

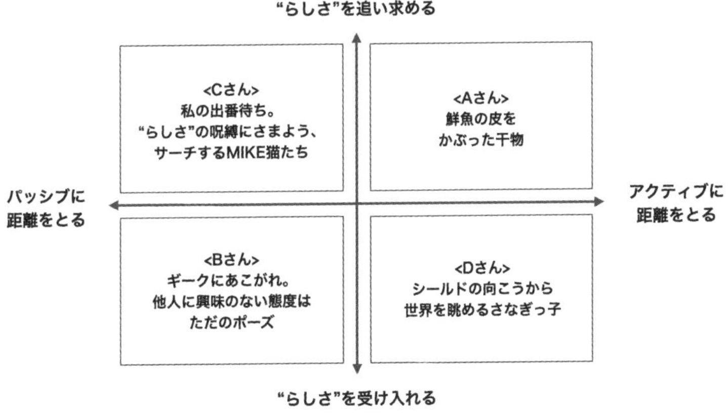

図6-6　解釈から導いた“らしさ”と距離のとり方の関係性

「受け入れるべき“らしさ”とは何か？」「追い求めたくなる“らしさ”とは何か？」「積極的に距離をとりたくなる関係性と、受動的に距離をとってしまう関係性は何が違うのか？」など、様々な問いが新たに立ち上がってきます。

このように、多様な解釈が生まれるような「つくるためのデータ」は、考えたくなるような「わからなさ」を導いてくれるのです。そしてそれは、データに基づくような、納得のいく「わからなさ」でもあります。リサーチデータが、地に足のついた探究への好奇心を引き出してくれるのです。

方向性の探索フェーズ（4）合意を形成する

新たな「わからなさ」と出合えたことで、さとり世代に関する興味や好奇心、あるいはその人物像のあり方は大きく広がりを見せてきました。ここからは次のステップへと進んでいくために、チームの中で合意を形成していく必要があります。

この場合、合意のとり方には2つの選択肢があります。1つは**それぞれさらに探究したくなる観点を複数定め、その観点ごとにタスクフォースを設定する**ことです。ある程度時間や予算に余裕がある場合は、こうした活動を広げていくことで、探究を深め、そこに関わる人の輪を広げていくことができます。

もう1つの選択肢は、**まずアプローチする観点を1つに絞り込む**ことです。チームが小規模であり、ある程度の期間で1つの答えを出す必要があるときには、こちらのプロセスが有効でしょう。

今回の場合は、半年後の上申という、明確なゴールが設定されていることもあり、チームの中で方向性を絞り込むことにしました。そのために、これまでのプロファイリングへの考察やそれぞれの解釈の違いを踏まえながら、新たに自分たちがサポートしたいと考えるペルソナ像を描き直すことにしました。

その上で、描いたペルソナ像を踏まえながら、5.2. で紹介した「**多様決**」を行っていきます。多様決を行うことで、こんな人を支えたいのかもしれないという想いがチームの中に共有されていきます。ある人は、アクティブに自分らしさを追い求める人を支えることが、より生き生きとチャレンジする人を増やすことにつながるのではないかと考え、またある人は、パッシブだけれども自分らしさを受け入れる人をサポートすることが、温かい関係性で溢れる社会につながるのではないかと考えていることがわかりました。

こうした対話を重ねていくと、そもそも「保険」というものを通じて、自分たちが社会にどのようなサポートを行っていきたいのか、という価値観の問いが改めて立ち上がっていきます。プロセスの中でこうした対話を重ねていくことは、プロジェクトに対する深い示唆をもたらすだけではなく、組織全体での豊かな価値観の土壌を育むことにもつながります。

チームでの対話を重ねた結果、大切なのは互いの“らしさ”を受け止め合える関係性をつくり出すことではないかという話に焦点が当たり、自分の“らしさ”を受け入れながら、他者の“らしさ”も受け入れることができるような人に向けて、歩みを進めていくことで合意しました。

方向性の定義フェーズ（1）問いを立てる

チームの中で支えたくなる人物像のイメージが醸成されてきたことで、プロセスは方向性の定義のフェーズに入っていきます。ここでは、その人にどんなふうになってもらいたいのかを考え、最終的には5.1.で紹介している「**How Might We～（私たちはどうすれば～できるだろうか？）**」の構文で表せる、目指すべき方向性で合意した状態にたどり着くのがゴールです。

まずは、改めて問いを考えていきます。ここではすでに「受け入れる」というキーワードがあるため、そこに対してさらなる問いを考えていくことになります。

2.3.で紹介した、リサーチの問いのデザインパターンを活用してみると、以下のような問いが挙げられました。

リサーチの問いのデザインパターンによって生成された問い

(1) 言葉の定義を探る問い

- **受け入れるという言葉を別の言葉で表現するとすれば？**
- **受け入れるという言葉に存在する、ポジティブな意味とネガティブな意味とは？**

(2) 根源的な理由を探る問い

- **なぜ人は受け入れられるのか、あるいは受け入れられないのか？**

- どんなときに受け入れられたと感じられるのか？

(3) 時代の変化を探る問い
- 昭和の「受け入れる」と、令和の「受け入れる」に存在する違いとは？
- 「受け入れられる」ことで人は何を得るのか、「受け入れられないこと」で人は何を失うのか。

(4) “真善美”を探る問い
- さとり世代にとっての、心地良い「受け入れられ方」とは？
- 幸せを感じることができる「受け入れ方」とは？

また、もともとのテーマである「保険」との関係性をイメージして問いを考えてもよいかもしれません。そもそも「保険」とは、前もって掛け金を払い合いながら、困ったときに助け合うことを保証するという枠組みを指していると言ってよいでしょう。言い換えれば、先々に起きるかもしれない不安に対してお金を払っているとも言えます。そう言った文脈で言えば、「受け入れ合うことに生じる不安とは何か？」というような問いも、より考えを深めるべき問いの1つとして挙げることができます。

方向性の定義フェーズ (2) データを集める

次に、目指すべき方向性に対して解像度を上げていくために、問いをベースにしながら必要なデータを集めていきます。

方向性の探索フェーズでは、新しいわからないことを見出すための「つくるためのデータ」に焦点が当たりましたが、今回は、アプローチしたい人物像がやや見えてきていることもあり、前述した問いをベースにしながら、どんな受け入れ方、あるいは受け入れられ方を求めていて、今現在そこにどんな障壁を感じているかを探るための「**わかるためのデータ**」を、**デプスインタビュー**によって集めることにしました。

デプスインタビューの対象者には、1人の時間を大切にしながらも、自分らしさを受け入れながら、どこか他者にも受け入れてもらいたいと考えているようなさとり世代の若者を数名選定することにします。

こうした状況でのデプスインタビューの場合は、より深い洞察を導き出せるような人に集まってもらえるかどうかが重要になります。例えば、自分と向き合って考えていることを、ブログなどの文章で記している人などにアプローチしてもよいかもしれません。日常では距離をとりつつも、誰かに自分の考えを受け取って欲しいという気持ちが表れていることや、日常的に深い思考をしていることから、まさに今回の対象者には適任だと思います。

当日は、ここまで挙げてきた問いをベースに、その人の価値観をだんだんと深掘りしていきます。どのような自分を受け入れているのか、他人にどんなところを受け入れてもらいたいのか、他の誰かを受け入れようとした経験はあるか、なぜ他の誰かを受け入れられなかったのかなどなど、実際の出来事なども交えながら、その人にとっての「受け入れる」「受け入れられる」に対する意味を探っていきます。

当日はインタビュアーがインタビューを行っている様子をミラールームで直接眺めながら、あるいはオンラインインタビューの場合はウェブ会議の画面越しに眺めながら、そこで感じたことを同時に残していきます。文字起こしされたテキストを見ながら解釈するのとは違って、その場にはそこでしか感じることのできない雰囲気が存在します。そうした雰囲気も含めて、しっかりとデータとして残しておくことが重要です。

方向性の定義フェーズ（3）データを解釈する

デプスインタビューを通じて得られた発言録や、その場で書き記したメモなどを対象に、データを解釈していきます。

このとき、**いきなり集まって改めて解釈し合うのではなく、事前に発言録を改めて見直し、客観的に読み解いた上で解釈を持ち寄る**ようにするとよいでしょう。当日インタビューを聴く中で生まれてきた解釈と、発言録を改めて見ながら一歩引いた目で捉えた解釈の2つを持ち寄り、それぞれをインタビューの流れに沿って共有していきます。

当日その場で話を聴いて解釈を進める場合と、発言録を見て解釈をする場合では、それぞれ別々の観点でデータを読み解くようにするとバランス良い解釈が実現できます。前者は「内から外（インサイド・アウト）」の観点で、話を聴きながら自分の中に浮かび上がってくる感情や疑問に焦点を当て解釈を残していき、後者は「外から内（アウトサイド・イン）」の観点で、記された言葉を手がかりにインタビュイーの心の声を読み解こうとするのが筆者のお勧めです。

あらかじめ、それぞれの解釈を貼り出すための台紙を模造紙などで用意しておくとよいでしょう。あるいはオンライン上にボードを用意しておいて、事前に自分の解釈を貼り出しておくのも一つの手です。いずれも自分や他の人の解釈がどの観点から行われているのかを客観的に捉え、対話を広げることができるようになります。

発話データを読み解く上で着目すべき視点はいくつかあります。まず1つ目は、**発言の中に見られる言葉の「頻度」**です。特に何度も同じような言葉が出てくるときは、その言葉に何かしらの意味が潜んでいる可能性があります。言葉の現れる頻度は、事後の発言録を用いると容易に観察することができるので、比較的アプローチしやすい方法です。

また、**出てきそうなのに発話に現れない言葉**にも目を向けることが大切です。現れそうで現れない言葉を数人で挙げてみると、少しずつ違いが出てくると思います。なぜその言葉に着目したのかを語り合うことで、それぞれの解釈者の中に存在する、それぞれ異なる捉え方を浮き彫りにすることができます。

次に着目するのは、**発話の中に潜んでいる「矛盾」**です。文字通り、話の中にある矛盾する発言を探していくことになります。本人が気づいていない矛盾もあれば、葛藤している自分を伝えるためにあえて矛盾したことを言っている場合もあるでしょう。

また、インタビューを聴きながら感じたことを残していくときにも、そのときにしか観察し得ない矛盾を見つけることができます。楽しそうな話をしているのに、どことなく寂しげな目をしていたり、言葉を探しながら話したりしているようなときには、発話の内容と話している自分とに矛盾が生じている可能性があります。同様にインタビューを聴きながら残していくメモにも矛盾が潜んでいる可能性があります。全体を通してみると発言は一貫しているのに、前半と後半で、受ける印象に違いがあるような場合です。

その上で大切なのは、**なぜ矛盾が生じているのかを解釈していく**ことです。そこには言葉にできないような想いや葛藤、あるいは受け入れる、受け入れられるということに関する不安が潜んでいるかもしれないからです。

今回は仮想のケースのため、実際にデプスインタビューは行っていませんが、仮に以下のような解釈を導いたものとして、考えていきたいと思います。

シェアハウスでの暮らしにはあこがれるが、パーティーが開かれ参加しなくてはいけなくなるのは避けたい。

→あこがれはあっても、問題が生じたり、自分が嫌な気分になることは極力避けたい。
→つながりたくないわけではないが、つながることで迷惑をかけたり、逆にかけられたりするのを避けている。

新しい友達はつくりたいし、インターネットでのコミュニティには加わるけれど、直接会ったりしようとは全く思わない。

→自分の“らしさ”を受け入れて欲しいけれど、受け入れてもらえず嫌な思いをしたくはない。
→つながりを持ったとしても、自分たちならではの「暗黙の了解」は、お互いにしっかり尊重したい。
→違いの“らしさ”を打ち消し合うようなことがあれば、すぐに距離をとれる状態を維持したい。

方向性の定義フェーズ（4）合意を形成する

デプスインタビューの結果の解釈を通じて、さとり世代のどのような不安に寄り添い、どのような状態を導きたいのか、自分たちが進みたいと思える新たな方向性は何かを考えていきます。

デプスインタビューでの解釈では、「つながる」と「受け入れ合う」ことの間に存在する、慎重で漠然とした不安を抱える人物像がより具体的に見えてきました。こうした不安を抱える人たちがどんな状態に至るとよいのかについて考え、チームで合意することを目指していきます。

勘違いしてはいけないのは、具体的なアイデアを考えるということではないことです。あくまで、目指したい理想の状態を描きます。どのようにその状態に至るかは、いったん置いておくことを意識して、デプスインタビューで解釈したイメージを持った上で、考えていきます。

まず合意を形成するために、それぞれの人が現時点で描いているイメージを形にしていきます。今回は現状と理想を併記する形で描き出してみることにしました。以下はその例として挙げられるものです。

自分らしさが受け入れられないかもしれないという不安を抱えている。
↓
たとえ受け入れられなくても、嫌な思いをせず、“らしさ”も失われない。

相手との適切な距離感は維持し続けたい。
↓
適切な距離感が自然と保たれている。

相手に嫌な気持ちを持っても、言及せずに極力避ける。
↓
相手に嫌な気持ちを持ったときは、相手の気分を害さずに伝えられる。

コミュニティには加わっても、人間関係には縛られたくない。
↓
人間関係ではなく、明確なルールの中でコミュニティが守られている。

一人ひとりがこうしたイメージを形にしてきた上で、今度は**多様決**を行います。良いなと思ったものや、違和感を覚えるものにそれぞれ投票を行っていき、賛否が集まったところを中心に、なぜ良いなと感じたのか、あるいはモヤモヤしたのかの対話を広げていきます。

3番目のものに違和感を表す票が多く集まっていたとしましょう。背景を聞いてみると「嫌なことはちゃんと言い合える関係がいいよね」「そこはラクして実現するところではない気がする」といったような意見が挙がりました。一方で「嫌なことをお互いに受け入れ合おうという事前の合意があるとよいのでは？」というようなポジティブな意見も挙げられ、1つのイメージに対して立体的な理解が形成されていきます。

こうした対話のプロセスを積み重ねることで、自分たちが実現したいイメージが徐々に形成されていきます。拙速に多数決で結論を出そうとせずに、じっくりと時間をかけて自分たちがまだ言語化できていなかった捉え方を立ち上げていくのです。

対話を重ね、イメージや想いがしっかりと共有されたと感じられたら、今度は**How Might We**（どうすれば～）の形で、自分たちが目指したい関係性や状況のあり方を言語化していきます。ここまで来ると、それぞれが言語化したものは、どれも納得感が得られるものになっていることでしょう。最後は、まずここから目指してみようという、チームでの合意を改めて対話によって形成します。

チームで合意した目指すべき方向性

私たちは保険を通して、さとり世代に対して、どうすれば「受け入れられない不安感を覚えることなく、より自分らしさを大切にしながら、コミュニティに参画していく」ことを支援できるだろうか。

定められた方向性に進むための具体的な「道」の創造

さて、ここまでは進むべき方向性を定めるためのプロセスを紹介してきました。それぞれのステップを踏みながら、より探究したくなる問いと出合い、そしてチームとしての目指すべき方向性をHow Might Weの形で表現することで、合意を形成していきます。

進みたい方向性が定まれば、今度は具体的なアイデアを考えていきます。ここからは本書が主に扱う内容ではないので詳しくは記述しませんが、例えばこんなステップを踏んでいくことが考えられるでしょう。

アイデアの生成フェーズ

アイデアの生成にあたっては、そのヒントとなる要素を集めることが重要です。例えば、同じように不安を解消するサービスがどのような取り組みを行っているかをリサーチしてみたり、コミュニティ形成の中で生まれている新しいサービスに触れてみたりと、**類似する取り組みからヒントを集めていく**のは、実施しやすく楽しい活動の1つです。

また、様々な強制発想法を使ってみるのも1つの手でしょう。**シックスハット法やブレインライティング、SCAMPERなど**、アイデアを生み出す方法はこれまでにたくさん生み出されてきています。

またアイデアをたくさん広げたら、良し悪しをすぐに判断するのではなく、そのアイデアの面白いポイントはどこにあるのかを常に言語化するようにしておくのも大切なアプローチです。そうしたポイントをたくさん集めていけばいくほど、その掛け合わせで新たなアイデアが生まれていきます。

アイデアの検証フェーズ

アイデアをたくさん広げ、その中でもこれは目指すべき方向に向かって、実際に近づくことができそうだなというアイデアと出合えたら、そのアイデアを具体的に検証していくフェーズに入ります。

ここでは、「コミュニティの運営者が、より不安のないコミュニティの実現のために活用することができる、自分たちでその条件を設定可能なマイクロインシュアランス」というアイデアを形にしてみることにします。ブロックチェーンなどを活用しながら、コミュニティごとにそれぞれのルールを設定し、万が一ルールの下で何かしら不都合が生じたら、そのコミュニティの中で活用できる独自通貨が発行され、嫌な思いを軽減してくれるというようなアイデアです。

アイデアを検証していく上では、いきなり本格的に構築されたソリューションを開発するのではなく、できるだけコストをかけずにその仕組みを実現するような**MVP（Minimum Viable Product＝実用最小限の製品）を構築して検証を行う、プロトタイピングのアプローチ**が重要になります。例えばルールを管理し、不都合があったときにそれをとりまとめる人をコミュニティとは関係ない第三者が担い、実際のコミュニティで運用してみる、といったようなイメージです。どのように、どのようなルールを決めるのか、それをどのように管理し、どのように不都合を報告してもらうのか、そしてどのように補償を行い、それがコミュニティにどのような影響を与えるのか。開発のコストをかけなくても、検証できることは数多く存在します。

検証を重ね、フィードバックを得るうちにアイデアが本当に目指したい方向に向かうことができるものなのかどうかが明らかになってくるでしょう。

もしうまくいかないと思えば、アイデアを改めて考え直すか、あるいは違う方向を目指してみるか、ということになります。またうまくいかなかったことから学ぶことで、方向性を修正したり、新しいアイデアの検討材料にしたりすることもできるでしょう。

一連のプロセスを改めて整理する

さて、ここまで仮想のケースとして、生活者 360° Viewer のデータ以外は架空の設定でプロセスを記述してきました。当然リアリティに欠く部分は多分にありますが、大枠の流れは掴むことができたのではないでしょうか？

これらのプロセスを図的に表現してみると図 6-7 のようなります。

誤解のないように言いますと、実際のプロジェクトではここまできれいな流れになることはほとんどないと考えられます。あくまでリサーチ・ドリブン・イノベーションのプロセスを改めて理解いただくために、仮想のケースを用いてシンプルに説明したもの、と考えていただければと思います。

一方で、実際のプロジェクトでもリサーチ・ドリブン・イノベーションの4つの手順を組み合わせてプロセスをつくっていくことに変わりはありません。この順番通りに進めようとすることは重要ではありません。今のプロジェクトの状態は、ダブルダイヤモンドのどこに位置し、取り組むべきは問いを立てることなのか、データを集めて解釈することなのか、あるいはチームで合意を形成するべきなのか、その時々で判断を行い、チームの中で何にフォーカスしているのかを確認しながら進んでいくことが大切です。

方向性の探索フェーズ

問いを立てる

・問いの軸足を設定する。
・問いを広げる。
・問いを絞り込む。

さとり世代が求める“つながり”とは何か？

データを集める

・新たなわからなさと出合うための「つくるためのデータ」を活用する。

1人の時間を大切にしたい人の価値観を探るための生活者 360°Viewer のデータを活用。

データを解釈する

・「外から内（アウトサイド・イン）」の「今の社会や人の認識や価値観」の観点に立つ。
・データの「量」や「矛盾」の視点に着目し違いを解釈する。

“らしさ”を追い求める人、“らしさ”を受け入れる人。自ら距離をとる人、仕方なく距離をとる人。

合意を形成する

・チームの中で対話を広げる。

互いの“らしさ”を受け止め合える関係性をつくり出すことができないかについてさらに考えていくことで合意。

方向性の定義フェーズ

問いを立てる

・問いのデザインパターンを活用しより考えを深めるべき問いと出合う。

・受け入れ合うことで生じる不安とは何か？
・さとり世代にとって心地良い「受け入れられ方」とは？

データを集める

・よりその状況を深く理解するための「わかるためのデータ」を活用する。

デプスインタビューを活用しリアルな声を探る。

データを解釈する

・「内から外（インサイド・アウト）」の観点でインタビュー当日の様子を読み解く。
・「外から内（アウトサイド・イン）」の観点で発言録のデータを読み解く。
・「頻度」や「矛盾」の視点に着目する。

“らしさ”を受け止め合うことをより深く理解。

合意を形成する

・現状と理想を描き出す。
・多様決で対話を引き出す。
・How Might We で合意する。

どうすれば「受け入れられない不安感を覚えることなく、より自分らしさを大切にしながら、コミュニティに参画していく」ことを支援できるだろうか？

図 6-7　ケース 1 のプロセスの全体像

1）いわゆる「脱ゆとり教育」を受けたのは 1997 年生まれ以降の世代（2020 年時点で 23 歳以下）ですが，今回は 24 歳以下までを対象とし，図 6-1 のように定義しています．

2）アンケートの「大切にしている時間は何か（複数回答可）」という問いに対し，20 個以上の選択肢から「恋人や配偶者との時間を大切にしたい」という回答を選んだ人と，「1 人の時間を大切にしたい」と回答した人（両方を回答した人は除く）とを比較しています．

6.2. ケース 2：新たなコンビニのあり方を考える

ここからは仮想ではなく実際のプロジェクト事例を紹介しながら、どのような歩み方をしていくのかを改めて確かめていきます。

これは、インテージ社が自主企画として、パネルデータを中心とした複数の調査結果を活用し、コンビニ利用者のペルソナを作成することに取り組んだプロジェクトです。プロジェクトのプロセスを分析する立場として筆者らも関わり、インテージ社とコラボレーションを始めるきっかけとなったプロジェクトの 1 つでもあります。

プロジェクトの全体像をリサーチ・ドリブン・イノベーションの 4 つの手順で分解していくと、図 6-8 のように整理することができます。

一見するとやや複雑に見えるかもしれませんが、4 つの手順を組み合わせてプロセスが形作られていることがわかると思います。それぞれのステップの中で、どのような歩みを進めていったのか、簡潔に紹介していこうと思います。

プロジェクトの前提

インテージ社の自主企画として計画されたもので、拡大を続けるコンビニエンスストアにおいて、利用者の満足度をより高める施策検討を行うために、高頻度に利用するユーザーの心理を深く理解して、そのペルソナイメージを形成することを目的とした。

方向性の探索フェーズ（1）問いを立てる

まず、プロジェクト全体に焦点を当てた、探究の起点となる問いを挙げます。高頻度ユーザーの特徴を単に整理するだけではなく、抱えている価値観や、行動の中に隠れた特徴に焦点を当てながら、「便利」と称されるコンビニにどんな意味を求めているのかを探っていくことが大切です。ここではそうした姿勢を改めて確認するために、「**コンビニを高頻度に利用する人が『便利』という言葉に対して抱く意味とは何か？**」という問いを設定しました[1)]。

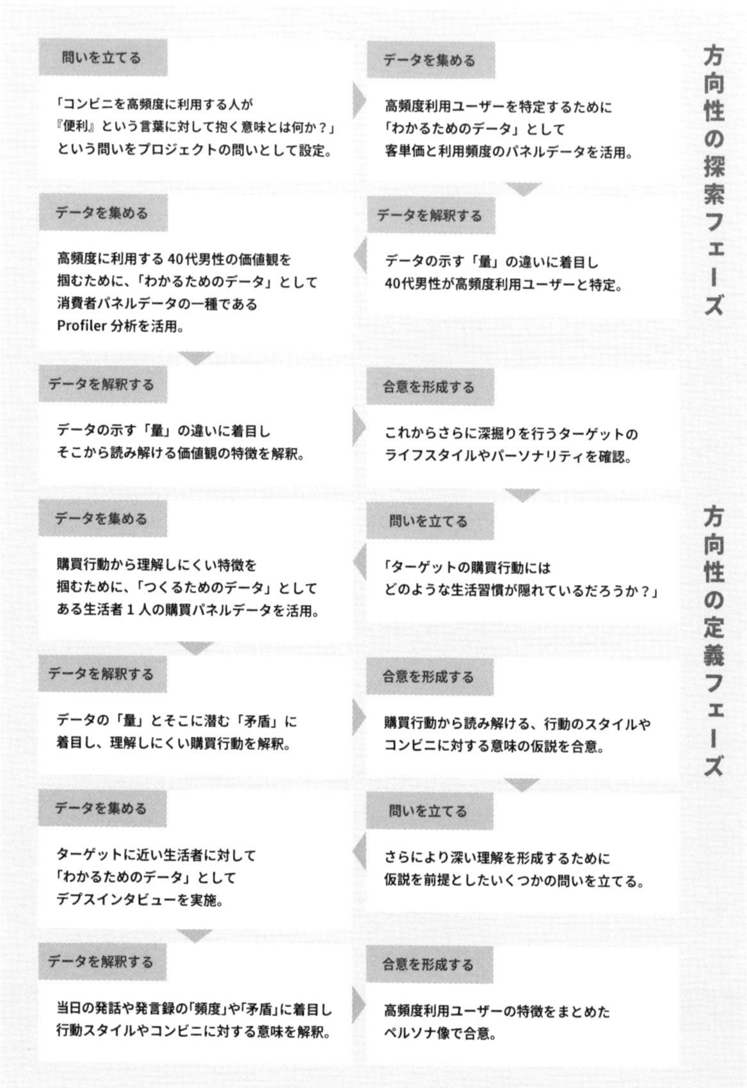

方向性の探索フェーズ

問いを立てる

「コンビニを高頻度に利用する人が
『便利』という言葉に対して抱く意味とは何か？」
という問いをプロジェクトの問いとして設定。

データを集める

高頻度利用ユーザーを特定するために
「わかるためのデータ」として
客単価と利用頻度のパネルデータを活用。

データを解釈する

データの示す「量」の違いに着目し
40代男性が高頻度利用ユーザーと特定。

データを集める

高頻度に利用する40代男性の価値観を
掴むために、「わかるためのデータ」として
消費者パネルデータの一種である
Profiler 分析を活用。

データを解釈する

データの示す「量」の違いに着目し
そこから読み解ける価値観の特徴を解釈。

合意を形成する

これからさらに深掘りを行うターゲットの
ライフスタイルやパーソナリティを確認。

方向性の定義フェーズ

問いを立てる

「ターゲットの購買行動には
どのような生活習慣が隠れているだろうか？」

データを集める

購買行動から理解しにくい特徴を
掴むために、「つくるためのデータ」として
ある生活者１人の購買パネルデータを活用。

データを解釈する

データの「量」とそこに潜む「矛盾」に
着目し、理解しにくい購買行動を解釈。

合意を形成する

購買行動から読み解ける、行動のスタイルや
コンビニに対する意味の仮説を合意。

問いを立てる

さらにより深い理解を形成するために
仮説を前提としたいくつかの問いを立てる。

データを集める

ターゲットに近い生活者に対して
「わかるためのデータ」として
デプスインタビューを実施。

データを解釈する

当日の発話や発言録の「頻度」や「矛盾」に着目し
行動スタイルやコンビニに対する意味を解釈。

合意を形成する

高頻度利用ユーザーの特徴をまとめた
ペルソナ像で合意。

図 6-8　ケース２のプロセスの全体像

方向性の探索フェーズ（2）データを集める

実際に生活者の抱える価値観に迫っていく前に、そもそもどういった属性の人を対象にするかを定める必要があります。その前提を形成するために、「わかるためのデータ」として、1ヶ月あたりのコンビニの客単価（購買金額）と購買回数を、SCI（全国消費者パネル調査）[2)]から抽出しました。

方向性の探索フェーズ（3）データを解釈する

ここではシンプルに、データが指し示す買い物の回数や単価といった量の違いを、「外から内（アウトサイド・イン）」の「④今あるいは過去の社会や人の認識や価値観を探る」観点で読み解きます。図6-9はそのデータです。データを見ればわかるように、客単価で比較すると男女に大きな違いはありません。一方で利用頻度では、男性が全体的に高い頻度で利用していることがわかります。また男性の中でも30代〜50代男性の利用頻度が高い傾向にあると読み解けます。

買い物の回数と客単価を掛け算した総利用額で見ると、30代〜50代の中でも50代男性が最もコンビニでお金を使っていることがわかります。単純に考えると、50代男性をターゲットに据えてもよさそうです。

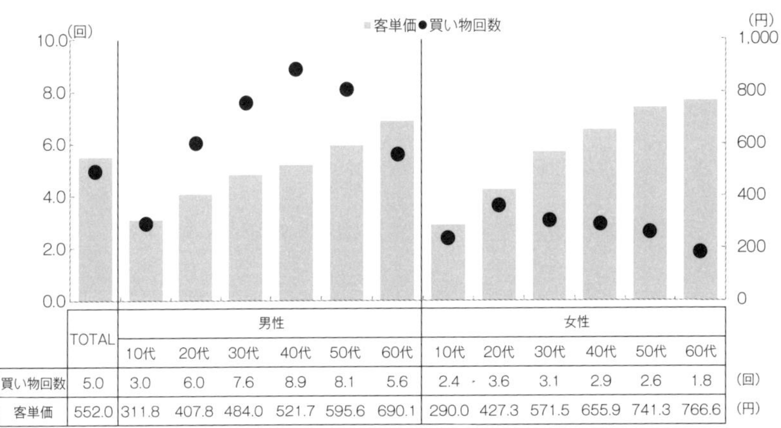

	TOTAL	男性						女性						
		10代	20代	30代	40代	50代	60代	10代	20代	30代	40代	50代	60代	
買い物回数	5.0	3.0	6.0	7.6	8.9	8.1	5.6	2.4	3.6	3.1	2.9	2.6	1.8	(回)
客単価	552.0	311.8	407.8	484.0	521.7	595.6	690.1	290.0	427.3	571.5	655.9	741.3	766.6	(円)

図6-9　客単価と買い物回数の男女別および年代別の比較
インテージSCI（全国消費者パネル調査）
2015/01/01-12/31

一方で何を狙って施策を展開するかも大事な検討材料の 1 つです。今回は高頻度利用ユーザーに向けた施策を展開することを前提としていることから、より高い頻度で来てもらうというよりも、より満足度を高め、単価を上げるための施策が重要になると考えました。すでに利用頻度が高いユーザーにとって、自分のツボに刺さる商品やサービスが展開されれば、長期にわたり継続的に利用してくれるようになることが見込めます。

こうした背景を踏まえ、50 代ではなく、最も高い頻度で利用しており、客単価も 500 円を超えている 40 代男性をターゲットに据えるのが最適であると読み解きました（この部分に関しては、メンバーと対話を行って合意を形成してもよいかもしれません）。

方向性の探索フェーズ（4）データを集める

40 代男性にターゲットを絞り込んだ上で、今度はその生活者がどんな価値観を抱えて生活しているのかを把握するために用いる「わかるためのデータ」を集めます。

理解の幅を広げていくのであれば、「つくるためのデータ」を集めていってもよさそうですが、この時点ではまだコンビニを高頻度に利用する 40 代男性のイメージがほとんどすり合っていません。そのため、まずは同じ解釈を形成することを意識し、生活者の価値観をクリアに描き出してくれるようなデータを用いることが重要になります。また、価値観を拾い上げるという意味では、コンビニの利用実態以外にも触れられるような「生活者データ」を用いることになります。

ここでは、消費者パネルデータと意識調査を組み合わせた「Profiler 分析」を活用し、高頻度にコンビニを利用する 40 代男性に焦点を絞り、どんな価値観を抱えているかを探ることにしました[3)]。

方向性の探索フェーズ（5）データを解釈する

実際に集めたデータを読み解いていきます。図 6-10 は、コンビニを高頻度で利用するヘビー層の生活価値観に対する因子スコアです。因子スコアが正で高ければその傾向が強く、負で高ければ逆の傾向が強く、ゼロに近ければあまり関係がないことを示します。なお今回は、弱い傾向も、可能性があるものとして解釈に含めました。

40代男性のコンビニ高頻度利用ユーザーに特徴的な要素を見ていきましょう。まず顕著なのは、健康維持に対してさほど興味を持っていないことです。食生活や生活習慣にも関心が低い傾向を見ても、基本的にさほど気にかけていないことがわかります。一方でダイエットについてはやや意識していることがわかります。体重だけは気にかけておかなきゃな……と考えている様子が浮かんできます。

次に特徴的なのは、簡易かつ手軽な食を好んでいるのにもかかわらず、料理は好きだと答えている点です。手の込んだ料理を作るまではせずとも、ちょっとしたものを自分でパパッと作るのは好きなようです。

他にも、買い物の傾向として、衝動的な買い物をする傾向があることもわかります。一方で新しいものが特段好き、というわけでもなさそうです。気になったものは特に吟味したり、値段を比べたりすることなく、目についたらとりあえず買ってみるということが多いのかもしれません。

性格や人付き合いの側面で見てみると、自分の考えをベースにし、他人に気をつかってしまう面がありつつも、人付き合いも一定こなすようなタイプであることがわかります。また家族に関しての関心は低いことが見受けられ

分類	項目	スコア
食	食生活ケア	-0.1
	グルメ・食好き	-0.2
	安心・食材こだわり	-0.3
	簡便・低関与	0.4
	食欲	-0.1
	コミュニケーション	-0.2
	食通	0.0
	節約	-0.2
	健康・美容	-0.1
調理	健康維持	-0.4
	安心・安全	-0.2
	手軽	0.2
	合理的	0.2
	新しもの好き	-0.1
	料理好き	0.1
	やりくり上手	-0.4
	放射線量への関心	-0.1
健康	食生活	-0.2
	健康管理	-0.1
	健食・サプリ	0.0
	美容	-0.4
	ダイエット	0.1
	生活習慣	-0.2

分類	項目	スコア
消費価値観	目利き・こだわり	0.0
	吟味	-0.2
	流行関与	0.0
	特別感・評判	-0.1
	デザイン重視	0.0
消費財買い物	商品感度	0.0
	慎重	-0.2
	低価格	-0.1
	ネット	0.0
	チラシ	-0.2
	特売	-0.1
	愛着	-0.1
買い物行動	ブランド重視	0.0
	こだわり・個性	0.0
	機能重視	-0.1
	価値投資	-0.1
	衝動買い・散財	0.2
	目利き・選択眼	0.0
	低価格	-0.1
	周囲の目	0.1
	先端技術	0.3
情報	情報発信	-0.1
	Twitter/SNS	0.1
	情報検索	0.0
	TVCM	-0.2

分類	項目	スコア
生活価値観	地位・名声	0.1
	情熱・自己実現	0.0
	平穏・安定	-0.3
	社会貢献	-0.2
	本能的・刹那的	0.0
	家族	-0.2
	人は人	0.1
パーソナリティ	社交性	0.0
	人とのつながり・好奇心	-0.1
	劣等感	-0.1
	慎重・地道	-0.2
	自分中心	0.1
	直感重視	-0.1
	世渡り上手	0.0
	身近な世界	-0.1
交流	内向的	0.0
	本音で相談	-0.2
	一定の距離感	-0.2
	本音で指摘	0.0
	社交的	0.1

図 6-10　SCI Profiler 分析による生活価値観因子スコア
40 代男性 _ コンビニエンスストア利用 H 層（ヘビー層）：インテージ社調べ
2015/01/01-12/31

ます。このデータは家族構成をサンプルの取得条件に入れていないため、結婚しているかどうかはわからないのですが、これまでの特徴から見て、独身男性のイメージが浮かんできます。

このようにデータからわかる特徴を読み解いて、ターゲットの人物像を解釈していきます。

方向性の探索フェーズ（6）合意を形成する

データで読み解いた特徴を整理し、ターゲットのライフスタイルやパーソナリティについて、ここからさらに解像度を高めていく上での前提として形作っていきます。全員でいったん人物像を描いてみてもよいでしょうし、1人の人が整理を行ってから合意が得られるかどうかを確かめてみてもよいでしょう。

ここでは以下のような設定で合意を形成しました。

合意されたターゲットの人物像

属性：40代 独身男性

- **食生活や健康に対しての意識は高くはないが、体形の維持は気にかけている。**
- **手軽で素早く食べられる食事をとることが多いが、たまにちょっとだけ手をかけたくなる。**
- **新しいものに関心が高いわけではないが、気になったものはとりあえず買ってみる。**
- **自分の考えを大事にするタイプ。他人と一緒にいるのはやや気をつかってしまうが、交流は基本的にしていたいと考えている。**

方向性の定義フェーズ（7）問いを立てる

より深い理解を導きながら、施策の方向性を定めていくために、コンビニとターゲットの間にどんな関係性が存在しているかについてより深く考えていきます。ここでは高頻度に利用しているという側面から、「**コンビニでの購買行動に、どのような生活習慣の特徴が潜んでいるのだろうか？**」という問いを立てました。購買行動のパターンと、生活行動のパターンには、何かしらの類似性がある可能性が高いと考えられます。

方向性の定義フェーズ（8）データを集める

購買行動から生活習慣の特徴をあぶり出すきっかけを得るために、購買行動の中に潜む特徴を探るデータを集めていきます。

いくらサンプルサイズが大きかったとしても、あるいはよりサンプルの条件を絞り込んだとしても、購買行動に関するデータから、生活習慣に関する正しい理解を形成しようとするのは難しいでしょう。たとえわかったとしても、非常に限られた購買行動の特徴しか掴めず、さほど新しい発見と言えるようなものも見つけられないと考えられます。

そうしたことから、あくまで新しい「わからなさ」を発見し、より探究を深めていくための起点を見出すことを目的に、「つくるためのデータ」として、ターゲットの条件にあてはまる1人の購買行動のパネルデータを用いることにしました。1人のデータということは、そこから全体の傾向を表すものが見えてくるわけではありません。しかしながら購買行動の中に、リアルな葛藤や価値観をイメージしやすくなります。状況によって、サンプルサイズが大きければ良いデータであるとは限らないのです。

方向性の定義フェーズ（9）データを解釈する

ある1人の購買行動をある期間集めたデータを読み解いて、特徴立った理解しにくいポイントを探っていきます。図6-11は実際に用いたデータです。ここでは購入頻度を表している数値の「量」にまず着目し、わかることを探っていきます。その上で何かしらその「量」の傾向に「矛盾」が潜んでいないかを探り、「わからないこと」を抽出していきます。ここも「外から内（アウトサイド・イン）」の「④今あるいは過去の社会や人の認識や価値観を探る」観点に立って解釈を行っていきます。

縦軸は、購買数の多いものを並べており、横軸にはコンビニとスーパーのそれぞれの曜日別の購買数を表しています（ここには記しませんが、実際にいつどのようなものをどのような組み合わせで買ったのかを見ることも可能です）。

まずデータからわかることに目を向けてみます。最も購入頻度が高いのは発泡酒、おつまみ、チューハイで、いずれも晩酌のために購入していることが考えられます。また土日にスーパーでの発泡酒の購買数が多いのも、平日の分をまとめて買っているのではないかと推測されます。ビールは金土日に買う場合が多いことから、平日は体重を気にしてか健康志向の発泡酒かチューハイにして、週末にはご褒美にビールを買っているということが読み解けます。図6-11のデータからは読み解けませんが、別のデータで来店時間を見ると比較的遅いことがわかります。そのため、以上のように考えて読み解いてある程度間違いないでしょう。

カップ麺についてはコンビニでは購入することなく、スーパーで買っているのも特徴的です。カップ麺は食べたくなってから買うものではなく、買いだめしておいて食べたいときに食べるものなのでしょう。コンビニでは今食べたくなったものを買う、という傾向があるとも読み解けますが、一方で冷凍食品が平日にコンビニでも購入されている点も気になります。スーパーでも買いだめしていることから、多少は冷凍庫に保管しておくために買ってい

順位	カテゴリ	合計	コンビニエンスストア				スーパー			
			平日	金	土日	小計	平日	金	土日	小計
1位	発泡酒_プリン体ゼロ	38	22	5	1	28	1	1	8	10
2位	おつまみ	23	18	4		22			1	1
3位	チューハイ	22	11	3		14	1	2	5	8
4位	カップ麺_ラーメン	18					3		15	18
5位	牛乳	16	4	2	1	7			9	9
6位	冷凍食品	14	3	3		6			8	8
6位	厚焼玉子	14	9	4	1	14				
8位	魚肉ソーセージ	11	4			4	1		6	7
8位	ヨーグルト	11	2	1	1	4	1		6	7
10位	緑茶	10					2	1	7	10
11位	野菜ジュース	8					1		7	8
12位	ビール	7		1	1	2	1		4	5
13位	漬物	6							6	6
14位	納豆	5							5	5
14位	メンマ	5	5			5				
14位	ビスケット・クラッカー	5							5	5
14位	スープ類	5	4			4	1			1
14位	コーラ	5	1			1			4	4

図6-11　ある1人の3ヶ月間の購買データ
インテージSCI（全国消費者パネル調査）
2015/10/01-12/31

るのかもしれませんが、もしかすると違った要因で購入しているのかもしれません。

また、衝動買いしがちと踏んでいた割には、購入されている商品のカテゴリが偏っているようにも思えます。実際には同じカテゴリの中で購入品目にばらつきは見られるものの、このあたりをどのような価値観として捉えるかも 1 つのポイントになりそうです。

方向性の定義フェーズ（10）合意を形成する

ここまで読み解いた解釈や、見出した「わからなさ」をもとにして、生活者の習性やコンビニに対して抱いている意味の仮説を考えていきます。特に「わからなさ」について対話を重ねながら、いくつかの考えられる見方を形成しておくことが大切です。

ここでは以下のような、合意を通じた仮説の形成を行いました。

コンビニに関連する、生活者の習性の仮説

- **コンビニでの買い物は、基本的にすぐに食べ飲みできる夜の時間のお供。**
- **なんとなく惰性で買い物をしているが、言い訳程度に健康には気をつかっている。**
- **週末のちょっとした幸せも、コンビニで十分得られる。**

コンビニに抱く意味の仮説

- **いつものお決まりがそこにある、安心の存在。**
- **ほんの小さな幸せを、たまに感じたいときにも答えてくれる。**
- **生活リズムの一部であり、便利というよりはあって当たり前のもの。**

方向性の定義フェーズ（11）問いを立てる

見えてきたいくつかの仮説をベースにして、さらに理解を深め、どのような方向性の施策を展開していくかを考えていくために、問いを立てていきます。

「コンビニは、高頻度利用ユーザーの行動に、どのような影響を与えているだろうか？」「高頻度利用ユーザーにとって、コンビニは何にたとえられるか？」「高頻度利用ユーザーにもたらしたい、新しい生活のリズムとは？」など、ユーザーとコンビニの間に生まれる関係性や意味について焦点を当てて問いを考えることがポイントです。直接の施策について考えようとするのではありません。

また必ずしも問いを1つに絞ろうとする必要はありません。問いはデータを解釈するときに、新しいまなざしを提供してくれるからです。自分たちの中で、検討したいと思えるような問いは、捨てることなくとっておくようにしておきましょう。

方向性の定義フェーズ（12）データを集める

立てた問いに対して、理解を形成していくために「わかるためのデータ」を集めていきます。ここではターゲットに近い状況に置かれていると考えられる数名の参加者に対してデプスインタビューを実施し、よりリアルな声を集めていくことにしました。

インタビューでは、問いに関連するようなコンビニでの購買行動についてだけでなく、それ以外の生活習慣の状況や、様々な価値観に関する質問を投げかけていくことも重要です。改めてどのような人物像なのかを掴んだ上で、コンビニに対してどのような意味を抱いているかを探っていきます。

方向性の定義フェーズ（13）データを解釈する

デプスインタビューの読み解きについては、基本的には6.1.でも紹介したように、「外から内（アウトサイド・イン）」「内から外（インサイド・アウト）」の両面の観点から、発話の中に生じる言葉の「頻度」や、発言の中に潜む「矛盾」を中心に読み解いていきます。

また（6）や（10）で合意していた、ターゲットの人物像とのギャップについても考えていきます。ここでは合っていたかどうかは重要ではなく、違いをきっかけにして深い理解を導くことが重要です。特に「外から内（アウトサイド・イン）」の「⑤社会や人が見えていなかった認識や価値観を探る」観点に立って考えてみると、インタビュイーの目が向いていないところはどこで、それは意図的なのか、無意識なのか、もしまなざしを向けたらどのように思うのだろうか、といったように、立体的に解釈を行うことができるようになります。

図 6-12　プロジェクトを通じて作り上げたリアルなペルソナ
40代男性＿コンビニエンスストア利用H層（ヘビー層）：
2016年4月 インテージ社制作

方向性の定義フェーズ（14）合意を形成する

解釈によって理解を深めていった上で、最後はその人物像をペルソナの形でまとめていきます。

これまで前提として合意してきたターゲットの特徴や、デプスインタビューを改めて読み解いた中でわかったことを組み合わせ、高頻度利用ユーザーのペルソナをデザインしていきます。

同時にこの人にとってコンビニとはどんな存在なのか、あるいは一番最初の問いである、この人にとって「便利」とはどんな意味なのかを考えていきます。一連のプロセスを通じて見えてきたのは、コンビニはこの人にとって「**自分の家の冷蔵庫のような存在である**」ということでした。常にそこには自分のお決まりのものが入っており、必要になればすぐに手にとって食べたり飲んだりすることができる。コンビニから出てすぐにビールを開けてしまうあたりも、まるで家の中の冷蔵庫のように捉えているからこその行為なのでしょう。「便利」という言葉に対する捉え方も、自分のお決まりのパターンがいつでも実現できる、というような意味として読み解くことができます。

図 6-12 は実際に作成したペルソナの一例です。このようにペルソナを形作り、あるいはコンビニや「便利」に抱く意味を考えていった上で、最終的に目指すべき方向性を表す How Might We を考えていきます。

自分の冷蔵庫のようにコンビニを捉えているペルソナの目線に立ってみると、自分のお決まりのパターンから外れるような新商品、つまり自分の冷蔵庫に入れないような新商品というのは、あまり刺さらないことが考えられます。また、そのペルソナが一番ガッカリする状況を考えてみると、自分の冷蔵庫にあるはずのものがない、というようなときなのではないでしょうか？

そういったことから、こうしたペルソナに向けて目指すべき方向性は、ペルソナのお決まりがいつでも必ず揃っている、という、購買習慣に合わせてパーソナライズ化された冷蔵庫としてのあり方である、と考えることができます。

ターゲット層や取り扱っている商品は違うものの、2020 年からはクックパッドの生鮮食品 EC「クックパッドマート」の商品受け取り所である「マートステーション」が、ファミリーマートの店舗に設置され始めました。EC サイトで購入した生鮮食品や日用品、飲料などをコンビニで受け取ることができ、設置店舗が拡大しつつあります。もしかすると未来のコンビニは、自分専用の冷蔵庫の棚と、新しい商品と出合う棚が半々に分かれたような店舗レイアウトになっているかもしれません。

1) インテージ社の 2015 年の SCI（全国消費者パネル調査）では，利用頻度の高い上位 12%（月に 12 回以上利用する人）が，購買金額規模の 47% を占めているそうです．

2) SCI（全国消費者パネル調査）：各々の消費者がどこで何を買ったのか，どんな意識を持っているのかを把握できるインテージ社のパネル調査のこと．

3) Profiler 分析は，6.1. で紹介した生活者 360° Viewer でも使われています．

おわりに：リサーチの意味を問い直す リサーチャーの新たな役割と可能性

本書は、イノベーション論における「外から内へ（アウトサイド・イン）」と「内から外へ（インサイド・アウト）」の二項対立を超えて、既存の方法論の利点を最大限に活用するための提案です。すでに使い古された「リサーチ（Research）」という言葉の意味を組織論の観点から再定義し、本質を探究する「問い」の重要性に着目し、データとワークショップを通してイノベーションの方向性を探るプロセスを試みました。

特に強調したかったことは、第一に、「リサーチ」とは、情報収集だけではなく、企業にとっての可能性を新たに広げる手段であるということ。第二に、イノベーションの起点は、人間と社会の本質に迫る「問い」のデザインにかかっているということ。第三に、データの中に正解は存在せず、データを足場にしながら、自信を持って踏み出すことが、イノベーションのエンジンになること。この3点です。

そして本書が提案したかったもう1つのメッセージは、「リサーチャー」という役割を再定義することです。あなたは、もしかしたら企業においてマーケティング担当者、UXデザイナー、研究員など、何らかの立場で「リサーチャー」という役割を背負っているかもしれません。あるいは、役割は背負っていないけれど、プロジェクトの中で「リサーチャー」的に立ち振る舞う必要性を感じ始めている状況かもしれません。

「リサーチャー」は、間違いなく、これからの企業でイノベーションの鍵を握る重要な役割となります。もちろんここで言う「リサーチャー」は、従来のように、プロジェクトの「答え合わせ」をするための「手堅い情報収集役」ではありません。人間の本質に迫る鋭い問いを立て、データを足場にしながら、チームの発想が跳躍するプロセスをリードする。まるで「哲学者」のようでもあり、「クリエイター」のようでもあり、同時にプロジェクトの「ファシリテーター」でもあるような、複雑な役割です。本書を読み終えたあなたは、新しい時代のリサーチャーとして、組織のイノベーションを牽引する立場となっていって欲しいのです。それが、本書に込めたもう1つの願いです。

本書の内容は、筆者らの発展途上である研究と実践知に基づいてまとめたものです。本書を書き上げた今もなお、リアルタイムでリサーチ・ドリブン・イノベーションに関する探究は継続し、知を研ぎ続けています。その成果については、筆者（安斎）が編集長を務める組織イノベーションの知を耕すウェブメディア「CULTIBASE」にて、関連する記事や最新情報を常にアップデートしています。学びを深めるたくさんの記事が無料でお読みいただけますので、ぜひご覧ください。

» https://cultibase.jp/

また、以下の記事では、本書のエッセンスについて、筆者らが自ら動画で解説しています。本書の復習に、未読部分のフォローに、ぜひご覧ください。また、本書の図表はデータで公開しているため、引用する際はご自由にダウンロードしてお使いください。また、参考文献や関連記事についても、リンク先でご紹介しています。こちらも併せてご覧ください。

» https://cultibase.jp/4640

最後に、本書は、2017年から2020年にわたって行ってきた株式会社インテージと東京大学の産学連携の共同研究「生活者リサーチデータを活用した新商品開発：ワークショッププログラムの構築」の成果に基づいています。共同研究プロジェクトの中心メンバーであるインテージ社の鮎澤留美子さん、杉野遥香さんをはじめ、インテージ社の皆さまに心から御礼申し上げます。

本書をきっかけに、読者の皆さまが関わる組織の可能性を拓き、社会をアップデートする新結合の種を生み出すことに貢献できれば幸いです。

共同研究でのワークショップの様子

(株)インテージとの産学共同研究について

東京大学とインテージは、2017年5月～2020年3月までの3年間にわたり、生活者リサーチデータを活用した新商品・サービス開発ワークショッププログラムの構築に関する産学共同研究に取り組みました。

東京大学側の主任研究員は本書籍主著者の安斎勇樹氏・小田裕和氏であり、インテージではデ・サインリサーチグループが中心となって活動。研究の一環として分科会活動も行われました。

本書籍の一部は、産学共同研究の結果に基づき執筆されています。

» https://www.intage.co.jp/news_events/news/2017/20170713.html

インテージ社について

株式会社インテージ

株式会社インテージ（本社：東京都千代田区、代表取締役社長：檜垣 歩）は、「Create Consumer-centric Values ～お客様企業のマーケティングに寄り添い、共に生活者の幸せを実現する」を事業ビジョンとして掲げ、様々な業界のお客様企業のマーケティングに寄り添うパートナーとして、共に生活者の幸せに貢献することを目指します。生活者の暮らしや想いを理解するための情報基盤をもって、お客様企業が保有するデータをアクティベーション（活用価値を拡張）することで、生活者視点に立ったマーケティングの実現を支援してまいります。

» https://www.intage.co.jp/

デ・サインリサーチグループ

De-Sign Research

インテージの保有する豊富なリサーチデータと、インサイト発掘・創発ワークショップを組み合わせ、新商品／サービス／コミュニケーション開発を支援するソリューション「デ・サインリサーチ」の開発・企画運営・推進を行っています。2015年から活動を開始し、生活者の意識・価値観・行動の全体像を深く読み解く様々な独自の調査手法を活用して生活者の声なき声（サイン）を見極めカタチにし、フォーサイトの導出や未来に向けた新しい暮らし価値の創造等、イノベーションを支援することで、生活者と企業をつなぐことを目指しています。

» https://www.intage.co.jp/solution/process/concept-development/design/

生活者研究センター

生活者の消費行動やメディアへの接触行動、さらには生活意識・価値観データなど膨大な情報を横断して用いると共に、社内の各領域におけるスペシャリストの知見を織り合わせることで生活者を深く理解し、生活者を起点とする情報を発信することを目的として、2020年8月に設立されました。SDGsといった社会的トピックスやZ世代研究など、様々なテーマにフォーカスしながら、社会や生活者の今を捉え、その行く先を展望する存在となるべく活動しています。

インテージ調査ソリューション

マインドディスカバリーマップ

定性調査と定量調査を組み合わせた独自の調査・統計手法を用いて、生活者の意識構造をあぶり出し、2次元マップの形に可視化・構造化した調査データです。創造性の高い“問い”を活用することで生活者の潜在意識を引き出し、ワークショップによりデータの読み解きと創発を行います。主にインサイト発掘から、予測のできない複雑性に富んだファクトの関係性を紐解くインスパイアツールとして活用されています。

» https://www.intage.co.jp/solution/process/concept-development/pac-i/

生活者 360° Viewer

生活者
360° Viewer®

商品・サービスの購入・利用経験やメディア接触状況をはじめ、生活者（消費者）の行動や判断の核となる生活意識・価値観など約1万5,000項目に及ぶデータを連携させて、立体的で細密なターゲットのプロファイリングを描写します。ファクトデータに裏づけられた鮮明なターゲット像を携えながら、商品・サービス開発からコミュニケーション領域にわたるマーケティングの諸施策の立案と実行を支援するサービスです。

» https://www.intage.co.jp/service/platform/360viewer/

SCI（全国消費者パネル調査）

　インテージが全国 15～79 歳の男女 5 万 2,500 人から継続的に収集している日々の購買データです。

　消費者の顔を詳細に捉えることができ、消費者を起点としたブランドマーケティングや店頭マーケティングを目的として多数の企業にご活用いただいています。

» https://www.intage.co.jp/service/platform/sci/

インテージ社関係者一覧

企画運営主体

カスタマー・ビジネス・ドライブ本部　事業デザイン部

デ・サインリサーチグループ

マネージャー　鮎澤 留美子

シニアリサーチャー／ワークショップデザイナー　杉野 遥香

リサーチャー／ワークショップデザイナー　谷岡 隆博

リサーチャー／ワークショップデザイナー　中嶋 梓

本書籍発刊 PJ 担当　リサーチャー／ワークショップデザイナー　小林 実可子

アシスタント　吉岡 初美

事例・分析協力

カスタマー・ビジネス・ドライブ本部　事業デザイン部

生活者研究センター

センター長　田中 宏昌

コンシューマーチームリーダー　森本 瑠奈

カスタマー・ビジネス・ドライブ本部　事業推進室

シニアアナリスト　川口　麻衣子

事業開発本部　パネルリサーチ事業開発部　消費者パネルグループ

マネージャー　田村 直子

アナリスト　川野 晟聖

産学共同研究　2019 年度分科会メンバー

中田 隆行／鶴田 育緒／禹 玉玲／平村 有希／佐々木 萌／柴田 真弓／荒澤 諒祐／西見 涼香／薗田 恵美／星 晶子／前川 玲子／富内 叙子

産学共同研究統括　髙橋 直武／村上 智人／江島 賢一郎／二瓶 哲也

統括

カスタマー・ビジネス・ドライブ本部　事業デザイン部

副本部長　三田村 貴弥／部長　野田 淳

本書内容に関するお問い合わせについて

このたびは翔泳社の書籍をお買い上げいただき、誠にありがとうございます。弊社では、読者の皆様からのお問い合わせに適切に対応させていただくため、以下のガイドラインへのご協力をお願い致しております。下記項目をお読みいただき、手順に従ってお問い合わせください。

●ご質問される前に

弊社Webサイトの「正誤表」をご参照ください。これまでに判明した正誤や追加情報を掲載しています。

正誤表　https://www.shoeisha.co.jp/book/errata/

●ご質問方法

弊社Webサイトの「刊行物Q&A」をご利用ください。

刊行物Q&A　https://www.shoeisha.co.jp/book/qa/

インターネットをご利用でない場合は、FAXまたは郵便にて、下記“翔泳社 愛読者サービスセンター”までお問い合わせください。
電話でのご質問は、お受けしておりません。

●回答について

回答は、ご質問いただいた手段によってご返事申し上げます。ご質問の内容によっては、回答に数日ないしはそれ以上の期間を要する場合があります。

●ご質問に際してのご注意

本書の対象を越えるもの、記述個所を特定されないもの、また読者固有の環境に起因するご質問等にはお答えできませんので、予めご了承ください。

●郵便物送付先およびFAX番号

送付先住所　〒160-0006　東京都新宿区舟町５
FAX番号　03-5362-3818
宛先　（株）翔泳社 愛読者サービスセンター

※本書の出版にあたっては正確な記述につとめましたが、著者や出版社などのいずれも、本書の内容に対してなんらかの保証をするものではなく、内容やサンプルに基づくいかなる運用結果に関してもいっさいの責任を負いません。

安斎勇樹 Yuki Anzai

株式会社MIMIGURI代表取締役Co-CEO / 東京大学大学院 情報学環 特任助教

1985年生まれ。東京都出身。東京大学工学部卒業、東京大学大学院学際情報学府博士課程修了。博士（学際情報学）。研究と実践を架橋させながら、人と組織の創造性を高めるファシリテーションの方法論について研究している。組織イノベーションの知を耕すウェブメディア「CULTIBASE」編集長を務める。主な著書に『問いのデザイン―創造的対話のファシリテーション』（共著・学芸出版社）『ワークショップデザイン論―創ることで学ぶ』（共著・慶應義塾大学出版会）『協創の場のデザイン―ワークショップで企業と地域が変わる』（藝術学舎）がある。

小田裕和 Hirokazu Oda

株式会社MIMIGURI マネージャー

1991年生まれ。千葉県出身。千葉工業大学工学部デザイン科学科卒。千葉工業大学大学院工学研究科工学専攻博士課程修了。博士（工学）。新たな価値を創り出すための、意味のイノベーションやデザイン思考といったデザインの方法論や、そのための教育と実践のあり方について研究を行っている。MIMIGURIでは、新たな意味をもたらすための商品開発プロジェクトや、主体的に価値創造に取り組む人材の育成プロジェクトを中心にディレクションやファシリテーションを担当している。

【株式会社MIMIGURIとは】

組織の創造性を賦活する最新理論を基盤とした、デザイナー、ファシリテーター、エンジニア、コンサルタント、研究者の専門家集団です。人材育成、組織開発、制度設計、事業開発、ブランド開発を有機的に組み合わせたコンサルティングや、組織の総合知を学ぶメディア運営に取り組んでいます。

装丁　吉田直記（MIMIGURI）

本文デザイン・DTP　BUCH⁺

リサーチ・ドリブン・イノベーション

「問い」を起点にアイデアを探究する

2021年4月20日　初版第1刷発行

著者　安斎 勇樹（あんざい ゆうき）
小田 裕和（おだ ひろかず）

発行人　佐々木 幹夫

発行所　株式会社 翔泳社（https://www.shoeisha.co.jp）

印刷・製本　株式会社ワコープラネット

本書へのお問い合わせについては、263ページに記載の内容をお読みください。

造本には細心の注意を払っておりますが、万一、乱丁（ページの順序違い）や落丁（ページの抜け）がございましたら、お取り替えいたします。03-5362-3705 までご連絡ください。

ISBN 978-4-7981-6802-9　Printed in Japan